THÉATRE COMPLET
D'ARISTOPHANE

II

ARISTOPHANE

THÉATRE COMPLET
II

LES OISEAUX – LYSISTRATA
LES THESMOPHORIES – LES GRENOUILLES
L'ASSEMBLÉE DES FEMMES – PLOUTOS

Traduction, introduction, notices et notes

par

Marc-Jean Alfonsi

GF Flammarion

INTRODUCTION

ORIGINE DE LA COMÉDIE

Tout comme la tragédie, la comédie grecque a une origine essentiellement religieuse ; comme elle, elle est sortie des fêtes de Bacchos où l'on célébrait, par des chants et des danses, le dieu du vin.

C'est vraisemblablement aux Dionysies champêtres, qui avaient lieu dans chaque dème après les vendanges et se prolongeaient jusqu'au mois de décembre, qu'on chanta d'abord le dithyrambe d'où sont issus la tragédie et le drame satirique. Mais que ce fût aux Dionysies champêtres, aux Lénéennes ou aux grandes Dionysies, les fêtes dionysiaques étaient, de toutes les réjouissances, celles où l'âme populaire s'abandonnait le plus librement à la gaieté licencieuse.

« Les Athéniens, dit Decharme dans sa *Mythologie de la Grèce antique*, avaient élevé à Dionysos, dieu du pressoir, un sanctuaire spécial dans le quartier de Limnae, et c'est autour de ce sanctuaire que se concentrait la fête. Quand on avait offert au dieu les prémices du vin, on se réunissait à un banquet dont l'Etat faisait les frais..., après quoi toute la troupe joyeuse, la pompe de Lénée, comme on l'appelait, s'ébranlait et s'avançait en procession tumultueuse à travers la ville, chantant d'abord les louanges de Dionysos, entonnant en chœur le dithyrambe passionné, mais bientôt éclatant en plaisanteries et en folles gaietés... Et toute cette étrange mascarade s'agitait, trépignait et remplissait de danses grotesques les intermèdes du chœur bachique. La comédie tout entière, on le comprend facilement, était en germe dans une pareille fête. » Dithyrambe, processions phalliques et comos, c'est-à-dire promenade burlesque à travers les rues, voilà les éléments qui, après des transformations successives, ont donné naissance à la comédie (κομῳδία).

Malheureusement nous connaissons mal le détail de ces transformations. La tradition faisait de Susarion l'inventeur de la comédie (570 environ avant J.-C.). Du bourg de Tripodis en Mégaride, il fut le premier, dit-on, à écrire des comédies en vers et à transformer la farce mégarienne qui, de Mégare, se répandit dans la Grèce.

Mais au témoignage d'Aristote ce furent Phormis de Syracuse et Epicharme qui composèrent de véritables comédies et inventèrent la fable comique.

On connaît, dit Aristote, les transformations de la tragédie et leurs auteurs; il n'en est pas de même de la comédie, parce que, dans le principe, elle attira peu l'attention. Ce ne fut qu'assez tard que l'archonte donna un chœur aux poètes comiques, et les auteurs ne dépendirent d'abord que d'eux-mêmes. Mais une fois que la comédie a pris certaines formes, on commence à citer les noms des poètes comiques. Ainsi on ignore qui introduisit les masques et le prologue; qui augmenta le nombre des acteurs, et tous les détails de ce genre. Mais on sait qu'Epicharme et Phormis inventèrent la fable comique. Cette partie est donc d'origine sicilienne. A Athènes, Cratès fut le premier qui renonça à la satire personnelle, pour traiter des fables et des sujets généraux. (ARISTOTE, *Poét.*, ch. V.)

Il ne nous reste rien de l'œuvre de Phormis et nous ne possédons que quelques fragments de celle d'Epicharme. Nous ne pouvons donc nous faire une idée exacte de leur talent. Toutefois Epicharme, au dire de Platon, était le plus illustre représentant de la comédie plaisante.

A Athènes c'est au Vᵉ siècle que la comédie issue du comos dionysiaque se transforme avec les prédécesseurs d'Aristophane : Chionidès, Magnès, Cratinos, Cratès, Phérécratès, pour atteindre, avec Aristophane et ses contemporains, Eupolis, Phrynichos, etc., son point de perfection. Tous ces poètes sont les représentants de ce qu'on appelle la comédie ancienne; cette comédie est avant tout une satire des mœurs et de la politique; elle s'attaque aux personnes et aux choses avec la plus grande liberté. C'est ce que nous allons voir en étudiant l'œuvre d'Aristophane qui nous intéresse ici plus spécialement.

On est mal renseigné sur la vie d'Aristophane. On fixe généralement aux environs de 445 av. J.-C. la date de sa naissance, et on ignore complètement celle de sa mort. Son père Philippos était athénien et appartenait au dème de Kydathénée, de la tribu Pandionis. Tout laisse donc supposer que le poète était athénien de naissance. On sait que ses parents firent partie, en ~ 430, des clérouques qui allèrent s'établir à Egine et qu'ils exploitèrent dans cette île, pendant quelque temps, un petit domaine. Quoi qu'il en soit, le poète révéla un génie précoce en donnant en ~ 427 sa première comédie : les Détaliens ou les Banqueteurs, qui obtint le second rang. Un an après, en ~ 426, il donnait les Babyloniens, satire violente contre Cléon et la politique du jour. En ~ 425, il remportait le prix avec les Acharniens; en ~ 424 il le remportait avec les Cavaliers, nouvelle satire de Cléon et du peuple athénien. Puis il donnait successivement : les Nuées, aux Lénéennes de ~ 423, les Guêpes en ~ 422; la Paix en ~ 421. Ce premier groupe de comédies représente la période la plus ancienne de l'activité littéraire du poète, celle où il se tourne contre les actions du peuple en général et où chaque pièce est une œuvre de combat, comme on peut s'en rendre compte en lisant la notice consacrée à chacune d'elles. La Paix, qui se rattache à ce premier groupe, marque déjà un apaisement sensible. « Presque plus rien d'agressif, dit M. Croiset (Hist. de la litt. grecque, t. III, p. 569); c'est que la cause est gagnée d'avance. On tient enfin la paix tant désirée, on va en jouir; il ne reste au poète qu'à la célébrer. »

Les pièces de la période postérieure prennent pour cible les femmes ou traitent des sujets de pure fantaisie. La transition est marquée par les Oiseaux, donnés en ~ 414, et qui sont son chef-d'œuvre. En ~ 411 Aristophane donne successivement *Lysistrata* et *les Thesmophories;* en~405, *les Grenouilles;* en~392, *l'Assemblée des femmes* et en~388 *Ploutos.*

Sur les quarante-quatre pièces qu'on attribuait à notre poète, onze seulement sont parvenues jusqu'à nous, mais elles suffisent à nous donner une idée de son art.

L'ART D'ARISTOPHANE

L'élément vital de la comédie d'Aristophane, c'est qu'elle s'arroge le droit de tout critiquer librement. La matière du poète c'est toute la vie de son temps; son œuvre est le fidèle miroir de la vie athénienne et l'on s'explique que Platon, voulant donner à Denys de Syracuse une idée de la constitution d'Athènes, ait envoyé au tyran l'œuvre d'Aristophane.

Il attaque sans ménagements, inlassablement, tous les chefs du peuple : Périclès, Cléon, Hyperbolos, Cléophon; il est l'ennemi des politiciens et des démagogues. Il raille les institutions, le Sénat, l'Assemblée, les magistrats, les tribunaux, le peuple, ce Démos, éternelle victime de tous les profiteurs de la parole. Il attaque le présent, et pour mieux en faire la satire, il l'oppose au passé qu'il lui préfère. Il n'est ni un démocrate hardi, ni cet aristocrate entêté que l'on nous a souvent présenté; encore moins est-il « la plus étroite caboche de réactionnaire à outrance » que J. Lemaitre a voulu voir en lui (cf. J. Lemaitre, *Impressions de théâtre*, 7e série, page 2). Il n'est l'homme d'aucun parti.

Il est un représentant de la démocratie rurale, en un certain sens, et un défenseur de l'ancienne Athènes qu'il croit menacée en politique et en religion. C'est pourquoi il combat les sophistes après avoir combattu les démagogues; et c'est pourquoi aussi il ira chercher aux Enfers Eschyle, incarnation à ses yeux d'une époque glorieuse, toute de vertus. Certes il s'est montré injuste en attaquant Socrate et en mettant l'opinion contre lui; mais Socrate n'était pour lui que le représentant d'une classe d'hommes qui sapaient les institutions. Et dans cette lutte qu'il mène, avec une activité inlassable, contre toutes les actualités, Aristophane déploie une imagination merveilleuse, un talent d'invention sans égal, un art consommé. Quels que soient les sujets qu'il traite, il sait toujours se montrer original. Tout lui est bon pour faire rire son public aux dépens de ceux qu'il attaque. Certes, au point de vue des moyens comiques, il y a, surtout dans les pièces de la seconde période, une licence et une obscénité qui pourraient choquer des gens non avertis. Mais il ne faut pas juger cette licence avec nos idées modernes. Les pièces d'Aristophane étaient composées pour les fêtes de Dionysos où, comme on le sait, l'élément phallique avait une place importante. L'ancienne comédie pouvait donc tout dire et tout faire librement; la licence qui y règne n'empêchait pas saint Jean Chrysostome, plus indulgent que certains critiques modernes, de lire Aristophane avec délices et d'en faire son livre de chevet. La pudeur était inconnue il y a vingt-trois siècles et les personnages de l'ancienne comédie agissent dans la nudité primitive, sans aucun sentiment de honte. On ne saurait donc qualifier d'immoral le théâtre d'Aristophane. C'est sur un autre terrain qu'il faut le juger.

A côté de ce comique de bas étage, en effet, nous trouvons chez lui toutes les gammes du vrai comique : le trait, l'ironie, les jeux de mots, les hyperboles, les substitutions de mots inattendus à ceux qu'on attendait, sont autant de procédés dont il use avec une extrême habileté et dont l'effet est toujours irrésistible. Aristophane excelle aussi dans la parodie, dans l'art de travestir la langue pathétique des poètes tragiques et de la faire servir aux besoins de sa cause; il sait tirer parti des proverbes, et la diversité des moyens employés témoigne d'une fécondité d'invention prodigieuse. On sent, au centre de chaque comédie, une personnalité puissante, qui a conscience d'elle-même, qui est pleine d'elle-même et qui est entraînée par sa force même à une certaine partialité.

Sur quelque terrain qu'il engage la lutte, il fait toujours preuve de vues nettes et arrêtées qui témoignent d'une forte santé littéraire. Son ardeur à combattre la guerre n'a d'égale que son enthousiasme pour la paix dont il s'est toujours fait le défenseur acharné.

Quand il veut faire rire, il n'est pas, nous l'avons vu, à court de moyens. Mais il ne veut pas seulement faire rire. Il y a dans toutes ses pièces des intentions morales sérieuses et il se montre alors âpre, amer, acerbe. Il est le défenseur des idées de l'ancien temps, mais en même temps il est jusqu'au bout des ongles imbu des idées modernes et pour rendre ses concitoyens plus purs, le moyen qu'il emploie ce sont les malpropretés. Il reproche aux femmes leur amour de la volupté, leurs habitudes de luxe et de mollesse, mais il les défend contre la misogynie d'Euripide. Il est religieux, mais il rend les dieux ridicules. Il flagelle sans pitié les artifices de ses adversaires politiques et lui-même a recours aux mêmes moyens démagogiques pour jeter de la poudre aux yeux, et un jeu de mots lui sert souvent d'argument. Comment pourrait-on refuser le droit, à un poète comique, d'en user de la sorte ? Il faut plaire à l'opinion quand on veut la former, et ceci est l'essentiel pour le poète comique. L'influence d'Aristophane sur l'opinion fut considérable. Quand Périclès voulut substituer son autorité à celle des lois, il réussit à la supprimer sur la proposition de Cinésias, mais il se voyait obligé trois ans après de la rétablir, et le théâtre acquit assez de puissance pour que Platon ait pu définir la république d'Athènes une théâtrocratie.

LA FORME

Au point de vue de la forme toute comédie d'Aristophane comprend deux parties principales : une première partie qui sert à l'exposition du sujet, et qui est toujours la plus soignée, et une seconde partie qui apporte et développe les exemples à l'appui de la thèse. Cette seconde partie est une juxtaposition de scènes comiques, reliées entre elles par l'idée principale. Mais la force de la comédie d'Aristophane réside moins dans l'art de dénouer habilement un nœud compliqué que dans le vif, le brillant des scènes. Ce qui fait son originalité, c'est la hardiesse, la fantaisie, l'esprit d'invention et d'aventure. Cela ne veut pas dire que le désordre règne dans son théâtre et c'est le mérite de Zielinski d'avoir découvert une règle de la structure des comédies d'Aristophane.

LES CARACTÈRES

Aristophane emprunte à la réalité sa matière et crée avec son génie ces admirables fantaisies toutes pleines de vérité humaine. Les comédies sont peuplées à la fois d'individus (Cléon, Démosthène, Nicias, Agathon, Euripide, Eschyle...); de figures types, tel Socrate dont Aristophane a fait, de parti pris, un savant de cabinet, un être fictif, pour pouvoir attaquer en lui toute une classe d'individus; de petits bourgeois (le prêtre d'Héraclès, les sycophantes, les serviteurs), de femmes enfin, qu'il a su si bien peindre au naturel, qu'on ne sait plus ce qui l'emporte chez elles, des qualités ou des vices, soit qu'il les montre en guerre avec leurs maris et leur

dictant des conditions de paix, soit qu'il les revête du costume masculin et les affuble de barbes pour leur faire
décréter le communisme, soit qu'il les présente ourdissant,
dans le mystère d'un congrès en l'honneur des déesses
Thesmophores, la perte de leur éternel ennemi : Euripide.
Tous ces personnages, réels ou fictifs, mais toujours profondément humains, agissent et se meuvent devant nous avec
une intensité telle, dans une telle atmosphère de fantaisie
et de vérité, qu'ils nous donnent l'illusion complète de la
vie. Cela, grâce à la sûreté d'observation du poète, à son don
prodigieux d'invention verbale, à l'adresse avec laquelle il
sait conduire un dialogue et se servir de cette langue attique
si souple, si vive, si piquante, si savoureuse et qu'il a portée
à un degré d'atticisme que Platon seul a atteint dans ses
dialogues. « Qu'on relise, par exemple, au début des *Nuées*,
dit Maurice Croiset (*Hist. de la litt. grecque*, tome III, p. 605),
les confidences de Strepsiade sur son ancienne vie et sur
son mariage. Y a-t-il rien de plus délicieux — et de plus
intraduisible d'ailleurs — que cette description humoris-
tique, pleine de fantaisie et de sentiment à la fois ?... Il nous
fait entrevoir vite et comme en passant les détails précis de
cette bonne et antique malpropreté où se délectait le bonhomme, la moisissure, la poussière que le balai ne soulevait
jamais, le désordre naïf et commode. Cette vive et perpé-
tuelle suggestion dans ce laisser-aller apparent, voilà bien
une qualité tout à fait supérieure qui donne à la langue
d'Aristophane une saveur vraiment intime. »

Il y aurait encore beaucoup à dire sur la richesse et la
variété des rythmes, sur l'harmonie qui règne dans les
comédies d'Aristophane et dont une traduction ne peut
donner une idée. Ici encore, en se conformant aux règles
de la technique traditionnelle, il fait preuve d'une telle
aisance, d'un sens si aiguisé de l'euphonie, que même lorsqu'il s'agit de plaisanteries, cette harmonie éclate, si bien
qu'Eschyle seul semble pouvoir lui être comparé.

L'auteur de la *Comparaison entre Aristophane et
Ménandre*, attribuée à Plutarque, reproche pourtant à Aristophane de ne pas avoir le style poli, uni, et la symétrie de
Ménandre. « Chez lui, dit-il, le savoir n'est pas l'expé-
rience de la vie, c'est de la coquinerie ; la rusticité n'est
point naïve, elle est sotte ; le ridicule n'est pas enjoué, il est
purement bouffon ; quant à l'amour il n'est pas joyeux, il est
débauché. » (Croiset, *Hist. de la litt. grecque*, t. III, p. 593.)

On ne pouvait formuler reproche plus injustifié. Qu'on
se rappelle au contraire le discours que Platon, dans son

Banquet, prête à Aristophane. Le philosophe met en scène le poète comique ; il le fait parler d'un ton enjoué et sérieux à la fois, avec des comparaisons expressives et une phrase dont le mouvement rythmique est bien celui de la langue des comédies. Malgré le ressentiment qu'il pouvait avoir contre celui qui avait contribué à la condamnation de son maître, Platon semble ici oublier complètement l'auteur des *Nuées* pour ne plus se souvenir que de l'artiste ; le pastiche admirable qu'il en fait, les propos si élevés qu'il lui prête sur l'amour nous donnent d'Aristophane une idée autrement exacte que celle de Plutarque. C'est que Platon était trop près d'Aristophane pour ne pas le comprendre, et l'on ne pouvait trouver pour le plus grand poète comique de l'Antiquité meilleure épitaphe que celle que composa, dit-on, le philosophe : « Les Grâces, cherchant un temple qui ne dût pas périr, choisirent l'âme d'Aristophane. »

Marc-Jean ALFONSI.

LES OISEAUX

NOTICE
SUR
LES OISEAUX

La comédie des *Oiseaux* fut représentée à Athènes en
~414, sous l'archontat de Chabrias et sous le nom de Callistratos. Elle n'obtint que le second rang. *Les Banqueteurs*
d'Amipsias obtinrent le premier et *le Solitaire* de Phrynicos
le troisième. C'est de toutes les comédies d'Aristophane
celle où le poète a déployé le plus de fantaisie. Nous ne
sommes plus à Athènes cette fois, dans le feu des passions
politiques et les tracas de la vie urbaine. Sur les ailes de son
imagination merveilleuse le poète nous transporte dans un
pays de rêve, dans le royaume des oiseaux. L'intérêt de la
pièce est à la fois dans le choix du sujet, qui en fait une
fiction charmante, et dans l'art consommé avec lequel elle
a été développée.

Deux Athéniens, Pisthétairos (Fidèle-Ami) et Evelpidès
(Bon-Espoir), fatigués de vivre au milieu des procès et de
la chicane, ont résolu de s'expatrier. Guidés, le premier
par une corneille, le second par un choucas, ils se rendent
chez les oiseaux pour fonder chez eux une ville à leur
convenance. La Huppe, homme jadis sous le nom de
Térée, oiseau aujourd'hui, les reçoit avec cordialité, et, sur
leur demande, convoque les oiseaux. Ceux-ci, méfiants
d'abord, sont vite séduits par l'éloquence de Pisthétairos,
qui, en bon disciple des sophistes, n'a pas de peine à
leur persuader qu'ils étaient autrefois les maîtres du monde.
Il les engage à reconquérir, sur les dieux qui l'ont usurpée,
leur antique souveraineté. Il leur suffira, pour réduire les
dieux à capituler, de fonder une ville aérienne, entourée
d'une vaste muraille, de les empêcher ainsi de communi-
quer avec les hommes, et d'obliger ceux-ci à sacrifier aux
nouveaux dieux : les oiseaux. Le projet de Pisthétairos est
accepté avec enthousiasme et va être mis à exécution.

Ici se place la Parabase, dans laquelle le chœur, après

avoir retracé la généalogie des oiseaux, proclame les bienfaits dont ils comblent les mortels et les avantages que
ceux-ci auraient à vivre dans la future cité aérienne. Avec
des ailes, que ne feraient-ils pas ?

Pisthétairos a fini par trouver un nom pour la nouvelle
ville : elle s'appellera « Néphélococcygie », la ville des
nuées et des coucous — et il s'apprête à faire procéder
au sacrifice d'inauguration des travaux, lorsqu'il est inter-
rompu par une foule d'aventuriers, accourus en quête de
quelque profit. C'est un poète famélique déclamant des
vers nuageux en l'honneur de Coucou-Ville-les-Nuées ; —
un devin besogneux, un géomètre, un inspecteur des
villes tributaires, un marchand de décrets, qui défilent
successivement, et c'est pour Aristophane l'occasion
d'exercer sa verve satirique contre tous ces importuns,
venus faire leurs offres de service. Mais tous sont chassés
et le sacrifice s'achève. Il n'est pas plus tôt achevé, et à
peine un messager a-t-il annoncé la fin des travaux, qu'un
second messager jette l'alarme. Un dieu, trompant la
vigilance du choucas de garde, a survolé la nouvelle ville.
Grand émoi parmi la gent ailée. On arrête l'intrus. C'est
Iris, messagère des dieux, qui s'est égarée dans ce nouveau
royaume. Interrogée, elle explique qu'elle se rend chez
les hommes, de la part des dieux, avec mission de se
plaindre à eux de ce qu'ils ne sacrifient plus aux divinités
de l'Olympe. Pisthétairos relâche Iris, et aussitôt arrive,
dépêché par les hommes cette fois, un héraut porteur d'une
couronne d'or envoyée par eux à Pisthétairos en témoignage d'admiration. Alors c'est un nouveau défilé de gens
accourus pour se faire naturaliser citoyens de Coucou-
Ville-les-Nuées et réclamer des ailes. On voit tour à tour
un parricide, impatient d'hériter de son père, venu pour
vivre sous les lois nouvelles, et attiré surtout par certaine
loi qui « trouve beau qu'on batte son père » ; un poète nébu-
leux du nom de Cinésias ; enfin un sycophante « qui a
besoin d'ailes pour faire plus vite sa tournée dans les îles ».
Tous sont chassés par Pisthétairos. Enfin, apparaît Prométhée. Il annonce que les dieux, affamés et ne recevant
plus la fumée des sacrifices, vont envoyer une délégation.
Celle-ci arrive, composée de Posidon, Héraclès, et un dieu
barbare : Triballe. Pisthétairos, sur les conseils de Prométhée, leur dicte ses conditions : Zeus devra rendre le
sceptre aux oiseaux, et céder Royauté en mariage à Pisthétairos. La pièce se termine par l'apothéose de l'audacieux et subtil Athénien, et par un joyeux festin de noces.

On s'est étonné de trouver dans *les Oiseaux* si peu d'allusions aux événements contemporains, si graves pourtant, et l'on s'est demandé pourquoi Aristophane, qui avait si souvent et si ardemment plaidé la cause de la paix, s'était gardé de dire cette fois son mot sur l'expédition de Sicile. Alcibiade avait été rappelé; le siège de Syracuse traînait en longueur, et l'on redoutait que l'expédition, décrétée par le peuple avec tant d'enthousiasme, ne tournât au désastre. A Athènes, la situation était des plus tendues. Tout cela aurait pu fournir la matière d'une comédie politique. Le poète garde le silence sur tout ce qui préoccupe l'opinion. Pourquoi ? La raison en est peut-être tout simplement dans le sentiment que toute charge politique eût été à ce moment-là inutile pour la cause de la paix et dangereuse pour le succès de la pièce. Aristophane a choisi le parti le plus sage : celui de dérider son public et de distraire ainsi l'opinion, autre façon de travailler pour la paix, à l'intérieur tout au moins. On sait à quel point, après la mutilation des Hermès, Athènes était livrée à un régime de suspicion et de terreur (cf. Thucydide, VI, 53-60.) La délation y faisait des ravages. Quoi d'étonnant alors à ce que le poète ait voulu donner à ses concitoyens le spectacle d'une ville où il n'y aurait ni sycophantes, ni fâcheux, ni corrupteurs de la jeunesse, ni profiteurs de toutes sortes, ni exploiteurs de la crédulité publique, ni parricides, et où les citoyens pourraient vivre sous le signe de la justice ? Sous la fantaisie ailée de cette pièce, Aristophane n'en donne pas moins à ses concitoyens des recettes précises de bonheur. A défaut d'intentions politiques, il y a des intentions moralisatrices, mais il y a surtout cet art merveilleux qui fait de cette féerie gaie, tout étincelante de verve et d'esprit, une pièce vraiment unique dans l'œuvre du poète, l'une des plus attrayantes.

LES OISEAUX

PERSONNAGES

EVELPIDÈS.
PISTHÉTAIROS.
UN DOMESTIQUE DE LA HUPPE.
LA HUPPE.
LE CHŒUR DES OISEAUX.
UN PRÊTRE.
UN POÈTE.
MÉTON, arpenteur.
UN INSPECTEUR.
UN MARCHAND DE DÉCRETS.
PREMIER MESSAGER.
SECOND MESSAGER.
IRIS.
UN HÉRAUT.
UN PARRICIDE.
CINÉSIAS (poète dithyrambique).
UN SYCOPHANTE.
PROMÉTHÉE.
POSIDON.
UN TRIBALLE.
HÉRAKLÈS.

EVELPIDÈS [1], *ayant sur le poing un choucas.*
PISTHÉTAIROS, *ayant une corneille, tous
deux à la recherche de la demeure des oiseaux.* —
*Une toile de fond, percée d'une porte, représente
une forêt.*

EVELPIDÈS *(s'adressant au choucas, qui lui sert de guide).*
Tout droit par là, dis-tu ? du côté où l'on voit l'arbre ?

PISTHÉTAIROS

Puisses-tu voler en éclats ! celle-ci croasse que je revienne
sur mes pas.

EVELPIDÈS

Pourquoi, mon pauvre homme, errons-nous en tous
sens ? Nous périrons à avancer inutilement.

PISTHÉTAIROS

Dire, pauvre de moi, que j'ai fait plus de mille lieues à
la ronde pour avoir écouté une corneille.

EVELPIDÈS

Dire, infortuné, que j'ai usé mes orteils jusqu'aux
ongles pour avoir écouté un choucas.

PISTHÉTAIROS

Mais je ne sais même plus en quel point du globe nous
sommes.

EVELPIDÈS

Pourrais-tu d'ici repérer notre patrie, toi ?

PISTHÉTAIROS

Non, pas plus qu'Exékestidès [2] lui-même, par Zeus.

EVELPIDÈS

Hélas !

PISTHÉTAIROS

Toi, mon ami, suis cette route-là.

EVELPIDÈS

C'est assurément un vilain tour qu'il nous a joué l'homme du marché aux oiseaux, le vendeur à l'étalage, Philocratès [3] l'atrabilaire, en nous affirmant que ces oiseaux-là nous indiqueraient Térée [4], la Huppe, changé en volatile de la race des oiseaux ; il nous a vendu ce choucas fils de Tharrélidès [5], une obole ; et celle-ci trois oboles ; mais tous deux, à ce que je vois, ne savent que mordre.

Et pourquoi ce bec grand ouvert, toi ? Vas-tu nous conduire en quelque endroit pour nous précipiter du haut des rochers ? Il n'y a point de route ici.

PISTHÉTAIROS

Ici non plus, par Zeus, pas de sentier.

EVELPIDÈS

La corneille, elle, dit-elle son mot sur le chemin à suivre ?

PISTHÉTAIROS

Elle ne croasse plus, par Zeus, les mêmes choses que tantôt.

EVELPIDÈS

Que dit-elle donc à propos du chemin ?

PISTHÉTAIROS

Que veux-tu qu'elle dise, sinon qu'en grignotant elle va me ronger entièrement les doigts ?

EVELPIDÈS

N'est-ce vraiment pas malheureux que, devant nous rendre chez les corbeaux, nous ne puissions, après tous ces préparatifs, trouver le chemin ? C'est que nous autres, ô vous qui assistez à cette conférence, nous souffrons d'une maladie contraire à celle de Sacas [6]. Lui, n'étant pas citoyen d'Athènes, veut le devenir à tout prix ; et nous, d'une tribu et d'une race honorables, citoyens parmi des

citoyens, nous avons, sans être chassés par personne, pris
notre essor à toutes jambes pour fuir notre patrie : nous ne
la haïssons pourtant pas cette cité, comme n'étant pas
grande ni prospère, ni accueillante à tous ceux qui veulent
payer des amendes.

Non, car les cigales ne chantent qu'un mois ou deux à la
pointe des branches, tandis que les Athéniens chantent
toute leur vie juchés sur... les procès.

Voilà les raisons pour lesquelles nous sommes en route;
avec ce panier, cette marmite, et ces branches de myrte,
nous errons en quête d'un lieu à l'abri des procès, où nous
puissions nous établir pour la vie. Nous faisons route vers
Térée la Huppe, pour lui demander s'il a vu quelque part
une telle ville dans les pays qu'il a survolés.

PISTHÉTAIROS

Hé! l'homme!

EVELPIDÈS

Qu'est-ce que c'est ?

PISTHÉTAIROS

La corneille depuis un instant me dit de monter un peu.

EVELPIDÈS

Mon choucas aussi pointe vers le haut son bec ouvert,
comme pour me montrer quelque chose. Il n'est pas possible qu'il n'y ait pas ici des oiseaux. Nous les aurons sur
l'heure en faisant du bruit.

PISTHÉTAIROS

Sais-tu ce que tu dois faire ? frappe du pied le rocher.

EVELPIDÈS

Et toi, de la tête, pour faire deux fois plus de bruit.

PISTHÉTAIROS

Prends plutôt une pierre et frappe.

EVELPIDÈS

Eh bien oui, puisqu'il le faut. Garçon! Garçon!

PISTHÉTAIROS

Que dis-tu, l'ami ? Tu appelles la Huppe « garçon »;
n'est-ce pas « huppe, huppe » qu'il fallait dire, plutôt que
garçon ?

EVELPIDÈS

Huppe, huppe; veux-tu m'obliger à frapper encore ?
Huppe, huppe.

UN DOMESTIQUE DE LA HUPPE, PISTHÉTAIROS, EVELPIDÈS

LE DOMESTIQUE

Quels sont ces gens-là ? Qui crie après mon maître ?

EVELPIDÈS

Apollon Protecteur! quel bâillement!

LE DOMESTIQUE

Ah! malheur! ce sont des oiseleurs!

EVELPIDÈS

Est-ce si terrible que cela ? Il s'agit de s'entendre.

LE DOMESTIQUE

Vous périrez.

EVELPIDÈS

Mais nous ne sommes pas des hommes.

LE DOMESTIQUE

Qu'êtes-vous donc ?

EVELPIDÈS

Moi, le Poltron, oiseau de Libye.

LE DOMESTIQUE

Tu ne dis rien de bon.

EVELPIDÈS

Interroge pourtant le dépôt qui est à mes pieds.

LE DOMESTIQUE

Mais celui-ci, quel oiseau est-ce ? Ne parleras-tu pas ?

PISTHÉTAIROS

Moi, l'Embreneur, du Phase [7].

EVELPIDÈS

Mais au fait, quelle bête es-tu donc toi, au nom des
dieux ?

LE DOMESTIQUE

Moi, un oiseau « domestique ».

EVELPIDÈS

Tu as été dompté par un coq ?

LE DOMESTIQUE

Non, mais lorsque mon maître fut changé en Huppe, il souhaita que je devinsse oiseau, pour lui tenir compagnie et le servir.

EVELPIDÈS

Est-ce qu'un oiseau aussi a besoin d'un domestique ?

LE DOMESTIQUE

Celui-ci, oui; c'est, je crois, parce qu'il a été homme autrefois; tantôt il veut manger des anchois de Phalère : je prends le bol, je cours aux anchois; tantôt il désire de la purée; ce qui nécessite une cuiller de bois et une marmite; je cours chercher une cuiller.

EVELPIDÈS

C'est un oiseau « de course » [8], cet oiseau-là! sais-tu ce que tu dois faire, « oiseau de course » ? Appelle-nous ton maître.

LE DOMESTIQUE

Mais il fait juste la sieste, après avoir mangé des baies de myrte et quelques insectes.

EVELPIDÈS

Réveille-le quand même.

LE DOMESTIQUE

Je sais clairement qu'il va la trouver mauvaise; mais pour vous, je vais le réveiller.

PISTHÉTAIROS

Puisses-tu mourir misérablement! Tu m'as fait mourir de frayeur!

EVELPIDÈS

Hélas! infortuné! voilà que mon choucas aussi a disparu de frayeur.

PISTHÉTAIROS

O la plus craintive des bêtes! par peur tu as laissé échapper ton choucas ?

EVELPIDÈS

Dis-moi, et toi n'as-tu pas en tombant relâché ta corneille ?

PISTHÉTAIROS

Moi non ! par Zeus non !

EVELPIDÈS

Et où est-elle ?

PISTHÉTAIROS

Elle s'est envolée.

EVELPIDÈS

Alors tu ne l'as pas relâchée ? ô mon bon, quel homme courageux !

LA HUPPE *(à l'intérieur)*.

Ouvre... la forêt, que je sorte une bonne fois !

LA HUPPE, EVELPIDÈS, PISTHÉTAIROS

EVELPIDÈS

O Héraclès, quelle bête est-ce donc là ? quelles ailes ! Et cette triple aigrette ?

LA HUPPE

Qui sont ces visiteurs ?

EVELPIDÈS

Les douze dieux m'ont l'air de t'avoir broyé !

LA HUPPE

Vous vous moquez de moi par hasard, à la vue de mes ailes ? Mais, j'ai été homme, ô étrangers.

EVELPIDÈS

Nous ne nous moquons pas de toi.

LA HUPPE

Et de qui ?

PISTHÉTAIROS

C'est ton bec qui nous fait rire.

LA HUPPE

Et pourtant ce sont là les injures dont me couvre Sophocle dans ses tragédies, moi Térée [9].

EVELPIDÈS

Tu es donc Térée, toi ? Es-tu oiseau ou paon ?

LA HUPPE

Moi, oiseau.

EVELPIDÈS

Mais où sont tes ailes ?

LA HUPPE

Elles ont fondu.

EVELPIDÈS

Est-ce à la suite de quelque maladie ?

LA HUPPE

Non, mais en hiver tous les oiseaux se déplument; et nous nous remplumons de nouveau. Mais dites-moi, qui êtes-vous tous les deux ?

EVELPIDÈS

Nous deux ? Des mortels!

LA HUPPE

De quel pays êtes-vous ?

EVELPIDÈS

Du pays des belles trirèmes.

LA HUPPE

Seriez-vous des juges ?

EVELPIDÈS

Non, tout l'opposé; des anti-juges [10].

LA HUPPE

On sème cette graine-là, dans votre pays ?

EVELPIDÈS

En cherchant on peut encore en trouver à la campagne.

LA HUPPE

Pour quelle affaire êtes-vous venus ici ?

EVELPIDÈS

Pour te rencontrer.

LA HUPPE

A quel sujet ?

EVELPIDÈS

D'abord, parce que tu as été homme autrefois, comme
nous, et que tu as eu, comme nous, des dettes; que tu
étais content, comme nous, de ne pas les payer; ensuite, à
un autre point de vue, parce que, devenu oiseau, tu as survolé terre et mer et que tu connais tout ce que connaissent
l'homme et l'oiseau. Voilà donc pourquoi nous sommes ici,
devant toi, pour te supplier de nous indiquer si possible
une ville riche en laine où nous étendre comme sur un
épais tapis moelleux.

LA HUPPE

Dans ce cas c'est une ville plus grande que celle des fils
de Cranaos [11].

EVELPIDÈS

Plus grande, non certes, mais plus commode pour nous.

LA HUPPE

Il est clair que tu cherches à vivre sous un régime aristo-
cratique.

EVELPIDÈS

Moi ? Pas du tout : j'ai en horreur le fils de Skellios [12].

LA HUPPE

Quelle cité habiteriez-vous donc le plus volontiers ?

EVELPIDÈS

Celle où les plus gros procès seraient comme ceci : Un
de mes amis viendrait de bon matin à ma porte et me
dirait : « Au nom de Zeus olympien, tâche de te trouver
chez moi avec tes enfants, après une toilette bien matinale;
je dois donner un repas de noces; et qu'il n'en soit pas
autrement; sinon, défense de venir vers moi quand je
serai dans la misère [13]. »

LA HUPPE

Par Zeus, tu as vraiment le goût du malheur. Et toi ?

PISTHÉTAIROS

J'ai les mêmes goûts moi aussi.

LA HUPPE

Lesquels ?

PISTHÉTAIROS

Je voudrais une ville où le père d'un beau garçon, rencontré par hasard, me ferait, comme sous le coup d'un
affront, des reproches tels que ceux-ci : « Vraiment, tu en
as de bonnes! Tu as rencontré mon fils, ô Stilbonide, qui
revenait bien propre du gymnase, tu ne l'as pas pris, tu ne
lui as pas dit un mot, tu ne l'as pas pressé contre toi, tu ne
lui as pas tâté les testicules, toi l'ami de mon père! »

LA HUPPE

Misérable, d'avoir des désirs si coupables! Au fait, il y a
bien une ville heureuse comme celle que vous dites, sur les
côtes de la mer Rouge.

EVELPIDÈS

Ah! ne nous parle pas de villes maritimes, où apparaîtra
au point du jour la galère Salaminienne [14] avec l'huissier à
bord. Peux-tu plutôt nous indiquer une ville hellénique ?

LA HUPPE

Pourquoi n'allez-vous pas alors habiter Léprée en Elide ?

EVELPIDÈS

Parce que, ma foi, j'ai en horreur Léprée, sans l'avoir vue,
à cause de Mélanthios [15].

LA HUPPE

Mais il y a aussi la ville des Opontiens en Locride, où
vous devriez habiter.

EVELPIDÈS

On me donnerait un talent d'or que je ne voudrais pas
devenir Opontien! Mais la vie d'ici, celle que l'on mène
chez les oiseaux, quelle est-elle ? car tu la connais à fond!

LA HUPPE

Elle n'est pas désagréable à passer; et d'abord il faut
vivre ici sans porte-monnaie.

EVELPIDÈS

C'est y réduire considérablement la corruption.

LA HUPPE

Nous broutons dans nos jardins le blanc sésame, les
baies de myrtes, les pavots, le serpolet.

EVELPIDÈS

Vous menez donc une vie de jeunes mariés.

PISTHÉTAIROS

Ah! ah! la grande réforme que je vois à faire chez la gent ailée, et la puissance qui pourrait en résulter, si vous m'écoutiez!

LA HUPPE

En quoi faudra-t-il t'écouter ?

PISTHÉTAIROS

En quoi ? Premièrement ne voltigez pas de tous côtés, le bec béant : c'est indécent. La preuve, c'est que chez nous, à Athènes, si vous demandez en parlant de ces êtres volages : « Qu'est-ce que c'est que cet oiseau-là ? », Téléas répondra : « C'est un homme-oiseau, un agité, un volage, un inconstant qui ne tient jamais en place. »

LA HUPPE

Par Dionysos, voilà des critiques bien justes! Que nous faudrait-il donc faire ?

PISTHÉTAIROS

Bâtissez une ville.

LA HUPPE

Et quelle ville pourrions-nous bien bâtir, nous autres oiseaux ?

PISTHÉTAIROS

Vraiment ! La sotte parole que tu dis là! Regarde à tes pieds.

LA HUPPE

Je regarde.

PISTHÉTAIROS

Regarde maintenant en haut.

LA HUPPE

Je regarde.

PISTHÉTAIROS

Retourne-toi.

LA HUPPE

Par Zeus, j'aurai gagné ma journée quand je me serai ainsi tordu le cou !

PISTHÉTAIROS

As-tu vu quelque chose ?

La Huppe

Oui, les nuées et le ciel.

Pisthétairos

N'est-ce pas là le pôle des oiseaux ?

La Huppe

Le pôle ? Comment cela ?

Pisthétairos

C'est comme qui dirait la région. Et c'est parce qu'il tourne et rayonne partout qu'on l'appelle région... polaire. Si vous bâtissez dans ce pôle et l'entourez de remparts une bonne fois, ce ne sera plus un pôle mais une métropole qu'il s'appellera.

Ainsi, vous régnerez sur les hommes comme sur les sauterelles, et vous ferez mourir les dieux d'une famine comme celle de Mélos [16].

La Huppe

Comment ?

Pisthétairos

L'air, vous le savez, se trouve entre le ciel et la terre. Aussi, de même que nous, si nous voulons nous rendre à Delphes, nous demandons un passeport aux Béotiens, de même, lorsque les hommes sacrifieront aux dieux, vous ne livrerez pas passage à travers votre ville, territoire étranger, à la fumée des sacrifices, si les dieux n'acquittent pas un droit.

La Huppe

Iou ! Iou ! Par la Terre, par les Rêts, par les Réseaux, par les Filets, je n'ai jamais entendu pensée plus ingénieuse. Aussi fonderais-je volontiers avec toi cette ville, si tous les oiseaux partagent cet avis.

Pisthétairos

Qui pourrait bien leur exposer le projet ?

La Huppe

Toi-même. C'étaient autrefois des barbares, mais je leur ai appris à parler, vivant avec eux depuis longtemps.

Pisthétairos

Comment donc les rassembler ?

La Huppe

C'est facile : j'entre dans le taillis tout de suite, je réveille mon doux rossignol, nous les appelons. A notre appel ils accourront.

Pisthétairos

O toi le plus cher des oiseaux, ne reste plus planté là ; je t'en supplie, pénètre au plus vite dans le taillis et éveille Philomèle.

La Huppe *(appelant Philomèle)*

Allons, ma compagne [17], assez dormi! Fais entendre les mélodies des hymnes sacrés, qui s'exhalent de ta bouche divine quand tu te lamentes sur le sort d'Itys [18], objets de larmes abondantes pour toi et pour moi, tandis que tu vibres pour les fraîches mélodies de ta gorge brun fauve. Des liserons à la chevelure de feuillage le son pur de ta voix s'élève jusqu'au séjour de Zeus où l'entend Phoibos aux cheveux d'or, qui touchant sa cithare ornée d'ivoire en réponse à ta plainte fait danser les chœurs des dieux. Alors de la bouche des immortels s'échappe en chœur le gémissement divin des bienheureux.

Evelpidès

Zeus souverain! le chant de ce petit oiseau! c'est du miel répandu sur tout le taillis.

Pisthétairos

Hé! là-bas!

Evelpidès

Qu'est-ce que c'est?

Pisthétairos

Tu ne te tairas pas?

Evelpidès

Pourquoi donc?

Pisthétairos

La Huppe s'apprête à son tour à chanter.

La Huppe

Epopopoi, popoi, popopopoi popoi, io, io. Ici, ici, ici, chacune de mes compagnes ailées! Et vous tous qui picorez par les vastes champs fertiles, espèces innombrables des oiseaux dévoreurs d'orge, et vous peuples au vol rapide des picoreurs de graine, qui émettez un chant si doux ; et vous qui gazouillez souvent dans les sillons autour des mottes comme ceci, à petits cris, d'une voix réjouie ! tio, tio, tio, tio, tio, tio, tio, tio, et vous qui vivez dans les jardins, sur les rameaux de lierre, et vous, hôtes des montagnes, vous, friands de l'olive sauvage, vous mangeurs d'arbouses, hâtez-vous de voler vers mon chant : trioto, trioto, totobrix ; et vous qui dans les gorges marécageuses happez les cousins à l'aiguillon acéré, vous habitants des régions humides de rosée, et de la plaine agréable de Marathon, et toi oiseau aux ailes bigarrées, gelinotte ! gelinotte ! Et vous dont la race vole avec les alcyons au-dessus des vagues en furie de la mer, venez ici apprendre la nouvelle : nous rassemblons ici toutes les espèces des oiseaux au cou allongé. C'est qu'en effet il y a ici un vieillard ingénieux à l'esprit novateur, et aux initiatives hardies. Allons, venez en masse exprimer vos avis, ici, ici, ici, ici. Torororo rorototorotix, kikkabau, kikkabau, torotorotorotorolililix.

PISTHÉTAIROS, EVELPIDÈS, LA HUPPE, CHŒUR D'OISEAUX

PISTHÉTAIROS

Vois-tu quelque oiseau ?

EVELPIDÈS

Par Apollon, je n'en vois pas ; et pourtant, je regarde vers le ciel, bouche bée.

PISTHÉTAIROS

C'est donc en vain que la huppe, vraisemblablement, a pénétré dans le taillis pour glousser comme le pluvier.

UN OISEAU

Torotix, torotix.

PISTHÉTAIROS

Mon bon, voici bien ce coup-ci un oiseau qui arrive.

EVELPIDÈS

Par Zeus, oui, c'est bien un oiseau. Quel oiseau est-ce ? Ce n'est pas un paon, je pense ?

PISTHÉTAIROS

Celle-ci nous le dira ; quel est cet oiseau-là ?

LA HUPPE

Ce n'est pas un de ces oiseaux domestiques que vous avez l'habitude de voir, c'est un oiseau de marais.

PISTHÉTAIROS

Oh! il est bien beau, et d'un rouge pourpre.

LA HUPPE

Comme de juste, puisque c'est le phénicoptère.

EVELPIDÈS

Hé là-bas! Hé toi!

PISTHÉTAIROS

Qu'as-tu à crier?

EVELPIDÈS

Voici un autre oiseau.

PISTHÉTAIROS

Par Zeus, oui, en voilà un autre, « résidant, celui-là, en lointaine contrée ». Quel est donc cet oiseau extraordinaire qui descend la colline, qui chante des oracles?

LA HUPPE

On le nomme oiseau de Médie.

PISTHÉTAIROS

De Médie? Grand Héraclès! comment alors, puisqu'il est de Médie, s'est-il envolé ici sans chameau?

EVELPIDÈS

En voilà encore un, coiffé d'une crête!

PISTHÉTAIROS

Quel prodige est-ce là? Tu n'étais donc pas la seule huppe? Il y a aussi cette autre?

LA HUPPE

Mais celle-ci est fille de Philoclès, fils d'une huppe, et je suis sa grand-mère, comme si l'on disait Hipponicos de Callias et Callias d'Hipponicos [19].

EVELPIDÈS

Cet oiseau-ci est donc Callias? Comme il se déplume!

PISTHÉTAIROS

C'est parce qu'il est d'un haut plumage qu'il est plumé
par les sycophantes, et que les oiselles lui enlèvent aussi
de ses plumes.

EVELPIDÈS

O Posidon! cet oiseau bigarré! quel est son nom?

LA HUPPE

Le goulu.

EVELPIDÈS

Il y a donc un autre goulu en dehors de Cléonymos?

PISTHÉTAIROS

Comment alors, si c'est Cléonymos, n'a-t-il pas perdu sa
crête?

EVELPIDÈS

Mais que signifie donc cette crête des oiseaux? Sont-ils
venus pour courir le double stade [20]?

LA HUPPE

Non! c'est pour faire comme les Cariens qui sont perchés
sur des crêtes par mesure de sécurité.

PISTHÉTAIROS

O Posidon! Tu ne vois pas tout ce qu'il y a d'oiseaux
de malheur assemblés!

EVELPIDÈS

Apollon tout-puissant! quel nuage! malheur! malheur!
Il n'y a plus moyen de voir l'entrée, avec toutes ces ailes
déployées.

PISTHÉTAIROS

Voici une perdrix, voilà, ma foi, une gélinotte; celui-ci
c'est une sarcelle; celui-là un alcyon.

EVELPIDÈS

Quel est celui qui vient derrière?

PISTHÉTAIROS

Quel il est? Un tondeur.

EVELPIDÈS

Y a-t-il donc un oiseau tondeur?

PISTHÉTAIROS

Pourquoi non ? Sporgilos [21] ne l'est-il pas ? — Voici une chouette.

EVELPIDÈS

Que dis-tu ? qui a amené une chouette à Athènes [22] ?

PISTHÉTAIROS

Une pie, une tourterelle, une alouette huppée, un éléas, un hypothymis, une colombe, un nertos, un faucon, un ramier, un coucou, un pieds-rouges, une tête-rouge, une poule sultane, une crécerelle, un plongeon, une pie-grièche, une orfraie, un dryop.

EVELPIDÈS

Iou ! iou ! que d'oiseaux ! iou, iou, que de merles ! comme ils piaillent, comme ils accourent avec mille cris ! Est-ce qu'ils nous menacent pour de bon ? Hélas ! le bec ouvert, ils regardent de notre côté !

PISTHÉTAIROS

Il me semble aussi.

LE CORYPHÉE

Où où où où où où où où où est celui qui m'a appelé ! Où perche-t-il ?

LA HUPPE

Me voici ! Je suis là depuis longtemps et je n'abandonne pas les amis.

LE CORYPHÉE

Qui qui qui qui qui qui qu'as-tu à me dire de bon !

LA HUPPE

Une parole d'intérêt général, sûre, juste, agréable, utile. Deux logiciens subtils sont venus me trouver.

LE CHŒUR

Où ? comment ? que dis-tu ?

LA HUPPE

Je déclare que deux vieillards venant de chez les hommes sont arrivés ici ; ils sont là avec le plan d'une affaire prodigieuse.

LE CORYPHÉE

Que dis-tu, toi, l'auteur du plus grand forfait commis depuis ma naissance ?

LA HUPPE

Ne t'effraie pas de ce que je te dis là.

LE CORYPHÉE

Que m'as-tu fait ?

LA HUPPE

J'ai reçu deux hommes désireux de vivre avec nous.

LE CORYPHÉE

Et tu as commis cette folie ?

LA HUPPE

Oui, et j'en suis ravie !

LE CORYPHÉE

Et ils sont déjà quelque part chez nous ?

LA HUPPE

Tout comme j'y suis.

LE CHŒUR

Hélas ! Hélas ! nous voilà trahis, abominablement traités. Notre ami, lui qui vivait sur les mêmes champs que nous, a transgressé les clauses antiques, et transgressé les pactes sacrés des oiseaux ; il m'a de plus fait tomber dans un piège, jeté en pâture à une race impie qui, depuis sa venue au monde, n'a cessé d'être une ennemie pour moi.

LE CORYPHÉE

Mais nous lui réglerons son affaire plus tard. Quant aux vieillards, il me semble équitable de les châtier et de les mettre en pièces.

PISTHÉTAIROS

Pour le coup nous sommes fichus !

EVELPIDÈS

C'est à toi, en vérité, que nous devons ce désastre, à toi seul.
Pourquoi donc m'as-tu emmené ici ?

PISTHÉTAIROS

Pour que tu me tiennes compagnie.

EVELPIDÈS

Pour que je pleure toutes les larmes de mes yeux, tu veux dire.

PISTHÉTAIROS

Là-dessus tu déraisonnes complètement; car comment pleureras-tu si l'on t'arrache d'un seul coup les deux yeux?

LE CHŒUR

Io Io! En avant! sus à l'ennemi! déclenche un mortel assaut guerrier; enveloppe-les de tous côtés de tes ailes, investis-les, car il faut que ces deux individus gémissent et deviennent la proie de mon bec. Il n'y a ni montagne ombreuse ni nuage du ciel, ni mer blanche d'écume, où ils puissent se réfugier pour se soustraire à moi.

LE CORYPHÉE

Allons, n'attendons pas pour les épiler, les mordre. Où est le commandant? Qu'il fasse donner l'aile droite.

EVELPIDÈS

Cette fois, c'est bien ça! Où fuir infortuné?

PISTHÉTAIROS

Hé toi! Halte-là!

EVELPIDÈS

Pour être déchiqueté?

PISTHÉTAIROS

Mais comment crois-tu pouvoir leur échapper?

EVELPIDÈS

Je l'ignore!

PISTHÉTAIROS

Eh bien, moi, je te le dis : il nous faut résister, et combattre les marmites à la main.

EVELPIDÈS

Et de quelle utilité nous seront tes marmites?

PISTHÉTAIROS

La chouette, elle, ne nous attaquera pas [23].

EVELPIDÈS

Mais pour ces oiseaux aux serres recourbées?

PISTHÉTAIROS

Prends la broche et plante-la devant toi!

EVELPIDÈS

Et pour défendre mes yeux?

PISTHÉTAIROS

Protège-les avec ce vinaigrier ou cette assiette qui sont là!

EVELPIDÈS

O prodige d'ingéniosité, voilà une bien bonne trouvaille de général, te voilà bien au-dessus de Nicias, en fait d'invention!

LE CORYPHÉE

Eléléleu, marche! le bec en avant; plus d'hésitations, tire, arrache, frappe, écorche, tape d'abord sur la marmite.

LA HUPPE

Dites-moi pourquoi, les plus méchantes de toutes les bêtes sauvages, vous vous apprêtez à détruire et à déchirer, sans qu'ils vous aient fait aucun mal, ces deux hommes de même sang et de même tribu que ma femme?

LE CORYPHÉE

Pourquoi les épargnerions-nous plus que des loups? Et quels autres ennemis encore plus déclarés pourrions-nous châtier?

LA HUPPE

Mais s'ils sont nos ennemis naturels et nos amis par la pensée, venus ici pour nous donner un avis utile?

LE CORYPHÉE

Comme si ces gens-là pouvaient nous donner quelque avis utile, quand ils ont été les ennemis de mes aïeux?

LA HUPPE

Mais c'est précisément de leurs ennemis que les gens avisés apprennent beaucoup. C'est la circonspection qui sauve. Dis plutôt qu'on ne saurait apprendre celle-ci d'un ami, alors qu'avec un ennemi on y est forcé. Les villes, par exemple, c'est de leurs ennemis et non de leurs amis qu'elles ont appris à construire des murs élevés, à se procurer des vaisseaux de haut bord. Savoir cela, c'est assurer le salut des enfants, de la famille, du patrimoine.

LE CORYPHÉE

Il est utile, à notre avis, de les entendre d'abord parler ; on pourrait en effet tirer même de ses ennemis quelque renseignement utile.

PISTHÉTAIROS

Il me semble qu'ils se relâchent un peu de leur colère. Recule un peu.

LA HUPPE

En toute justice, et c'est à moi que vous le devez.

LE CORYPHÉE

Au reste nous ne t'avons jamais contrariée en rien.

PISTHÉTAIROS

Ils sont plus pacifiques à notre égard ; aussi dépose ta marmite ; il faut que nous circulions à l'intérieur du camp, l'épée à la main, je veux dire la broche, les yeux fixés de près sur la marmite-frontière ; car il ne faut pas que nous fuyions.

EVELPIDÈS

Et si nous mourons, dis-moi, en quel point du globe serons-nous ensevelis ?

PISTHÉTAIROS

Dans le Céramique. Pour être enterrés aux frais de l'Etat nous déclarerons aux stratèges que nous sommes tombés face à l'ennemi, à Ornées [24].

LE CORYPHÉE

Reprends de nouveau ton poste, quitte ton courroux et ton ire, tête baissée comme le fantassin sous les armes ; interrogeons ces gens pour savoir qui ils sont, d'où ils viennent, quels sont leurs projets. Hé ! la Huppe, c'est toi que j'appelle.

LA HUPPE

Tu m'appelles ? que veux-tu me faire dire ?

LE CORYPHÉE

Quels sont ces gens ? D'où viennent-ils ?

LA HUPPE

Ce sont deux étrangers de la savante Hellade.

LE CORYPHÉE

Quel bon vent les amène chez les oiseaux ?

LA HUPPE

C'est le désir de ton genre de vie, de toi-même, d'habiter avec toi, de vivre avec toi toujours.

LE CORYPHÉE

Que dis-tu ? Quels propos tiennent-ils ?

LA HUPPE

Des propos incroyables et inouïs.

LE CORYPHÉE

Voit-il quelque profit à retirer de ce séjour, qui lui fasse espérer, grâce à ses relations avec nous, de vaincre son ennemi ou d'être utile à ses amis ?

LA HUPPE

Il nous parle d'une grande félicité, indicible et incroyable, affirmant que tout ce pays est à toi de bout en bout.

LE CORYPHÉE

Est-il fou ?

LA HUPPE

Il est plus sensé qu'on ne saurait le dire.

LE CORYPHÉE

A-t-il quelque jugeote ?

LA HUPPE

C'est un renard aux mille trames. Il est tout expédient, tout trouvaille, tout intrigue, tout finesse.

LE CORYPHÉE

Fais-le-moi parler, fais-le-moi parler. Car à t'entendre je sens que je vais m'envoler.

LA HUPPE

Allons, vous deux, reprenez cette panoplie et accrochez-la en signe de bon augure dans le foyer près du trépied ; et

toi, explique, expose les raisons pour lesquelles j'ai convoqué ce monde.

PISTHÉTAIROS

Non par Apollon, je m'en garderai bien, à moins qu'ils
ne signent avec moi une convention comme celle que signa
avec sa femme ce singe fabricant de coutelas, et aux
termes de laquelle ils ne me mordront pas, ne me tireront
pas les parties, ni ne me crèveront...

EVELPIDÈS

Ceci, tu veux dire?

PISTHÉTAIROS

Nullement : c'est de mes yeux que je parle.

LE CORYPHÉE

J'en réponds.

PISTHÉTAIROS

Jure-le-moi donc.

LE CORYPHÉE

Je le jure à condition d'avoir pour moi tous les juges
et tous les spectateurs.

PISTHÉTAIROS

Il en sera ainsi.

LE CORYPHÉE

Et si je me trompais, puissé-je ne l'emporter que d'une
voix.

PISTHÉTAIROS

Peuples, écoutez; que les hoplites avec leurs armes
retournent chez eux et prennent connaissance des décrets
que nous afficherons.

LE CHŒUR

De toute façon l'homme a toujours été une nature
perfide. Parle toujours. Tu pourrais rencontrer juste
quand tu auras révélé absolument tout ce que tu trouves
d'excellent en moi, ou quelque force supérieure insoup-
çonnée par mon esprit intelligent. Quant à tes découvertes,
fais-les-nous connaître aussi dans l'intérêt général. Le
bien que tu auras eu l'occasion de me faire, sera en
commun.

Le Coryphée

Mais, quel que soit le dessein que tu t'étais mis en tête et qui t'amène, parle en toute confiance ; car il n'y a pas danger que nous violions la trêve avant de t'avoir entendu.

Pisthétairos

Pour sûr, je bouillonne, par Zeus, et j'ai un discours déjà en pâte, que rien ne m'empêche de pétrir. Garçon, une couronne [25], qu'on m'apporte vite de l'eau pour verser sur les mains.

Evelpidès

Nous allons dîner, ou quoi ?

Pisthétairos

Non, par Zeus, mais je cherche depuis longtemps à dire quelque parole hautaine, succulente, qui fléchisse leur âme ; tant je suis au supplice pour vous qui, rois jadis...

Le Coryphée

Nous rois ? Et de quoi ?

Pisthétairos

Oui, vous, de toutes choses, de moi tout le premier, de celui-ci, et de Zeus lui-même, vous qui êtes plus anciens que Kronos, que les Titans, et que la Terre.

Le Coryphée

Et que la Terre ?

Pisthétairos

Oui ! par Apollon.

La Huppe

Voilà, par Zeus, une chose que j'ignorais.

Pisthétairos

C'est que tu es un ignorant, sans curiosité ; tu n'as même pas pratiqué Esope qui dit dans ses fables qu'un oiseau, l'alouette, naquit avant tous les autres êtres, avant la terre elle-même, et que son père mourut de maladie ; que la terre n'existait pas encore, qu'il resta sans sépulture cinq jours, et qu'alors, dans son embarras, elle l'ensevelit dans sa tête.

EVELPIDÈS

Ainsi le corps du père de l'alouette repose à Céphalè [26].

PISTHÉTAIROS

Aussi, s'ils sont antérieurs à la terre, antérieurs aux dieux, ne seront-ils pas en bonne règle les rois, comme étant les plus anciens ?

EVELPIDÈS

Oui, par Apollon! Dès lors il est de toute nécessité que tu soignes ton bec à l'avenir. Zeus ne rendra pas de sitôt le sceptre au pivert.

PISTHÉTAIROS

Et maintenant, pour prouver que ce n'étaient pas les dieux qui commandaient aux hommes autrefois, mais les oiseaux, et que ceux-ci régnaient, les arguments sont nombreux. Et pour prendre un premier exemple, je vous montrerai que le coq détenait le pouvoir et régnait sur tous les Perses, avant tous, avant Darius et Megabaze, en sorte qu'il s'appelle l'oiseau de Perse depuis cette royauté.

EVELPIDÈS

Ah! je comprends. C'est pour cela qu'il a encore la démarche majestueuse du grand Roi et qu'il est le seul de tous les oiseaux à porter la tiare droite.

PISTHÉTAIROS

Et il fut alors si fort, si grand, si puissant, que maintenant encore, par suite de cette ancienne puissance, lorsque son chant matinal résonne, tous sont sur pied pour courir au travail : forgerons, potiers, tanneurs, cordonniers, baigneurs, marchands de farine, fabricants de lyres et de boucliers faits au tour. Les autres vont à la tâche après s'être chaussés dans l'obscurité.

EVELPIDÈS

C'est à moi qu'il faut demander cela. Par sa faute j'ai perdu un manteau de laine de Phrygie, infortuné que je suis. Invité pour fêter le dixième jour de la naissance d'un enfant, j'avais bu quelque peu en ville et juste à ce moment-là j'étais à peine assoupi que, avant qu'on se mît à table, il se mit à chanter ; croyant qu'il faisait jour je partis pour Halimonte [27], et je n'avais pas plus tôt franchi les

murs, qu'un détrousseur me frappe dans le dos d'un coup
de matraque. Je tombe; j'allais crier, mais lui me subtilisa
le manteau.

PISTHÉTAIROS

Quoi qu'il en soit, il est certain que le milan était le
maître des Hellènes et régnait sur eux.

LE CORYPHÉE

Sur les Hellènes.

PISTHÉTAIROS

Et c'est lui qui, du temps qu'il régnait, enseigna le premier à se prosterner devant les milans.

EVELPIDÈS

Oui, par Dionysos, ce qu'il y a de sûr c'est que je me
roulais un jour par terre à la vue d'un milan, lorsque couché
sur le dos, la bouche ouverte, j'avalai une obole et je ren-
trai chez moi sans farine dans mon sac.

PISTHÉTAIROS

L'Egypte aussi et toute la Phénicie avaient comme roi
le coucou; et chaque fois que le coucou chantait coucou,
tous les Phéniciens faisaient aux champs la récolte de blé
et d'orge.

EVELPIDÈS

De là sans doute le proverbe qui dit justement : coucou,
circoncis, aux champs [28].

PISTHÉTAIROS

Le pouvoir qu'ils détenaient était si absolu, alors
même que quelqu'un régnait sur les villes helléniques, un
Agamemnon ou un Ménélas, un oiseau siégeait sur son
sceptre, participant ainsi à tous les présents faits au roi.

EVELPIDÈS

Voilà certes ce que je ne savais pas; et c'était précisément
un sujet d'étonnement pour moi, que de voir, dans les
représentations tragiques un Priam entrer en scène, tenant
un oiseau. Mais lui ainsi perché épiait Lysicratès pour voir
par quels présents il se laissait corrompre.

PISTHÉ_AIROS

Mais le comble c'est que Zeus, le souverain actuel, est

représenté debout avec un aigle sur la tête en sa qualité de
souverain ; et sa fille avec une chouette, tandis qu'Apollon
en tant que secrétaire porte un épervier.

EVELPIDÈS

Par Déméter, c'est bien beau ce que tu dis là, mais pourquoi portent-ils ces oiseaux ?

PISTHÉTAIROS

Pour que ceux-ci au cours d'un sacrifice reçoivent avant
Zeus les entrailles déposées dans leurs mains selon la
coutume. On ne jurait pas alors par les Dieux : tous juraient
par les oiseaux.

EVELPIDÈS

Lampon jure encore par l'oie lorsqu'il veut tromper.

PISTHÉTAIROS

Tellement vous étiez autrefois puissants et sacrés aux
yeux de tous.

Mais aujourd'hui vous êtes des esclaves, des sots, des
Manès [29], et l'on ne vous en jette plus que comme aux
fous, même dans les lieux consacrés. Tout oiseleur vous
tend lacets, rets, gluaux, pièges, réseaux, filets, reginglettes.
Puis quand ils vous ont pris, ils vous vendent en bloc.
D'autres vous achètent après vous avoir bien tâtés ; et il ne
leur suffit pas de vous faire griller pour vous servir ; ils
vous versent dessus du fromage râpé, de l'huile, du silphium, du vinaigre ; après avoir brouillé tout cela ils
répandent aussi une sauce chaude comme si vous étiez
des charognes.

LE CHŒUR

Tout à fait, tout à fait fâcheux les propos que tu nous
as tenus là, l'homme ! Au point que je déplore la couardise
de nos pères qui, ayant reçu de leurs ancêtres les privilèges,
les ont laissé détruire à mes dépens. Mais toi, conduit par
la faveur d'un dieu et la bonne fortune, tu arrives pour me
sauver. En m'en remettant à toi de mes petits et de moi-
même, j'aurais le gîte assuré.

LE CORYPHÉE

Mais ce qu'il faut faire, à toi de nous le dire maintenant
que tu es là ; car il ne vaudrait pas pour nous la peine de
vivre si nous ne recouvrons coûte que coûte la royauté.

PISTHÉTAIROS

Eh bien donc, tout d'abord je suis d'avis que les oiseaux aient une ville unique, et ensuite qu'ils entourent de murailles en grosses briques cuites, comme Babylone, l'air entier et tout l'espace intermédiaire.

LA HUPPE

O Cébrion! ô Porphyrion! la redoutable ville que ce sera!

PISTHÉTAIROS

Quand la ville se dressera dans le ciel, il faut réclamer à Zeus le pouvoir et, en cas de réponse négative et de refus catégorique, non suivi de rétractation immédiate, lui déclarer la guerre sainte, avec défense aux dieux de traverser votre territoire braquemart tendu comme jadis ils descendaient pour corrompre les Alcmène, les Alopé, et les Sémélé; s'ils se présentent, il faut leur mettre un anneau autour du gland pour qu'ils ne puissent plus s'unir à elles. D'autre part je vous invite à dépêcher aussi aux hommes un oiseau avec mission de leur enjoindre de sacrifier désormais aux oiseaux d'abord en tant que rois et aux dieux après. Il faudra ensuite attribuer à chaque dieu l'oiseau qui lui convient; si l'on sacrifie à Aphrodite, on offrira des grains d'orge à l'oiseau de Phal-aris [30]; si l'on sacrifie une brebis à Posidon, on déposera des grains de blé pour le canard; si l'on sacrifie à Héraclès, on offrira des gâteaux au miel à la mouette et si l'on sacrifie à Zeus-Roi un bélier, on doit avant de sacrifier à Zeus lui-même, immoler au roitelet, oiseau-roi, un cousin mâle.

EVELPIDÈS

Je me réjouis de l'immolation du cousin. Qu'il fasse entendre son tonnerre, maintenant le Grand Zeus!

LA HUPPE

Mais comment les hommes reconnaîtront-ils que nous sommes des dieux et non des choucas puisque nous volons et avons des ailes?

PISTHÉTAIROS

Tu radotes! Car par Zeus, Hermès tout dieu qu'il est vole et porte des ailes, de même qu'une multitude d'autres dieux : Nikè, par exemple, vole sur des ailes d'or, et par Zeus, Eros de même; et Iris aussi, dont Homère a dit qu'elle ressemble à une colombe craintive.

LA HUPPE

Mais Zeus ne va-t-il pas, après avoir tonné, lâcher sur nous sa foudre ailée ?

PISTHÉTAIROS

Quoi qu'il en soit, si les hommes par ignorance nous tiennent pour Néant et ne considèrent comme dieux que ceux de l'Olympe, il faut alors soulever un nuage de moineaux et de freux qui dévorent les semences dans leurs champs. Que Démèter leur distribue alors des mesures de blé pendant la famine.

EVELPIDÈS

Elle s'y refusera énergiquement, par Zeus, et tu lui verras fournir des prétextes.

PISTHÉTAIROS

Que les corbeaux de leur côté arrachent les yeux à leurs petits chevaux de labour et à leurs brebis, à titre d'essai; qu'après cela Apollon en sa qualité de médecin les soigne : il est payé pour ça!

EVELPIDÈS

Non, pas avant que je ne me sois débarrassé d'abord de ma petite paire de bœufs!

PISTHÉTAIROS

Mais s'ils croient que tu es un dieu, que tu es la Vie, que tu es la Terre, que tu es Kronos, Posidon, ils auront pour eux tous les biens.

LA HUPPE

Dis-m'en donc un seul.

PISTHÉTAIROS

Tout d'abord les sauterelles ne rongeront plus les bourgeons de leurs vignes; un bataillon de chouettes et de crécerelles les broiera. Les insectes et les gallinsectes ne dévoreront plus les figuiers : une seule compagnie de grives les balayera tous complètement.

LA HUPPE

Mais comment les ferons-nous s'enrichir ? car ils aiment cela passionnément.

PISTHÉTAIROS

S'ils consultent les oiseaux, ceux-ci leur procureront des mines précieuses, et renseigneront le devin sur les trafics à gros bénéfices à entreprendre, de sorte qu'il ne périra pas en mer un seul armateur.

LA HUPPE

Comment ne périra-t-il pas ?

PISTHÉTAIROS

Quelque oiseau lui prédira toujours, s'il le consulte au sujet de la navigation : « Maintenant ne navigue pas : il va y avoir une tempête ; maintenant navigue : il y aura profit. »

EVELPIDÈS *(à part)*

J'achète un navire, je deviens armateur et je ne saurais demeurer près de vous !

PISTHÉTAIROS

Ils leur montreront les trésors cachés par les anciens, car ils les connaissent, eux. Tout le monde dit en effet : « Personne ne sait où se trouve mon dépôt à part quelque oiseau. »

EVELPIDÈS *(à part)*

Je vends mon navire, j'achète une pioche et je déterre les pots.

LA HUPPE

Mais la santé, comment la leur dispenseront-ils, puisqu'elle réside chez les dieux ?

PISTHÉTAIROS

La réussite, n'est-ce pas un grand facteur de santé ? Sache qu'il n'y a pas un seul homme qui se porte bien quand les affaires vont mal.

LA HUPPE

Mais comment atteindront-ils à la vieillesse qui, en vérité, réside dans l'Olympe ? Faudra-t-il mourir tout petit ?

PISTHÉTAIROS

Non, par Zeus ; les oiseaux, au contraire, leur ajouteront encore trois cents ans.

La Huppe

D'où les tireront-ils ?

Pisthétairos

D'où ? D'eux-mêmes. Tu ne sais pas que la corneille criarde vit cinq générations d'hommes ?

Evelpidès

Peste! comme il vaut beaucoup mieux que ce soient eux, et non Zeus qui nous gouvernent!

Pisthétairos

Ne vaut-il pas beaucoup mieux ? Tout d'abord nous ne sommes pas tenus de leur bâtir des temples de marbre, ni de les fermer avec des portes d'or; ils habiteront dans les taillis et les chênes verts. Les oiseaux vénérables, eux, auront pour temple l'olivier, et nous n'irons pas à Delphes ni à Ammon pour sacrifier : nous nous tiendrons parmi les arbousiers, les oliviers sauvages, avec des poignées d'orge et de blé, nous les prierons les mains tendues au ciel de nous donner notre part de bien : il nous suffira, pour l'obtenir séance tenante, de leur jeter quelques grains de blé.

Le Coryphée

O toi qui es pour moi le plus cher des vieillards, après avoir été le plus odieux, il n'est pas possible que je m'écarte volontairement de tes directives.

Le Chœur

Enflammé par tes paroles j'ai prononcé la menace et le serment que, si après t'être déclaré en communion de sentiment et de pensée avec moi, en toute justice, loyauté et piété, tu pars en guerre contre les dieux, de cœur avec moi, les dieux n'usurperont plus longtemps mon sceptre.

Le Coryphée

Eh bien, tout ce qui doit se faire par la force, c'est notre affaire à nous; tout ce qui relève d'une délibération réfléchie, cela repose uniquement sur toi.

La Huppe

Et certes, par Zeus, ce n'est plus le moment de nous endormir ni temporiser à la manière de Nicias : il faut agir au plus vite. Tout d'abord entrez dans mon nid, ces pailles et ces brindilles que voici, et dites-nous votre nom.

PISTHÉTAIROS

Mais c'est facile; moi je m'appelle Pisthétairos, et lui Evelpidès du dème de Krioa [31].

LA HUPPE

Soyez tous deux les bienvenus.

PISTHÉTAIROS

Nous voulons bien.

LA HUPPE

Entrez donc.

PISTHÉTAIROS

Entrons; guide-nous là-dedans.

LA HUPPE

Viens.

PISTHÉTAIROS

Mais au fait, reviens ici. Voyons, explique-nous comment lui et moi nous vivrons parmi vous qui volez, alors que nous ne volons pas.

LA HUPPE

Bien!

PISTHÉTAIROS

Vois donc dans les fables d'Esope un proverbe qui dit que le renard à son détriment lia société avec l'aigle autrefois.

LA HUPPE

Sois sans crainte : il y a une petite racine et il vous suffira d'en manger pour devenir ailés.

PISTHÉTAIROS

Alors, entrons. Voyons, Xauthias et Manodoros, prenez les bagages.

LE CORYPHÉE

Hé, toi! C'est toi que j'appelle, toi, je te répète!

LA HUPPE

Pourquoi m'appelles-tu ?

LE CORYPHÉE

Prends ces gens avec toi, fais-les bien déjeuner, mais

laisse-nous ici le rossignol au chant suave, réplique de celui des muses : fais-le sortir afin que nous jouions avec lui.

PISTHÉTAIROS

Oh! mais oui, par Zeus, accorde-leur cela; fais sortir des joncs le petit oiseau, fais-le sortir au nom des dieux, pour que nous admirions nous aussi le rossignol.

LA HUPPE

Eh bien, puisque vous le voulez, il faut s'exécuter. Hé! Procné, sors et présente-toi à nos hôtes.

PISTHÉTAIROS

O Zeus, très vénéré, la jolie petite oiselle si délicate et si blanche!

EVELPIDÈS

Sais-tu que je lui écarterais volontiers les cuisses ?

PISTHÉTAIROS

Elle en a de l'or! comme une vierge!

EVELPIDÈS

Je crois bien que je lui donnerais un baiser.

PISTHÉTAIROS

Mais, malheureux, elle a un bec muni de deux broches!

EVELPIDÈS

Mais c'est comme un œuf, par Zeus : il faut enlever la coquille couvre-chef et la baiser après.

LA HUPPE

Allons.

PISTHÉTAIROS

Sois notre guide et bonne chance à nous deux!

LE CHŒUR

Ma rousse chérie, le plus cher des oiseaux, qui m'accompagne dans tous mes chants, rossignol qui vis avec moi, tu es venu, tu es venu, tu t'es montré avec ta voix harmonieuse. Allons, toi qui fais vibrer sur la flûte aux beaux sons des notes printanières, prélude aux anapestes.

LE CORYPHÉE

Allons, hommes faits pour vivre dans les ténèbres, pareils au peuple des feuilles, faibles créatures pétries de boue, inconsistantes comme l'ombre, vous les sans-ailes, êtres d'un jour, misérables mortels, pareils à des songes, fixez votre esprit sur nous les immortels, qui vivons toujours, nous les aériens, qui ne vieillissons pas, qui méditons sur des thèmes éternels. Quand vous aurez appris de nous tout ce qui concerne les phénomènes célestes, que vous connaîtrez à fond la nature des oiseaux, l'origine des dieux, des fleuves, de l'Erèbe, et du vide; vous pourrez désormais dire de ma part à Prodicos que je lui souhaite bien du mal. A l'origine était le Vide [32], et la Nuit, et le noir Erèbe, et le large Tartare; la Terre, l'air ni le ciel n'existaient pas encore.

Mais dans les profondeurs infinies de l'Erèbe la nuit aux ailes noires enfanta un œuf sans germe d'où sortit, à la saison fixée, Eros le désirable, le dos resplendissant de deux ailes d'or, pareil aux tourbillons rapides comme le vent. S'étant uni de nuit au vide ailé dans le large Tartare, il façonna notre race et la fit surgir la première à la lumière. Celle des Immortels n'existait pas avant qu'Eros n'eût opéré l'union de toutes choses : du mélange progressif des éléments entre eux sortirent le Ciel, l'Océan, la Terre, et la race impérissable des dieux bienheureux. C'est ainsi que nous sommes de beaucoup les plus anciens de tous les bienheureux. Que nous sommes nés d'Eros, il y a de cela mille preuves. Nous volons en effet et nous venons en aide aux amants; beaucoup de beaux garçons qui s'étaient juré de s'abstenir, ont à la fin de leur jeunesse et sous notre influence cédé leurs corps à des amants, qui leur avaient offert l'un une caille, l'autre une poule d'eau, celui-ci une oie, celui-là un coq. Et les mortels reçoivent de nous, les oiseaux, toutes sortes de bienfaits considérables. Tout d'abord, nous leur indiquons les saisons : printemps, hiver, automne. Il faut semer, leur disons-nous, quand la grue émigre en croassant vers la Libye; elle avertit le pilote aussi, alors, de suspendre le gouvernail et de se livrer au sommeil; Oreste [33] de se tisser un manteau pour que le froid ne lui fasse pas dépouiller les gens. Le milan, lui, apparaît ensuite et signale une saison nouvelle. C'est alors le moment de tondre la toison printanière des brebis; l'hirondelle, ensuite, annonce la saison où il faut vendre le manteau de laine pour en acheter un léger; nous vous tenons lieu d'Ammon, Delphes, Dodone et Phoibos Apollon.

Vous n'entreprenez rien sans venir d'abord à nous : qu'il s'agisse de commerce, d'achat de vivres, de mariage;

et pour vous est oiseau [34] tout ce qui décide en matière
de divination ; oui, une simple rumeur est pour vous un
oiseau, un éternuement, vous appelez ça oiseau ; une surprise : oiseau ; une voix humaine : oiseau ; un domestique : oiseau ; un âne : oiseau ! Ne sommes-nous pas pour
vous, de toute évidence, l'oracle d'Apollon ? Si donc vous
nous tenez pour des dieux, nous serons pour vous harmonie, brises favorables, saisons, hiver, été, chaleur modérée,
et nous ne prendrons pas la fuite pour aller nous asseoir
là-haut, majestueux parmi les nuées, comme Zeus ; mais
à vos côtés, nous donnerons à vous-mêmes, à vos enfants,
aux enfants de vos enfants, richesse facteur de santé, vie,
paix, jeunesse, les ris, danses réjouissantes et lait d'oiseaux [35].

De sorte que vous pourrez vous blaser de bonnes choses,
tellement vous serez riches tous. Muse bocagère, tiotio-
tiotiotiotinx, aux accents si variés, avec laquelle dans les
vallons boisés et sur la crête des montagnes, tiotiotio-
tiotiotinx ; perché sur un frêne feuillu, tiotiotiotiotinx, je
fais jaillir de mon gosier brun des chants sacrés en l'honneur de Pan, et les notes qui rythment les danses augustes
en l'honneur de la mère des dieux, totototototototrix, là
où, telle l'abeille, Phrynicos se repaissait du fruit des mélodies divines, apportant toujours un doux chant, tiotiotiotinx.

LE CORYPHÉE

Si quelqu'un d'entre vous, spectateurs, veut vivre désormais parmi nous les oiseaux une vie agréable, qu'il vienne
à nous, car toutes les turpitudes d'ici, que les lois
réprouvent, sont, chez nous les oiseaux, autant de belles
choses. Si en effet la loi considère ici comme scandaleux de
battre son père, il est beau, chez nous, de courir sus à son
père et de le rouer en disant : dresse l'ergot, si tu veux
combattre. Et s'il y a parmi vous un fugitif marqué au
fer rouge, ce ne sera chez nous qu'une perdrix bigarrée.
Et s'il est chez vous un Phrygien aussi authentique que
Spintharos, il sera ici le friquet de la race de Philémon. S'il
est esclave et Carien comme Exékestidès, qu'il se procure
des aïeux chez nous, et les compagnons de phratrie se
montreront. Et si le fils de Pisias veut livrer les portes de
la ville aux gens notés d'infamie, il n'a qu'à devenir perdrix, oisillon digne de son père, car chez nous il n'est nullement infamant de fuir comme les perdrix.

LE CHŒUR

Tels les cygnes, tiotiotiotiotrix, unissant leurs chants et

battant des ailes chantent Apollon, tiotiotiotrix, sur les rives de l'Hebros, tiotiotiotrix ; leur chant traverse les nuées du ciel ; aussitôt les bêtes sauvages de toute espèce se blottissent, les flots s'apaisent sous un ciel serein, sans brise, tototototototototinx, et tout l'Olympe retentit. Les dieux souverains sont saisis d'admiration ; les Grâces et les Muses de l'Olympe répètent ce chant d'allégresse, tiotiotiotinx.

LE CORYPHÉE

Il n'est rien de meilleur ni de plus doux que d'avoir des ailes ; si l'un de nous, par exemple, spectateurs, en était pourvu, ayant faim ou s'ennuyant aux chœurs tragiques, il fuirait à tire-d'aile et s'en irait déjeuner chez lui, puis, une fois rassasié, il redescendrait chez nous à tire-d'aile. Si parmi vous quelque Pétroclidès se trouvait pris d'un besoin pressant, au lieu de... lâcher sous son manteau, il prendrait son vol, et après avoir pétaradé et repris son souffle, il revolerait ici. Et s'il s'en trouve un parmi nous qui entretient des relations avec une femme et qu'il voie le mari aux loges des sénateurs, à tire-d'aile il nous quitterait, irait faire l'amour et reviendrait ici à tire-d'aile. Avoir des ailes, n'est-ce pas un avantage suprême ? Diitréphès [36], rien qu'avec ses ailes d'osier, a été élu philarque, puis hipparque ; parti de rien, il mène grand train et il est aujourd'hui un hippalectryon jaune.

PISTHÉTAIROS

C'est comme ça !

EVELPIDÈS

Par Zeus, je n'ai jamais rien vu de plus comique.

PISTHÉTAIROS

De quoi ris-tu ?

EVELPIDÈS

De tes ailes rapides ; sais-tu à quoi tu ressembles le plus avec tes ailes ?

PISTHÉTAIROS

Toi, oui, à une oie peinte au rabais.

EVELPIDÈS

Et toi à un merle tonsuré.

PISTHÉTAIROS

Voilà des parallèles, selon Eschyle, qui ne sont pas tirés d'ailleurs que de nos ailes [37].

LE CORYPHÉE

Eh bien! que faire ?

PISTHÉTAIROS

D'abord donner à notre ville un nom imposant et glorieux, puis sacrifier aux dieux.

EVELPIDÈS

C'est ce que je pense aussi.

LE CORYPHÉE

Allons! Quel nom aurons-nous pour notre ville ?

PISTHÉTAIROS

Voulez-vous que ce soit de ce grand nom de Lacédémone et que nous la nommions Sparte ?

EVELPIDÈS

O Héraclès! moi introduire du sparte dans ma ville ? Je n'en voudrais même pas pour mon châlit, n'eussé-je qu'une sangle!

PISTHÉTAIROS

Quel nom lui donnerons-nous alors ?

EVELPIDÈS

Un nom tiré d'ici, des Nues, des hautes sphères, un nom tout à fait pompeux.

PISTHÉTAIROS

Veux-tu Coucou-Ville-les-Nuées [38] ?

LE CORYPHÉE

Ah! le beau, le grand nom que tu as déniché!

EVELPIDÈS

S'agit-il de cette Coucou-Ville-les-Nuées où sont la plupart des biens de Théogènes et tous ceux d'Eschines ?

PISTHÉTAIROS

Tu veux dire ce qu'il y a de plus précieux : la plaine de Phlégra [39] où les dieux à coups de jactance ont terrassé les fils de la terre.

EVELPIDÈS

O l'opulente ville! Mais quel dieu en sera le patron ?
Pour qui tisserons-nous le peplos ?

PISTHÉTAIROS

Pourquoi ne pas laisser cet honneur à Athéna Polias ?

EVELPIDÈS

Et comment le bon ordre pourrait-il régner dans une
ville où une déesse femme porte une panoplie et Clis-
thénès... une navette ?

LE CORYPHÉE

Qui donc occupera le rempart pélargique [40] de la ville ?

PISTHÉTAIROS

Un oiseau.

LE CORYPHÉE

L'un de nous ? De quelle race ?

PISTHÉTAIROS

De la race persique, de partout dit-on la plus terrible,
un oisillon d'Arès.

EVELPIDÈS

Oisillon souverain !

PISTHÉTAIROS

Car c'est bien son fait, à ce dieu-là, d'habiter sur des
rochers. Eh bien donc, toi va-t'en dans les airs et assiste
les maçons : apporte les pierres, déshabille-toi, délaye
le mortier, monte l'auge, tombe de l'échelle, place des sentinelles, entretiens le feu, fais la ronde avec la clochette,
et dors là-bas. Dépêche deux hérauts, l'un en haut, chez
les dieux, l'autre en bas, chez les hommes, puis retourne
chez moi.

EVELPIDÈS

Et toi, reste ici, et pleure à mes côtés.

PISTHÉTAIROS

Va, mon bon, où je t'envoie, car rien de ce que je dis ne
se fera sans toi. Moi, afin de sacrifier aux dieux nouveaux,
je vais appeler le prêtre qui mènera le cortège. Garçon,
garçon, prenez la corbeille et l'eau lustrale.

Le Chœur

Je fais chorus, je suis d'accord avec toi; je suis d'avis
avec toi, que des chants de procession, longs, augustes,
montent vers les dieux et qu'on leur sacrifie en même
temps, pour avoir leur faveur, quelque petit bétail. Que
s'élève, s'élève, s'élève l'hymne pythien et que Chéris [41]
accompagne mon chant avec la flûte.

Pisthétairos *(au flûtiste d'abord, puis au prêtre)*

Toi, finis de souffler, Héraclès! Que vois-je? J'ai vu
bien des choses bizarres, par Zeus, mais je n'ai pas encore
vu un corbeau avec une muselière [42]! Prêtre, fais ton
office. Sacrifie aux nouveaux dieux.

Le Prêtre

Je le ferai, mais où est celui qui tient la corbeille?
Priez la vesta des oiseaux et le milan dieu du foyer, et
tous les oiseaux, olympiens, et olympiennes, sans exception.

Pisthétairos

Epervier, patron de Sounion, salut, souverain pélargique!

Le Prêtre

Et le cygne pythien et délien, et Lêto reine des cailles
et Artémis-Chardonneret.

Pisthétairos

Qu'on ne dise plus Kolainis, mais Artémis-Chardonneret.

Le Prêtre

... Et le Phrygile Sabazios [43] et la Grande Autruche,
mère des dieux et des hommes.

Pisthétairos

Maîtresse Cybèle, Autruche, mère de Cléocritos.

Le Prêtre

Donne à ceux de Coucou-Ville-les-Nuées santé et
sécurité ainsi qu'à ceux de Chios.

Pisthétairos

Je suis ravi de voir ceux de Chios toujours mentionnés.

LE PRÊTRE

Et les oiseaux-héros et les enfants de héros, la poule d'eau, le pélican, le pivert, le rouge-gorge, le faisan, le paon, l'orfraie, le canard, le héron, le plongeon, le bec-figue, la mésange.

PISTHÉTAIROS

Finis! Aux corbeaux! Finis tes litanies! Hé! hé! A quel saint sacrifice, homme mal inspiré, convies-tu aigles de mer et vautours? Tu ne vois pas qu'un seul milan suffirait pour rafler le tout? Hors d'ici, avec tes bandelettes. Je sacrifierai moi-même tout seul.

LE PRÊTRE

Après cela, il faut que j'entonne pour l'ablution un second cantique religieux, saint, que j'invoque les bienheureux, un seul, si vous voulez du moins avoir suffisamment de nourriture. Car en fait d'offrandes, il n'y a pas là autre chose qu'un menton et des cornes.

PISTHÉTAIROS

Sacrifions et prions les dieux ailés.

UN POÈTE *(qui s'avance en chantant)*

De Coucou-Ville-les-Nuées, la ville heureuse, entonne les louanges, ô Muse, dans tes chants solennels.

PISTHÉTAIROS

D'où vient-il, celui-là? Dis-moi, qui es-tu?

LE POÈTE

Moi? Un aède chantant des vers aux paroles de miel, « besognant serviteur des muses », d'après Homère.

PISTHÉTAIROS

Avec ça, tout esclave que tu es, tu portes une longue chevelure?

LE POÈTE

Non, mais nous sommes tous, nous les poètes, « besognants serviteurs des Muses », d'après Homère.

PISTHÉTAIROS

Ce n'est pas pour rien alors que besogneux aussi est le froc que tu portes. Mais au fait, ô poète, qu'est-ce qui t'a fait courir ici pour ta perte?

Le Poète

J'ai composé en l'honneur de votre Coucou-Ville-les-Nuées des chants, des rondes nombreuses et jolies, des chœurs de vierges et des odes à la manière de Simonide.

Pisthétairos

Quand as-tu composé ces choses-là ? et depuis quand ?

Le Poète

Il y a longtemps, longtemps que je chante les louanges de cette ville.

Pisthétairos

Mais ne suis-je pas en train de faire le sacrifice qui célèbre le dixième jour de sa fondation, et ne viens-je pas de lui donner un nom comme à un petit enfant ?

Le Poète

Oui, mais prompte est la parole des muses, telle la course des chevaux rapides comme l'éclair. Et toi, père, fondateur d'Etna, dont le nom rappelle les fonctions divines, accorde-moi par un signe de tête ce que tu veux me donner de bon cœur.

Pisthétairos

Ce fléau-là nous causera des ennuis si nous ne lui échappons pas en lui donnant quelque chose. Hé! toi! tu as une pelisse et une tunique. Enlève celle-là et donne-la à l'habile poète. *(A celui-ci.)* Voici la pelisse; aussi bien me parais-tu avoir très froid.

Le Poète

Ma muse accepte bien volontiers ce cadeau; et toi, apprends par cœur ces vers de Pindare.

Pisthétairos

Cet importun ne s'écartera pas de nous.

Le Poète

Chez les Scythes nomades, il est éloigné des armées celui qui ne possède pas de vêtement tissé par la navette au mouvement agile; comme aussi marche sans gloire une pelisse sans tunique. Comprends ce que je dis.

PISTHÉTAIROS

Je comprends que tu veux prendre la petite tunique. *(Au servant.)* Enlève, il faut être utile au poète. *(Au poète.)* Prends ceci et va-t'en.

LE POÈTE

Je m'en vais; et en m'en allant, voici ce que je composerai en l'honneur de votre ville : « Célèbre, Muse au trône d'or, la ville tremblante et froide. Je suis allé dans les régions battues des neiges, aux mille passages. Alala! »

PISTHÉTAIROS

Oui, par Zeus! Mais te voilà à l'abri de ces froids, avec cette petite tunique! Par Zeus, en fait de malheur, je n'ai jamais soupçonné que cet homme entendît si tôt parler de notre ville. Fais une fois le tour de l'autel avec l'eau lustrale.

LE PRÊTRE

Silence!

PISTHÉTAIROS, UN DISEUR D'ORACLES

LE DISEUR D'ORACLES
(s'avançant un papyrus à la main)

Ne commence pas par le bouc.

PISTHÉTAIROS

Et toi, qui es-tu ?

LE DISEUR D'ORACLES

Qui je suis ? — Un diseur d'oracles!

PISTHÉTAIROS

Gare, alors!

LE DISEUR D'ORACLES

Malheureux, ne fais pas fi des choses divines! car il y a un oracle de Bacis qui fait directement allusion à Coucou-Ville-les-Nuées.

PISTHÉTAIROS

Dans ce cas, pourquoi ne me prophétisais-tu pas cela avant que je ne bâtisse cette ville ?

LE DISEUR D'ORACLES

La Divinité m'en empêchait.

PISTHÉTAIROS

Mais il n'y a rien de tel que d'entendre les paroles.

LE DISEUR D'ORACLES

Quand loups et blanches colombes habiteront entre Corinthe et Sicyone.

PISTHÉTAIROS

Mais que m'importent à moi les Corinthiens ?

LE DISEUR D'ORACLES

Bacis faisait par là allusion à l'air. Tout d'abord il faut à Pandore sacrifier un bouc à ta blanche toison, et à qui se présentera le premier pour interpréter mes paroles nous donnerons un vêtement sans tache et des chaussures neuves.

PISTHÉTAIROS

Il y a aussi les chaussures !

LE DISEUR D'ORACLES

Prends le livre : « On donnera aussi une coupe et une pleine main d'entrailles en plus. »

PISTHÉTAIROS

Il y a aussi qu'il faut donner des entrailles ?

LE DISEUR D'ORACLES

Prends le livre. « Et si, divin jeune homme, tu agis selon mes ordres, tu deviendras un aigle dans les nues ; mais si tu ne donnes pas, tu ne seras ni tourterelle, ni aigle, ni pivert. »

PISTHÉTAIROS

Cela aussi y est ?

LE DISEUR D'ORACLES

Prends le livre.

PISTHÉTAIROS

En rien, à ce que je vois, cet oracle ne ressemble à celui que j'ai transcrit sous la dictée d'Apollon : « Lorsque, sans invitation, un imposteur viendra gêner les sacrificateurs et réclamer une part des entrailles, il faut lui bâtonner les côtes. »

LE DISEUR D'ORACLES

Tu plaisantes, je crois.

PISTHÉTAIROS

Prends le livre : « Et n'épargne nullement ni l'aigle dans les nues, ni Lampon ni le Grand Diopithès. »

LE DISEUR D'ORACLES

Cela aussi y est ?

PISTHÉTAIROS

Prends le livre. A la porte ! Aux corbeaux !

LE DISEUR D'ORACLES

Ah ! malheureux que je suis !

PISTHÉTAIROS

Vas-tu bien déguerpir en vitesse et débiter ailleurs tes oracles ?

MÉTON (astronome et arpenteur)

Je viens chez vous...

PISTHÉTAIROS

Voici encore un fâcheux ! Et que viens-tu faire ? Quelle intention ? Quel dessein ? Quel cothurne [44] as-tu chaussé pour ta route !

MÉTON

Je veux mesurer l'air pour vous, et le diviser en parcelles.

PISTHÉTAIROS

Au nom des dieux, qui es-tu donc ?

MÉTON

Qui je suis, moi ? Méton, connu en Hellade comme à Colone.

PISTHÉTAIROS

Dis-moi, ces objets que tu as, qu'est-ce ?

MÉTON

Des règles à mesurer l'air. Car l'air est, pour la forme, tout à fait comme un étouffoir. Si donc j'applique en haut cette règle recourbée, si j'y pose un compas, tu comprends ?

PISTHÉTAIROS

Je ne comprends pas.

MÉTON

Avançant une règle toute droite je mesurerai de façon que ton cercle devienne un carré, avec au centre l'Agora, où aboutiront en plein milieu des rues droites et que, comme du soleil, qui est rond lui-même, s'élancent droits, de tous les côtés, des rayons brillants.

PISTHÉTAIROS

C'est un Thalès... Méton...

MÉTON

Qu'est-ce que c'est ?

PISTHÉTAIROS

Sache que je t'aime; aussi écoute-moi et retire-toi d'ici.

MÉTON

Quel danger y a-t-il ?

PISTHÉTAIROS

Comme à Lacédémone, on chasse d'ici les étrangers et ce sont des grêles de coups qui tombent sur eux par toute la ville.

MÉTON

Est-ce que par hasard vous êtes en révolution ?

PISTHÉTAIROS

Non, par Zeus, non certes !

MÉTON

Qu'est-ce à dire alors ?

PISTHÉTAIROS

Nous avons unanimement décidé de pulvériser tous les imposteurs.

MÉTON

Je voudrais bien me défiler dans ce cas.

PISTHÉTAIROS

Oui, par Zeus; et je ne sais pas si tu pourrais encore y échapper, car les voilà sur toi!

MÉTON

Malheur à moi, infortuné !

PISTHÉTAIROS

Ne te le disais-je pas depuis longtemps ? N'iras-tu pas te mesurer toi-même ailleurs, loin d'ici ?

PISTHÉTAIROS,
UN INSPECTEUR *(survenant pendant que Méton s'enfuit)*

L'INSPECTEUR

Où sont les proxènes[45] ?

PISTHÉTAIROS

Quel est ce Sardanapale ?

L'INSPECTEUR

Je viens ici en inspecteur, désigné par le sort, à Coucou-Ville-les-Nuées.

PISTHÉTAIROS

Inspecteur ? Et qui t'a envoyé ?

L'INSPECTEUR

Un méchant oracle de Téléas.

PISTHÉTAIROS

Veux-tu ta paye et t'en aller sans avoir d'histoires ?

L'INSPECTEUR

Oui, par les dieux ; aussi bien je devais rester à la maison pour tenir une assemblée ; car il y a des affaires réglées par mes soins par Pharnace.

PISTHÉTAIROS

Prends et va-t'en : voici ton salaire.

L'INSPECTEUR

Qu'était-ce là ?

PISTHÉTAIROS

Une assemblée au sujet de Pharnace [46].

L'INSPECTEUR

Je prends des témoins que l'on me bat, moi un inspecteur !

PISTHÉTAIROS

Tu ne t'enfuiras pas au plus vite avec tes urnes ? N'est-
ce pas le comble ? Ils envoient déjà des inspecteurs dans
la ville, avant même qu'on ait achevé les sacrifices aux
dieux! *(L'Inspecteur s'enfuit. — Arrive un marchand de
décrets.)*

PISTHÉTAIROS, UN MARCHAND DE DÉCRETS,
L'INSPECTEUR, *revenu.*

Le Marchand de Décrets

Si le citoyen de Coucou-Ville-les-Nuées fait du tort à
celui d'Athènes...

PISTHÉTAIROS

Que signifie encore ce maudit écriteau ?

Le Marchand de Décrets

Je suis un marchand de décrets, venu ici chez vous,
mettre en vente des lois nouvelles.

PISTHÉTAIROS

Quoi ?

Le Marchand de Décrets

Plaise aux habitants de Coucou-Ville-les-Nuées se servir des mêmes poids et lois que les Olophyxiens [47].

PISTHÉTAIROS

Toi du moins, tu te serviras de ceux des Ototyxiens
bientôt!

Le Marchand de Décrets

Hé! l'homme! Qu'est-ce qui te prend ?

PISTHÉTAIROS

Ne vas-tu pas déguerpir avec tes lois ? Je vais t'en
montrer de bien dures moi aujourd'hui, moi, des lois!

L'Inspecteur

Je cite Pisthétairos en justice, pour violences, au mois
de Munychion [48].

PISTHÉTAIROS

Vrai! L'homme! Tu es toujours là ?

Le Marchand de Décrets

Et si quelqu'un expulse les magistrats au lieu de les recevoir conformément à l'article de la stèle...

Pisthétairos

Malheur à moi! infortuné! Toi aussi tu es toujours là?

L'Inspecteur

Je t'anéantirai, et je t'assigne pour mille drachmes.

Pisthétairos

Et moi je ferai voler en éclats tes urnes.

L'Inspecteur

Tu te rappelles lorsque tu te soulageais au pied de la stèle un soir?

Pisthétairos

Oh! oh! qu'on me l'empoigne! Hé l'homme! tu n'attends pas?

Le Prêtre

Quittons ces lieux au plus vite. Entrons et sacrifions le bouc aux dieux.

Le Chœur

C'est à moi dorénavant, à moi qui vois tout, à moi le chef suprême, que tous les mortels feront des sacrifices accompagnés de vœux et de prières. Je tiens en effet la terre entière sous mon regard, je préserve, pour les rendre abondantes, les moissons en détruisant les races des innombrables insectes qui, vivant dans la terre et posés sur les plantes, dévorent de leurs dents destructrices tout fruit qui sort du bourgeon. Je détruis aussi ceux qui ravagent les jardins parfumés en y causant les pires dégâts, et tous les reptiles, toutes les bêtes féroces qui existent périssent, dans les hécatombes, grâce à la rapidité de mon aile.

Le Coryphée

Aujourd'hui plus que jamais on crie tout haut : « A qui tuera Diagoras de Melos [49], un talent; à qui tuera un des tyrans morts, un talent. » Nous voulons donc à présent proclamer nous aussi, ici : « A celui qui tuera Philocratès [50] le Strouthien, un talent; s'il le livre vivant, quatre talents. Car il fait des brochettes de pinsons et les vend à raison de sept pour une obole; de plus il maltraite les grives en les

gonflant pour l'étalage; aux merles il leur verse dans le
bec leurs plumes, et pour les colombes il les fait souffrir
de même en les enfermant ensemble et les faisant servir
d'appeaux, retenues dans un filet. C'est cela que nous
voulons publier; et si quelqu'un d'entre vous élève des
oiseaux qu'il tient captifs dans sa cour, nous lui enjoignons
de les lâcher. Que si vous désobéissez, les oiseaux se sai-
siront de vous et, enchaînés à votre tour aussi, chez nous,
vous servirez d'appeaux. »

LE CHŒUR

Bienheureux de la race des volatiles! En hiver nous ne
revêtons pas de manteaux et en été la chaleur ne nous
brûle pas de ses rayons ardents qui brillent au loin; nous
habitons au sein des taillis, dans les prés fleuris lorsque
la divine et bruyante cigale affolée par la chaleur du soleil
de midi fait retentir son chant strident; l'hiver, nous le
passons dans les grottes profondes, jouant avec les nymphes
des montagnes; au printemps, nous picorons les baies
tendres des myrtes blancs et toutes les fleurs du jardin
des Charites. Nous voulons dire aux juges du concours
quelques mots sur la victoire : s'ils nous l'attribuent,
nous les comblerons de tous les biens au point qu'ils rece-
vront plus de présents que Pâris. Tout d'abord en effet,
ce que tout juge convoite le plus, les chouettes [51] de Laurium ne vous feront pas défaut; elles s'installeront dans
vos intérieurs, feront leurs nids dans vos bourses et y
déposeront de la petite monnaie. De plus vous serez
logés comme dans des temples, car nous couvrirons nos
maisons de toits en forme d'aigle [52]. Et si, ayant obtenu
quelque petite charge, vous voulez encore rogner quelque
chose, nous vous mettrons dans les mains un petit épervier rapide. Si vous dînez quelque part, nous vous expé-
dierons des jabots, mais si vous ne nous décernez pas le
prix, faites-vous faire des disques en croissant de lune
comme aux statues, car qui n'aura pas son disque, le
jour où vous portez manteau de laine blanche, en sera
pour ses frais ces jours-là : de cette façon vous recevrez
la fiente de tous les oiseaux.

PISTHÉTAIROS

Le sacrifice, oiseaux, nous est favorable. Mais sachez
que du rempart aucun messager n'arrive pour nous mettre
au courant des événements. Non, en voici un qui accourt
respirant Alphée!

PISTHÉTAIROS, LE CHŒUR
PREMIER MESSAGER, SECOND MESSAGER

PREMIER MESSAGER

Où, où est-il ? où, où, où est-il ? où, où, où est-il ? où, où est Pisthétairos notre maître ?

PISTHÉTAIROS

Le voici.

PREMIER MESSAGER

Ton rempart est debout.

PISTHÉTAIROS

Bonne nouvelle.

PREMIER MESSAGER

C'est un travail de toute beauté, des plus imposants : Proxénidès du Dème de la Vantardise et Théogènes s'y rencontreraient avec leurs chars, traînés par des chevaux de la grandeur du cheval de bois, qu'ils pourraient aisément passer, tellement il est spacieux.

PISTHÉTAIROS

O Héraclès !

PREMIER MESSAGER

Sa hauteur, car je l'ai mesuré moi-même, est de cent orgyes.

PISTHÉTAIROS

O Posidon ! quelle hauteur ! Quels sont les constructeurs d'un si grand ouvrage ?

PREMIER MESSAGER

Les oiseaux, et nul autre ; il n'y avait ni manœuvre égyptien, ni tailleur de pierres, ni charpentier ; ils ont tout fait eux-mêmes et je suis en admiration. Trente mille grues environ venues de Libye déposaient des pierres destinées aux fondations et qu'elles avaient ingurgitées [53] ; des râles d'eau les taillaient de leurs becs. D'autres, dix mille cigognes, fabriquaient des briques ; l'eau était transportée d'en bas par les pluviers et par les autres oiseaux de rivière.

PISTHÉTAIROS

Et le mortier, qui le portait ?

PREMIER MESSAGER

Des hérons, dans des baquets.

PISTHÉTAIROS

Mais comment l'y versaient-ils ?

PREMIER MESSAGER

Pour cela, mon bon, on trouva un moyen très pratique : les oies qui les pilaient le jetaient dans les baquets avec leurs pattes comme avec des pelles.

PISTHÉTAIROS

De quoi des pattes ne seraient-elles pas capables ?

PREMIER MESSAGER

Les canards aussi, par Zeus, retroussés, transportaient des briques, et l'on voyait planer, la truelle dans le dos, comme de petits enfants, le mortier dans leur bec, les hirondelles.

PISTHÉTAIROS

Pourquoi donc prendrait-on encore des ouvriers à gages ? Çà, voyons, les ouvrages de bois du rempart qui les a faits ?

PREMIER MESSAGER

Il y avait des oiseaux menuisiers fort habiles : les pélicans, qui de leurs becs agiles ont équarri le bois pour les portes; ils faisaient en travaillant un bruit d'arsenal! Et maintenant des portes partout; tout est verrouillé, surveillé, bouclé. On fait la ronde, on agite les clochettes; de tous côtés ce ne sont que sentinelles postées, et signaux sur les tours. Mais je vais vite me débarbouiller; à toi d'achever ce qui reste à faire.

LE CHŒUR

Hé l'homme, que fais-tu ? T'étonnes-tu que le rempart ait été élevé si vite ?

PISTHÉTAIROS

Moi, oui, par les dieux et il y a de quoi. A vrai dire, cela me paraît fabuleux, mais voici qu'un garde se hâte vers nous, porteur d'un message comme quelqu'un qui danse la pyrrhique.

SECOND MESSAGER

Iou, iou, iou, iou, iou, iou.

PISTHÉTAIROS

Qu'est-ce que c'est ?

SECOND MESSAGER

Un très grand malheur vous est arrivé. L'un des dieux de l'entourage de Zeus vient de s'envoler en l'air à travers nos portes sans être vu par les choucas qui sont de garde dans la journée!

PISTHÉTAIROS

O l'acte abominable! oh! l'horrible attentat! Et quel dieu ?

SECOND MESSAGER

Nous ne savons pas ; mais qu'il avait des ailes, cela, nous le savons.

PISTHÉTAIROS

N'aurait-il pas fallu lancer aussitôt des gardes-frontières à sa poursuite ?

SECOND MESSAGER

Mais nous avons lancé trente mille éperviers, archers à cheval, c'est une course de tous les oiseaux aux serres crochues : crécerelles, buses, vautours, hiboux, aigles. Tout l'air est agité par l'impétuosité de leur vol, et le sifflement de leurs ailes, pendant qu'on cherche le dieu. Mais il est déjà quelque part ici.

PISTHÉTAIROS

Il faut donc prendre des frondes et des arcs. Vite ici, chaque aide : lance des flèches, frappe; qu'on me donne une fronde.

LE CORYPHÉE

Une guerre se déclare, une guerre inouïe entre les dieux et moi. Surveillez chacun l'air entouré de nues, créé par l'Erèbe : attention à ne pas laisser passer inaperçu par ici, aucun dieu : que chacun observe d'un regard circulaire, car tout près déjà on entend distinctement un bruit d'ailes, comme celui d'un dieu qui vole.

PISTHÉTAIROS

Hé toi, où, où, où voles-tu ? ne bouge pas. Reste tranquille; tiens-toi ferme là; arrête ta course. Qui es-tu ? d'où viens-tu ? Il faudrait dire d'où tu voles!

PISTHETAIROS,
IRIS *(arrivant sous la forme d'une jeune fille, avec une auréole et des ailes)*

IRIS
Moi ? De chez les dieux olympiens.

PISTHÉTAIROS
Et ton nom, quel est-il ? galère ou coiffe ?

IRIS
Iris la rapide.

PISTHÉTAIROS
Paralienne ou Salaminienne ?

IRIS
Qu'est-ce à dire ?

PISTHÉTAIROS
Un mâle gaillard ne lui volera-t-il pas dessus pour se saisir d'elle ?

IRIS
Se saisir de moi ? quel mal est-ce là ?

PISTHÉTAIROS
Tu en gémiras longuement.

IRIS
C'est là une affaire étrange!

PISTHÉTAIROS
Par quelles portes as-tu accédé au rempart, ô très impure ?

IRIS
J'ignore, ma foi, par quelles portes!

PISTHÉTAIROS
Tu l'entends, comme elle dissimule ? T'es-tu présentée au commandant des choucas ? tu ne parles pas ? As-tu un passeport délivré par les cigognes ?

IRIS
Quel fléau est-ce là ?

PISTHÉTAIROS
Tu ne l'as pas pris ?

IRIS

As-tu tout ton bon sens ?

PISTHÉTAIROS

Aucune pièce justificative, aucun chef des oiseaux ne t'en a délivré au passage ?

IRIS

Non par Zeus, personne ne m'en a délivré, mon bon!

PISTHÉTAIROS

Et c'est ainsi en silence, que tu traverses la ville étrangère et le ciel ?

IRIS

Par quel autre endroit faut-il que passent les dieux ?

PISTHÉTAIROS

Je ne sais pas, moi, par Zeus! Ce n'est toujours pas par ici. Tu es dans ton tort, en ce moment précis! sais-tu seulement qu'on aurait pu te saisir et te mettre à mort, le plus justement du monde, si l'on t'avait infligé le châtiment mérité.

IRIS

Mais je suis immortelle.

PISTHÉTAIROS

Tu n'en aurais pas moins péri. Nous en verrons de bien cruelles en effet, il me semble, si alors que nous avons tous les autres en notre pouvoir, vous les dieux, vous menez une vie licencieuse, ignorant que vous devez à votre tour obéissance à nous les maîtres. Explique-moi donc vers quel pays tu navigues à tire-d'aile ?

IRIS

Moi ? — Vers les hommes de la part de mon père, pour leur enjoindre de sacrifier aux dieux olympiens, d'égorger brebis et bœufs sur les autels et remplir les rues de l'odeur des viandes rôties.

PISTHÉTAIROS

Que dis-tu ? A quels dieux ?

IRIS

A quels dieux ? A nous, les dieux du ciel!

PISTHÉTAIROS

Vous êtes donc des dieux, vous ?

IRIS

Qui donc l'est, sinon nous ?

PISTHÉTAIROS

Les hommes ont aujourd'hui pour dieux les oiseaux :
c'est à eux qu'ils doivent sacrifier, non, par Zeus, à Zeus!

IRIS

O insensé, insensé, ne déchaîne pas les passions terribles
des dieux, si tu veux que la Justice ne détruise de fond en
comble avec l'arme de Zeus ta race tout entière, et que
la flamme ne réduise en cendres ton corps et ta maison
sous les traits de Licymnius.

PISTHÉTAIROS

Ecoute, toi! finis avec tes tirades emphatiques, tiens-
toi tranquille. Allons, voyons : crois-tu avoir affaire à un
Lydien où à un Phrygien et me terrifier par tes paroles ?
Sais-tu que si Zeus m'afflige outre mesure, je ferai réduire
en cendres par des aigles incendiaires, ses demeures et le
palais d'Amphion, puis je lancerai à l'assaut du ciel plus de
six cents porphyrions, vêtus de peaux de léopard; un seul
porphyrion, voyez-vous, lui a donné autrefois bien du mal.
Pour toi, si tu me fais la moindre peine, je te soulèverai
les deux jambes et t'écarterai les cuisses, à toi Iris en personne, au point que tu t'étonneras de la vigueur avec
laquelle, malgré mon grand âge, je pointe trois fois l'éperon!

IRIS

Puisses-tu voler en éclats, nigaud, avec tes paroles!

PISTHÉTAIROS

Tu ne vas pas décamper vivement ? Au large! hors
d'ici!

IRIS

Mon père, je t'assure, mettra fin à tes insolences!

PISTHÉTAIROS

Ah, malheureux que je suis! Ne t'envoleras-tu pas
ailleurs pour foudroyer quelqu'un de jeune ?

Le Chœur

Défense est faite aux dieux fils de Zeus de traverser désormais ma ville et à tout mortel sacrifiant sur la terre de faire désormais passer par ici la fumée des sacrifices destinée aux dieux.

Pisthétairos

Il est étrange que le héraut parti en mission auprès des hommes ne soit pas de retour.

PISTHÉTAIROS
UN HERAUT *(arrivant avec une couronne d'or)*

Le Héraut

O Pisthétairos, heureux Pisthétairos, ô très subtil, ô très illustre, ô très subtil, ô très fin, ô trois fois heureux, ô... laisse-moi parler.

Pisthétairos

Que dis-tu ?

Le Héraut

Voici la couronne d'or par laquelle tous les peuples couronnent et honorent ta sagesse.

Pisthétairos

Je l'accepte. Mais pourquoi les peuples m'honorent-ils ainsi ?

Le Héraut

O toi, le fondateur de la très illustre ville aérienne, tu ne sais pas en quelle estime tu es auprès des hommes et combien tu as de gens épris de ce pays. C'est qu'avant que tu eusses fondé cette ville, tous les hommes étaient entichés des mœurs lacédémoniennes, portaient longue chevelure, souffraient la faim, étaient sales, vivaient à la Socrate, portaient des matraques ; maintenant, tombés dans l'excès contraire, ils sont entichés des oiseaux, prennent plaisir à faire ce que font les oiseaux, qu'ils imitent en tout. Tout d'abord, à peine hors du nid, à l'aurore, ils volent comme en quête de leur nourriture. Ensuite, ils se précipitent sur les affiches, et là se nourrissent de... décrets. Ils affichent si ouvertement une telle passion des oiseaux, qu'à beaucoup sont attribués des noms d'oiseaux. Un cabaretier boiteux est surnommé Perdrix ; Ménippe : Hirondelle ; l'opuntien : Corbeau borgne ; Philoclès : l'Alouette ; Théogènes : Oie-Renard ; Lycurgue, Ibis ; Chéréphon : Chauve-souris ; Syracosius : Pie; Midias : Caille; c'est qu'il ressemble à une caille frappée à la tête d'un coup de bâton.

Ils chantent tous par amour pour les oiseaux, des chansons où est célébré soit une hirondelle, soit un canard, soit une oie; une colombe, soit des ailes ou tant soit peu de plumage. Voilà où en sont les affaires là-bas.

Je ne te dis que ceci : il arrivera ici de là-bas plus de dix mille personnes en quête d'ailes et de serres recourbées; aussi te faut-il commander quelque part des ailes pour ceux qui viendront s'établir ici.

PISTHÉTAIROS

Il ne s'agit donc plus, par Zeus, de rester plantés là : toi, va-t'en au plus vite remplir d'ailes tous les paniers et toutes les corbeilles. Que Manès m'apporte sur le seuil, les ailes; moi, je recevrai les arrivants.

LE CHŒUR

Il se trouvera vite un homme pour dénommer notre ville « la populeuse ».

PISTHÉTAIROS

Puisse seulement le sort nous favoriser!

LE CHŒUR

On se passionne pour ma ville.

PISTHÉTAIROS

Je te dis d'apporter plus vite.

LE CHŒUR

Qu'y a-t-il donc dans cette ville qui ne soit beau pour un homme qui s'y établit! Sagesse, Amour, les Charites immortelles, douce tranquillité au front serein...

PISTHÉTAIROS

Comme tu sers mollement! Vas-tu te presser davantage!

LE CHŒUR

Qu'on apporte vite une corbeille de plumes; toi, secoue-moi celui-là et rosse-le comme ceci : il est lent comme tout, comme un âne.

PISTHÉTAIROS

Oui, Manès est un paresseux.

Le Chœur

Toi, commence par trier et ranger ces ailes par caté-
gories : les musicales, les prophétiques et les marines;
après quoi tu tâcheras d'examiner chaque homme pour lui
mettre ses ailes avec discernement!

Pisthétairos

Non! par les crécerelles, je ne te supporterai pas davantage, en te voyant si paresseux et si lent! *(Il bat Manès qui
s'enfuit.)*

PISTHÉTAIROS, UN PARRICIDE

Le Parricide

Puissé-je devenir un aigle au vol élevé, pour pouvoir
survoler les flots de la mer stérile et azurée [54]!

Pisthétairos

A ce qu'il semble, le messager ne nous aura pas apporté
un faux message. Car celui-ci s'avance en chantant l'air
des aigles.

Le Parricide

Chouette! Il n'est rien de plus agréable que de voler!
Je raffole des oiseaux et je vole, et je veux habiter parmi
vous et désire vivre sous vos lois.

Pisthétairos

Quelles lois ? Car il y en a beaucoup de lois chez les
oiseaux!

Le Parricide

Toutes; mais surtout celle en vertu de laquelle il est
beau, chez les oiseaux, d'étrangler son père et de becqueter.

Pisthétairos

Et même, par Zeus, nous tenons pour un brave quiconque a rossé son père, étant un oisillon.

Le Parricide

Voilà précisément pourquoi je désire, une fois établi ici,
étrangler mon père et m'approprier tous ses biens.

Pisthétairos

Oui, mais nous avons, nous les oiseaux, une loi ancienne,
sur les tables des cigognes, qui dit : « Lorsque le papa

cigogne aura par ses soins mis tous ces cigogneaux en état de voler, les petits sont tenus à leur tour d'entretenir leur père.

Le Parricide

J'ai bien profité à venir ici, s'il me faut nourrir aussi mon père !

Pisthétairos

Ce n'est rien, car puisque tu es venu, mon bon, avec de bonnes intentions, je te munirai d'ailes à titre d'oiseau orphelin. De plus, jeune homme, je te donnerai un conseil qui n'est pas mauvais et que j'ai reçu moi-même quand j'étais enfant. Ne frappe donc pas ton père ; prends d'une main cette aile, de l'autre cet ergot, dis-toi bien que tu tiens une crête de coq, entre dans la garde, sois soldat, gagne de quoi te nourrir ; laisse vivre ton père, et puisque tu es d'humeur guerrière, prends ton vol pour la Thrace et combats là-bas.

Le Parricide

Par Dionysos, tu me parais avoir raison, je t'obéirai. *(Il s'en va.)*

Pisthétairos

Et ce sera avoir du bon sens, par Zeus.

PISTHÉTAIROS, CINÉSIAS *(le poète dithyrambique)*

Cinésias

Je m'élève vers l'Olympe sur mes ailes légères, et mon vol me porte par les divers sentiers de la poésie.

Pisthétairos

Cette affaire nécessite une cargaison d'ailes.

Cinésias

M'engageant toujours d'une âme et d'un corps résolus, dans une voie nouvelle.

Pisthétairos

Nous souhaitons la bienvenue à Cinésias le Tilleul. Que viens-tu faire ici, clopin-clopant, avec ton pied éclopé ?

Cinésias

Je veux devenir oiseau, un rossignol au chant suave.

PISTHÉTAIROS

Arrête de chanter, et dis-moi ce que tu veux me dire.

CINÉSIAS

Je veux, muni d'ailes par toi, m'élever dans l'espace et tirer des nues de nouvelles tenues [55] aériennes et neigeuses.

PISTHÉTAIROS

On pourrait donc emprunter aux nues des... tenues.

CINÉSIAS

C'est à elles que tient notre art. Les dithyrambes les plus brillants sont aériens, ténébreux, bleu sombre, et comme agités par des ailes; écoute-moi, tu le sauras à l'instant

PISTHÉTAIROS

Moi ? Que non pas!

CINÉSIAS

Oui, toi, par Héraclès. Je parcourrai pour toi l'air tout entier et décrirai les espèces des volatiles qui fendent l'éther, des oiseaux au long cou.

PISTHÉTAIROS

Oh! hop! ohop!

CINÉSIAS

« Puissé-je être emporté par les souffles des vents dans une course bondissante au-dessus des mers... »

PISTHÉTAIROS

Par Zeus, j'arrêterai bien tes souffles, moi!

CINÉSIAS

« ... tantôt suivant la route du Notos, tantôt au contraire approchant de Borée, en sillonnant l'éther inhospitalier. » Plaisant, ma foi, et habile, ô vieillard, le tour imaginé par toi!

PISTHÉTAIROS

Tu ne te réjouis donc pas d'être pourvu d'ailes qui t'agitent ?

CINÉSIAS

C'est comme cela que tu traites le poète dithyrambique, moi que toutes les tribus s'arrachent sans cesse!

PISTHÉTAIROS

Veux-tu rester chez nous pour faire la leçon pour le compte de Léotrophidès à un chœur d'oiseaux volants, une tribu cécropide ?

CINÉSIAS

Tu me tournes en dérision, c'est évident. Mais je n'aurai de cesse, sache-le, que je ne sois muni d'ailes pour une traversée aérienne !

PISTHÉTAIROS, UN SYCOPHANTE

LE SYCOPHANTE

Quels sont ces oiseaux-ci, qui n'ont rien, ...oiseaux aux ailes bigarrées ? Dis-moi, hirondelle aux longues ailes diaprées.

PISTHÉTAIROS

Un triste oiseau de malheur qui s'est réveillé, celui-là ! (*Voyant le sycophante.*) En voici encore un qui s'avance en fredonnant.

LE SYCOPHANTE

« Aux longues ailes diaprées »; je dis bien, pour la seconde fois.

PISTHÉTAIROS

Il m'a l'air de chanter un couplet pour son manteau, et il lui fait une quantité d'hirondelles, à ce que je vois.

LE SYCOPHANTE

Qui est-ce qui distribue les ailes aux arrivants ?

PISTHÉTAIROS

C'est moi ici présent; dis-moi ce qu'il te faut.

LE SYCOPHANTE

Des ailes, des ailes; ne me le demande pas deux fois.

PISTHÉTAIROS

As-tu l'intention de gagner au vol Pellène [56] en ligne droite ?

LE SYCOPHANTE

Non, par Zeus, je ne suis qu'un simple huissier insulaire et un sycophante.

PISTHÉTAIROS

Heureux homme, d'avoir une telle profession !

LE SYCOPHANTE

Et un dénicheur de procès. Aussi ai-je besoin d'ailes pour aller de ville en ville citer en justice.

PISTHÉTAIROS

Si tu as des ailes, tes citations y gagneront-elles en finesse ?

LE SYCOPHANTE

Non, par Zeus ; c'est pour ne pas être inquiété par les brigands et pouvoir revenir avec les grues lesté de nombreux procès.

PISTHÉTAIROS

C'est ça le travail que tu fais ! Dis-moi, jeune comme tu es, tu dénonces les étrangers ?

LE SYCOPHANTE

Que veux-tu qu'il advienne de moi ? Je ne sais pas labourer.

PISTHÉTAIROS

Mais il y a d'autres occupations honorables qui devraient faire vivre un homme comme toi, plus honnêtement qu'en colportant des procès.

LE SYCOPHANTE

Diantre d'homme, ne m'en gronde pas ; donne-moi plutôt des ailes.

PISTHÉTAIROS

Je t'en donne en parlant.

LE SYCOPHANTE

Et comment pourrais-tu avec des paroles donner des ailes à un homme ?

PISTHÉTAIROS

Les paroles donnent des ailes à tous.

LE SYCOPHANTE

A tous ?

PISTHÉTAIROS

Tu n'as pas entendu les pères dire à chaque occasion,

en parlant de leur jeune homme, dans les boutiques des barbiers : « C'est extraordinaire comme les paroles de Diitréphès ont donné des ailes à mon jeune homme pour le faire voler au manège. » Tel autre déclare que le sien est porté vers la tragédie comme par des ailes et que son esprit plane.

LE SYCOPHANTE

Avec des paroles, donc, on a même des ailes ?

PISTHÉTAIROS

Je dis que oui ! sous l'effet des paroles l'esprit s'élève et l'homme prend son essor. C'est pourquoi je veux par de nobles paroles t'enlever comme avec des ailes et te tourner vers une profession normale.

LE SYCOPHANTE

Mais je ne veux pas.

PISTHÉTAIROS

Que feras-tu donc ?

LE SYCOPHANTE

Je ne veux pas couvrir de honte ma lignée. J'ai hérité de mon père le métier de sycophante. Donne-moi plutôt des ailes rapides et légères, des ailes d'épervier ou de crécerelle, pour que je cite les étrangers, fournisse leurs noms ici et m'envole de nouveau là-bas.

PISTHÉTAIROS

Je comprends ; tu veux dire que c'est pour faire condamner ici l'étranger avant qu'il arrive.

LE SYCOPHANTE

Tu vois juste.

PISTHÉTAIROS

Et tandis qu'il fait voile pour se rendre ici, toi tu voles là-bas pour t'emparer de ses biens.

LE SYCOPHANTE

Tu y es tout à fait : il me faut être absolument comme une toupie.

PISTHÉTAIROS

J'entends ça, une toupie ; et en vérité, par Zeus, je possède de très belles ailes de Corcyre [57], comme ceci.

Le Sycophante

Ah! malheur! c'est un fouet que tu tiens.

Pisthétairos

Des ailes, tu veux dire, avec lesquelles je veux aujourd'hui te faire tournoyer comme une toupie.

Le Sycophante

Ah! malheureux que je suis!

Pisthétairos

Ne vas-tu pas prendre d'ici ton essor? Ne vas-tu pas déguerpir, misérable vaurien! Il va t'en cuire de pervertir la justice! Nous, replions nos ailes et allons-nous-en.

Le Chœur

Notre vol nous a portés vers bien des nouveautés, bien des merveilles et fait voir des spectacles extraordinaires. Il y a un arbre d'une espèce étrange, loin de Cardie, dit Cléonyme, un propre à rien, au demeurant lâche et grand. Au printemps, il bourgeonne et donne les fruits de la délation. En hiver il se défeuille de ses... boucliers. Il y a une contrée tout près du royaume des ténèbres, une contrée lointaine dans un désert sans lampes, où les hommes mangent et vivent en compagnie des héros, le soir excepté : car à ce moment-là il eût été dangereux de les rencontrer.

Si en effet un mortel rencontrait de nuit le héros Oreste, roué de coups il était dépouillé de son manteau.

PROMÉTHÉE, PISTHÉTAIROS

Prométhée

Misère de moi!! Faisons en sorte que Zeus ne me voie pas. Où est Pisthétairos?

Pisthétairos

Hé, qu'est-ce que c'est? Que signifie cet accoutrement?

Prométhée

Vois-tu quelqu'un des dieux ici derrière moi?

Pisthétairos

Non, par Zeus, je n'en vois pas. Mais toi, qui es-tu?

PROMÉTHÉE

Alors, à quel moment du jour sommes-nous ?

PISTHÉTAIROS

A quel moment ? Il est un peu plus que midi. Mais qui es-tu ?

PROMÉTHÉE

Est-ce l'heure où l'on dételle les bœufs, est-il plus tard ?

PISTHÉTAIROS

Ah! ce que tu me dégoûtes !

PROMÉTHÉE

Que fait donc Zeus ? chasse-t-il les nuages ou les assemble-t-il ?

PISTHÉTAIROS

Malheur à toi !

PROMÉTHÉE

Dans ces conditions-là je me découvrirai.

PISTHÉTAIROS

Mon cher Prométhée !

PROMÉTHÉE

Arrête! arrête! Ne crie pas !

PISTHÉTAIROS

Qu'y a-t-il donc ?

PROMÉTHÉE

Tais-toi, ne m'appelle pas par mon nom; si Zeus me voit ici, je suis perdu! Mais pour que je te dise tout ce qui se passe là-haut, prends-moi cette ombrelle, élève-la au-dessus de ma tête, afin que les dieux ne me voient pas.

PISTHÉTAIROS

Iou, iou! voilà une idée fine à la Prométhée! Glisse-toi vite dessous et parle en toute confiance.

PROMÉTHÉE

Eh bien, écoute.

PISTHÉTAIROS

Parle, j'écoute.

PROMÉTHÉE

C'est un fait de Zeus.

PISTHÉTAIROS

Depuis quand à peu près?

PROMÉTHÉE

Depuis que vous avez fait du ciel votre demeure. Personne ne fait plus le moindre sacrifice aux dieux; plus d'odeur de cuisses qui monte vers nous depuis ce temps-là! Comme aux Thesmophories [58], nous jeûnons, privés de victimes. Les dieux barbares affamés, poussant des cris indistincts comme les Illyriens, menacent de quitter leurs hauteurs pour marcher contre Zeus, s'il ne leur ouvre l'accès des places de commerce, pour l'importation des entrailles!

PISTHÉTAIROS

Il y a donc d'autres dieux au-dessus de vous, des dieux barbares?

PROMÉTHÉE

Ne sont-ils pas des barbares, les dieux de chez lesquels Exékestidès a tiré son Patroos?

PISTHÉTAIROS

Et quel est le nom de ces dieux barbares?

PROMÉTHÉE

Quel est-il? Triballes [59].

PISTHÉTAIROS

Je comprends: c'est de là qu'est sorti le: « puisses-tu trépasser [60] ».

PROMÉTHÉE

Absolument, mais je t'avertis clairement qu'il va venir ici des députés pour négocier une réconciliation de la part de Zeus et des Triballes supérieurs: ne signe aucun accord si Zeus se refuse à restituer le sceptre aux oiseaux et à t'accorder pour épouse Royauté.

PISTHÉTAIROS

Qu'est-ce que c'est Royauté?

PROMÉTHÉE

Une vierge de toute beauté, dépositaire souveraine de

la foudre de Zeus et de tout le reste : la bonne volonté, le
bon ordre, la tempérance, les arsenaux [61], l'injure, le trésorier [62], les trioboles.

PISTHÉTAIROS

C'est donc son intendante générale ?

PROMÉTHÉE

Oui. S'il te la cède, tu es maître de tout. C'est pour
te donner ces détails que je suis venu ici. Je veux toujours
du bien aux hommes, moi.

PISTHÉTAIROS

Oui, puisque c'est grâce à toi que nous avons du char-
bon pour faire nos grillades.

PROMÉTHÉE

Les dieux, je les hais tous comme tu le sais.

PISTHÉTAIROS

Oui, par Zeus, tu as toujours été haï des dieux.

PROMÉTHÉE

Un vrai Timon [63]. Mais apporte-moi l'ombrelle pour
que je m'en retourne vite de façon que, même vu par Zeus,
j'aie l'air de suivre une canéphore.

PISTHÉTAIROS

Prends aussi ce siège et emporte-le.

LE CHŒUR

Aux confins des Skiapodes [64] il y a un lac où Socrate,
sans s'être lavé, évoque les âmes. Là se rendit aussi
Pisandre [65] pour voir son âme qui l'avait abandonné
alors qu'il vivait encore : il portait comme victime, en
guise d'agneau, un chameau auquel il trancha la gorge;
puis à l'exemple d'Odysseus, il se retira à l'écart; alors
sortit de sous terre pour boire le sang du chameau Chéréphon la Chauve-souris [66].

POSIDON, HÉRACLÈS, UN DIEU TRIBALLE
arrivent chez Pisthétairos.

POSIDON

Coucou-Ville-les-Nuées s'offre à votre vue : c'est le

terme de notre ambassade. Hé toi, que fais-tu ? Tu rejettes ainsi ton manteau du côté gauche ? Tu ne vas pas le rejeter sur la droite comme ceci ? Pourquoi, diantre d'homme ? Es-tu un Lespodias [67].

O Démocratie, où mènes-tu, si c'est là le représentant désigné des dieux ! Resteras-tu tranquille ? Peste de toi ! Tu es bien le dieu de beaucoup le plus barbare que j'aie vu. Çà, qu'allons-nous faire, Héraklès ?

HÉRAKLÈS

Tu m'as bien entendu : je veux étrangler [68] cet homme, quel qu'il soit, qui a intercepté toute communication avec les dieux en érigeant ces remparts.

POSIDON

Mais, mon bon, nous sommes délégués officiels pour négocier la paix.

HÉRAKLÈS

Double raison pour que je l'étrangle.

PISTHÉTAIROS

Qu'on me donne la râpe à fromage ; passe-moi du silphium ; qu'on me passe du fromage ; active le feu.

POSIDON

O homme, les trois dieux que nous sommes, nous te disons salut.

PISTHÉTAIROS

Mais je râpe le silphium.

HÉRAKLÈS

Quelle viande est-ce là ?

PISTHÉTAIROS

Des oiseaux qui se sont révoltés contre les oiseaux du parti démocratique ; on les a jugés coupables.

HÉRAKLÈS

Alors tu commences par les saupoudrer du silphium ?

PISTHÉTAIROS

Salut, Héraklès. Qu'y a-t-il ?

HÉRAKLÈS

Nous venons en ambassade de la part des dieux, pour négocier l'armistice.

Le Domestique

Il n'y a pas d'huile dans le flacon.

Pisthétairos

Il faut pourtant que cette volaille soit bien onctueuse.

Héraklès

Nous ne gagnons rien à être en guerre avec vous; vous, si vous aviez les dieux pour amis, vous auriez de l'eau de pluie dans vos marais et des jours alcyoniens toujours. Nous arrivons avec pleins pouvoirs pour traiter de toutes ces questions.

Pisthétairos

Mais nous n'avons jamais été les premiers à vous déclarer la guerre, et nous sommes prêts maintenant à conclure une trêve, si vous l'êtes vous, maintenant du moins, à agir selon la justice. Nos légitimes exigences, les voici : Jupiter doit nous rendre, à nous les oiseaux, le sceptre. Si nous tombons d'accord là-dessus, j'invite les délégués à dîner.

Héraklès

Moi, ça me va et je donne mon suffrage.

Posidon

Quoi, misérable! tu n'es qu'un sot et un glouton. Tu dépouilleras ton père du pouvoir suprême ?

Pisthétairos

Vraiment? ne serez-vous pas plus puissants vous les dieux, quand les oiseaux régneront en bas? A présent, cachés sous les nues, tête baissée, les mortels se parjurent. Mais si vous avez les oiseaux pour alliés, quand quelqu'un aura juré par le corbeau et par Zeus, le corbeau survenant inopinément fera, d'un coup de bec, sauter l'œil au parjure.

Posidon

Par Posidon, ce sont de belles paroles que tu dis là!

Héraklès

C'est aussi mon avis.

Pisthétairos

Et toi, que dis-tu?

TRIBALLE

Nabaisatreu [69].

PISTHÉTAIROS

Tu vois ? Il approuve lui aussi. Ecoutez maintenant
quel autre grand avantage nous vous procurerons : si
un homme a fait à l'un des dieux une offrande sacrée,
qu'il veuille ensuite éluder son vœu par des sophismes,
disant : « les dieux peuvent attendre » et ne remplisse
pas sa promesse, par avarice, nous exigerons qu'il s'exé-
cute.

POSIDON

Comment cela ?

PISTHÉTAIROS

Quand cet homme-là sera en train de compter sa
petite monnaie, ou de se baigner, un milan descendra lui
ravir en cachette la valeur de deux brebis qu'il rapportera
au dieu.

HÉRAKLÈS

Je vote pour que l'on rende le sceptre à ces gens-là,
moi.

POSIDON

Interroge aussi le Triballe.

HÉRAKLÈS

Triballe, tiens-tu à geindre ?

TRIBALLE

Coups matraque, pas.

HÉRAKLÈS

Il dit que c'est très bien parler.

POSIDON

Si tel est votre avis à tous deux, c'est aussi le mien.

HÉRAKLÈS

Hé l'homme, on décide de faire comme tu dis, en ce
qui concerne le sceptre.

PISTHÉTAIROS

Il y a aussi, par Zeus, un autre point qui me vient à
l'esprit : j'abandonne Héra à Zeus, mais il faut qu'on
me donne Royauté, la jeune fille, pour épouse.

POSIDON

Tu n'as pas envie de réconciliation. Rentrons chez nous.

PISTHÉTAIROS

Peu importe, maître-queux, il faut que la sauce soit succulente.

HÉRAKLÈS

O homme mal inspiré, Posidon où t'embarques-tu ? Nous ferons-nous la guerre pour une seule femme ?

POSIDON

Et que veux-tu que nous fassions ?

HÉRAKLÈS

Ce que je veux ? que nous fassions la paix.

POSIDON

Ah! mon pauvre homme! Tu ne comprends pas qu'on se paie ta tête depuis longtemps ? Tu te fais toi-même du tort. Si Zeus vient à mourir après avoir cédé à ces gens le pouvoir, te voilà pauvre! Car si Zeus meurt, tout ce qu'il peut laisser est à toi.

PISTHÉTAIROS

Ah! malheureux! comme il te circonvient avec ses sophismes! Amène-toi ici que je te dise : il te roule bien, ton oncle, nigaud que tu es. Car sur les biens de ton père, tu ne peux rien gratter, d'après la loi ; tu es bâtard et non pas enfant légitime.

HÉRAKLÈS

Moi bâtard ? Que dis-tu ?

PISTHÉTAIROS

Mais oui, toi, par Zeus, en tant que fils d'une femme étrangère. Autrement, comment conçois-tu qu'Athéna puisse être héritière unique, elle, une fille, si elle avait des frères légitimes ?

HÉRAKLÈS

Mais quoi! Si mon père me donne, en mourant, la part d'héritage qui revient aux enfants naturels ?

PISTHÉTAIROS

La loi ne le lui permet pas. Posidon ici présent, qui maintenant te monte la tête, sera le premier à te contester l'héritage de ton père, comme étant, lui personnellement, fils légitime. Je te citerai même le texte de la loi de Solon : « Le bâtard ne peut hériter à titre de proche parent reconnu, quand il y a des enfants légitimes. S'il n'y a pas d'enfants légitimes, les plus proches parents seront cohéritiers. »

HÉRAKLÈS

A ce compte-là, il ne m'échoit rien des biens paternels ?

PISTHÉTAIROS

Non, certes, par Zeus. Mais dis-moi, ton père t'a-t-il jusqu'ici fait porter sur la liste des membres de sa phratrie ?

HÉRAKLÈS

Nullement! Et je m'en étonne depuis longtemps.

PISTHÉTAIROS

Pourquoi restes-tu bouche bée, les yeux au ciel, pleins de menaces ? Si tu es des nôtres, je ferai de toi le maître suprême, et te... fournirai du lait d'oiselle!

HÉRAKLÈS

Encore une fois, tes prétentions quant à la jeune fille me paraissent justes, et pour moi je te la cède.

PISTHÉTAIROS

Que dis-tu, toi ?

POSIDON

Je m'y oppose.

PISTHÉTAIROS

Tout dépend de Triballe. Que dis-tu, toi, Triballe ?

TRIBALLE

Belle pulkelle et magne roine à oisel cède.

HÉRAKLÈS

Il déclare qu'il est d'avis de la céder.

POSIDON

Non, par Zeus, il déclare qu'il ne la cède que si, comme les hirondelles, elle ne marche pas.

PISTHÉTAIROS

Il dit donc qu'il faut la céder aux hirondelles ?

POSIDON

A vous maintenant de cesser la dispute et de vous mettre d'accord. Moi, puisque vous le voulez, je me tairai.

HÉRAKLÈS

Nous t'accordons tout ce que tu dis. Mais viens toi-même au ciel avec nous, pour prendre « Royauté » avec le tout.

PISTHÉTAIROS

Voilà donc du gibier découpé fort à propos, pour le repas de noces.

HÉRAKLÈS

Voulez-vous que je reste ici, en attendant, pour faire griller les viandes ? Vous, allez-vous-en.

POSIDON

Pour faire griller les viandes ? Paroles de grand gourmand en vérité ! Tu ne viendras pas avec nous ?

HÉRAKLÈS

Pour le coup, je m'en serais payé une tranche !

PISTHÉTAIROS

Allons, qu'on me donne ici un habit de noces.

LE CHŒUR

Il y a à Phanes [70], près de la Clepsydre, la race industrieuse des Englotto-Gastres qui de leur langue moissonnent, sèment, vendangent et cueillent les figues : c'est une race barbare; ce sont des Gorgias et des Philippes. Et à la suite des Englotto-Gastres [71], ces Philippes [72], partout dans l'Attique la langue est découpée [73] à part dans les sacrifices.

LE MESSAGER (déclamant)

Vous à qui tout va bien, mieux qu'on ne peut le dire,
Trois fois heureuse gent volante des oiseaux
En son riche palais recevez votre sire.
Il avance; il est tel qu'avec un tel éclat
On ne vit jamais astre en sa maison d'or luire,

Ni du soleil qui brille au loin jaillir les feux
Etincelants ; il vient, ayant au bras
Son épouse, beauté impossible à décrire
Et brandissant la foudre ailée, arme de Zeus.
Une odeur qu'on ne peut nommer, au haut des cieux
S'élève! — beau spectacle — et des brises d'encens
Dispersent des spirales épaisses de fumée.
Mais le voici! C'est lui. De la Muse divine
Il faut lancer les saints, les propices accents!

Le Chœur

Reculez, écartez-vous, dégagez, appuyez, voltigez en
heureux essaim autour de ce saint. Pheu! Pheu! que de
grâce! que de beauté! O toi dont l'hymen est si favorable
à cette cité.

Le Coryphée

De grands, de grands avantages sont échus aux oiseaux
grâce à cet homme. Il faut l'accueillir avec la Reine, par
des chants hyménéens et nuptiaux.

Le Chœur

L'union d'Héra l'olympienne et du grand roi, qui de
son trône élevé commande aux autres dieux, fut jadis
célébrée par les Parques divines avec des chants comme
ceux-ci : O hymen! O hyménée! Eros tout florissant
aux ailes d'or, conduisait en tirant les rênes, chef du
cortège nuptial de Zeus et de l'heureuse Héra.

Pisthétairos

Je me réjouis de vos hymnes et de vos chants ; je suis
enchanté de vos paroles. Çà donc! célébrez à la fois les
tonnerres souterrains et les éclairs brillants de Zeus, et
sa foudre à l'éclat terrible.

Le Chœur

O puissante lumière d'or des éclairs, ô trait de feu
immortel de Zeus, tonnerres au grondement souterrain
qui faites tomber la pluie et avec lesquels cet homme
ébranle maintenant la terre, maître de tout grâce à toi,
il a aussi à ses côtés Souveraineté, qui siège à côté de
Zeus. O Hymen, ô Hyménée!

Pisthétairos

Ecoutez à présent les époux, vous toutes, races des

volatiles qui vivez en commun; allez jusqu'au pays de
Zeus, près du lit nuptial. Donne-moi donc la main, ô
bienheureuse, prends-moi par les ailes et dansons; je te
prendrai, moi, et je te soulèverai.

LE CHŒUR

Alala! Ié Péan! Vivat, vivat! le glorieux vainqueur, le
plus puissant des dieux.

LYSISTRATA

NOTICE
SUR
LYSISTRATA

Les femmes d'Athènes, de Sparte, de Béotie, de Corinthe, sous la conduite de l'Athénienne Lysistrata, ont décidé de recourir à une tactique très personnelle pour mettre fin à une guerre qui dure depuis plus de vingt ans. Elles s'emparent de l'Acropole et forcent leurs maris à abandonner la lutte. Voilà le sujet de cette comédie : c'est un dernier plaidoyer pour la paix que tente Aristophane.

Nous sommes en ~ 411, sous l'archontat de Callias. La pièce est représentée à la fin de janvier, sous le nom de Callistratos. Le choix d'un tel sujet s'explique par les circonstances et l'état de l'opinion. La situation est des plus critiques pour Athènes. Les conséquences du désastre de Sicile ~ en 413 se font sentir de plus en plus. Les Lacédémoniens, sur les conseils d'Alcibiade, ont occupé et fortifié Décélie, à vingt-quatre kilomètres à peine d'Athènes, et conclu un accord avec Tissapherne. Abandonnée peu à peu par ses alliés qui entrent dans l'alliance de Sparte, Athènes est à bout de ressources, et l'Hellade tout entière exposée aux coups du Barbare. Conscient du danger, inspiré par un profond sentiment d'humanité, le poète se fait le porte-parole de toutes les épouses et de toutes les mères, et par la bouche de son héroïne principale, Lysistrata, lance un vibrant appel pour la paix, non plus seulement aux Athéniens, mais à tous les Hellènes. Cet homme, en qui Jules Lemaître a voulu voir « la plus étroite caboche de réactionnaire à outrance », fait preuve cette fois de la plus noble élévation de pensée, du plus large et clairvoyant patriotisme. Voici une analyse rapide de la pièce :

Lysistrata, femme d'un des principaux citoyens d'Athènes, a convoqué toutes les femmes de la Grèce, qui ont répondu à son appel. Elle leur expose son plan : elles devront s'emparer de la citadelle, où se trouve le trésor public, nerf de la guerre, et se refuser à tout commerce sexuel avec leurs maris tant que ceux-ci n'auront pas renoncé à la guerre, pour toujours. Ainsi font-elles. Maîtresses de la citadelle, solidement barricadées, elles tiennent tête à une troupe de vieillards (car les hommes valides sont en campagne) qui tentent de forcer les portes et de mettre le feu aux barricades. Après diverses péripéties et des jeux de scène des plus réalistes (des femmes cherchant par tous les prétextes à rejoindre leurs maris dont elles ne peuvent plus se passer, des maris luttant désespérément pour posséder sur place leurs femmes, qui se dérobent après les avoir bien excités), un ambassadeur de Sparte arrive avec pleins pouvoirs pour négocier la paix.

Lysistrata, devant les Lacédémoniens et les Athéniens réduits à recourir à son arbitrage, expose les griefs réciproques des peuples et prêche la réconciliation de tous les Hellènes. La paix est conclue, et la pièce se termine par un festin suivi de danses et de chants.

Cette comédie est de toutes celles d'Aristophane celle où le contraste entre le fond et la forme est le plus accentué. Inspirée par les sentiments les plus nobles, émaillée des pensées les plus généreuses, elle contient aussi les peintures les plus obscènes. « Lysistrata, dit J. Lemaitre (*Impressions de Théâtre*, série VII, p. 7), est d'une constante et entière obscénité, dans les mots et dans les gestes. Et il est étrange de penser que des milliers d'hommes assistaient publiquement à ce spectacle que les plus dépravés d'entre nous auraient peut-être quelque peine à supporter aujourd'hui en comité très intime et dans quelque coin d'atelier. » Il est indéniable que cette comédie est la plus licencieuse de toutes, mais le seul fait précisément que des milliers d'hommes acceptaient ces obscénités étalées en paroles et en action devant eux, sans être scandalisés, nous invite à plus de réserve dans la critique et à plus d'objectivité. On n'a pas de peine alors à admettre qu'à plus de vingt-trois siècles de distance la pudeur et les bienséances aient tellement évolué, et qu'Aristophane ait pu employer le mot propre plus inoffensif certes que la « périphrase impure, fille bâtarde de la pudeur » dont parle encore J. Lemaitre, et dont les littératures modernes ont largement usé.

Par son inspiration profondément humaine, par le

caractère même de son héroïne principale, l'intrépide et franche Lysistrata, si foncièrement honnête, par son exécution vive, brillante, spirituelle, cette comédie est fort appréciée aujourd'hui par les lettrés pour qui « la véritable admiration doit être historique ».

LYSISTRATA

PERSONNAGES

LYSISTRATA.
CLÉONICE.
MYRRHINE.
LAMPITO.
CHŒUR DES VIEILLARDS.
CHŒUR DES FEMMES.
UN COMMISSAIRE.
PLUSIEURS FEMMES.
CINÉSIAS.
L'ENFANT DE CINÉSIAS.
UN HÉRAUT DE LACÉDÉMONE.
UN PRYTANE.

*La scène représente deux maisons : celle de Lysis-
trata d'un côté, celle de Cléonice de l'autre; au
fond, les Propylées et la grotte de Pan. Lysistrata
attend, devant sa maison, les femmes qu'elle a
convoquées.*

LYSISTRATA

Ah! si on les avait convoquées au temple de Bacchos,
ou à celui de Pan ou au cap Côlias, chez Génétillis [74], il
n'eût même pas été possible de traverser à cause de
leurs tambourins. Mais aujourd'hui, pas une n'est ici.
Voici pourtant une voisine qui s'avance! Bonjour, Cléonice.

CLÉONICE

Bonjour, Lysistrata. Pourquoi es-tu ainsi troublée ? Ne
prends pas cet air de Scythe, mon enfant. Ça ne te va
guère de bander tes sourcils comme un arc.

LYSISTRATA

Ah! Cléonice, j'ai le cœur en feu et je suis très fâchée
pour notre réputation à nous autres femmes; nous passons pour être, aux yeux des hommes, capables de tout...

CLÉONICE

C'est que nous le sommes en effet, par Zeus.

LYSISTRATA

... Et quand on les prie de se réunir ici pour délibérer
sur une affaire fort importante, elles dorment et ne
viennent pas.

CLÉONICE

Mais, ma toute chère, elles viendront. Il est difficile, vois-tu, à des femmes de sortir. L'une a été aux petits soins pour son mari, l'autre a réveillé le domestique, celle-ci a couché son petit, celle-là l'a lavé, cette autre lui a donné la becquée.

LYSISTRATA

Mais il y avait d'autres besognes plus pressantes, pour elles.

CLÉONICE

Et quel est, chère Lysistrata, le motif pour lequel tu nous convoques, nous les femmes ? Quel est cet objet ? De quelle taille est-il ?

LYSISTRATA

Grand.

CLÉONICE

Serait-il gros aussi ?

LYSISTRATA

Oui, par Zeus, tout à fait gros.

CLÉONICE

Avec ça, comment ne sommes-nous pas venues ?

LYSISTRATA

Ce n'est pas l'objet que tu crois; car nous nous serions vite rassemblées. Mais il y a une affaire qui est l'objet de mes recherches et que j'agite au cours de bien des insomnies.

CLÉONICE

Elle est un peu subtile, je suppose, l'affaire que tu agites.

LYSISTRATA

Oui, subtile au point que le salut de toute l'Hellade repose sur les femmes.

CLÉONICE

Sur les femmes ? Alors il tient à peu de chose.

LYSISTRATA

Sache que les affaires de la cité sont entre nos mains; ou bien il n'y aura plus ni Péloponnésiens...

CLÉONICE

Fort bien, alors, qu'il n'y en ait plus, par Zeus.

LYSISTRATA

Et les Béotiens seront tous exterminés.

CLÉONICE

Ah! non, pas tous!... hormis les anguilles [75].

LYSISTRATA

Sur Athènes, ma langue n'aura pas de semblables propos, mais suppute toi-même, veux-tu ? Si les femmes se réunissent ici, celles de Béotie, celles du Péloponnèse et nous-mêmes, ensemble nous sauverons l'Hellade.

CLÉONICE

Et que pourrions-nous bien faire, nous des femmes, de sensé, d'éclatant, assises que nous sommes avec notre fard, nos robes de safran, nos manteaux droits cimbériques, et nos fines chaussures ?

LYSISTRATA

C'est là précisément, vois-tu, ce qui à mon sens nous sauvera, les robes de safran, les essences, les fines chaussures, les plantes à fard et les petites chemises transparentes.

CLÉONICE

Comment donc ?

LYSISTRATA

Si bien qu'on ne verra plus d'hommes, de nos jours, porter la lance les uns contre les autres...

CLÉONICE

Alors, par les deux déesses, je vais me faire teindre une tunique jaune.

LYSISTRATA

Ni prendre le bouclier...

CLÉONICE

Je mettrai un manteau cimbérique.

LYSISTRATA

... Ni la petite épée.

CLÉONICE

J'acquerrai de fines chaussures.

LYSISTRATA

Ah! mais! les femmes ne devraient-elles pas être là ?

CLÉONICE

Non, car, par Zeus, elles auraient dû venir ici à tire-d'aile depuis longtemps.

LYSISTRATA

Mais, ma bonne, tu les verras en vraies Attiques faire toutes choses trop tard. Mais même de la côte, aucune femme n'est là, ni de Salamine.

CLÉONICE

Celles-là, oui, je le sais, elles ont écarté les jambes et enfourché leur... bateau [76] dès le point du jour.

LYSISTRATA

Celles que j'attendais et que j'espérais voir ici les premières, les femmes d'Acharnes, ne sont pas arrivées.

CLÉONICE

Ce qui est sûr, c'est que la femme de Théogènes [77], pour voguer jusqu'ici, a hissé... la petite... coupe [78]. Mais tiens, en voici quelques-unes qui s'avancent.

LYSISTRATA

En voici encore d'autres qui viennent.

CLÉONICE

Ah! ah! D'où sont-elles ?

LYSISTRATA

D'Anagyros [79].

CLÉONICE

Oui, par Zeus, ce qui est sûr, c'est qu'Anagyros m'a l'air d'avoir été bien remué.

LES MÊMES, MYRRHINE

MYRRHINE

Serions-nous par hasard en retard, Lysistrata ? Que dis-tu ? Pourquoi gardes-tu le silence ?

LYSISTRATA

Je ne te fais pas mes compliments, Myrrhine, de n'arriver qu'à l'instant, pour une si grosse affaire.

MYRRHINE

C'est que j'ai eu du mal à trouver, dans l'obscurité, ma ceinture. Mais si le cas est urgent, nous voici, parle.

CLÉONICE

Non, par Zeus, attendons encore un peu, que les femmes de Béotie et du Péloponnèse soient arrivées.

LYSISTRATA

Toi, tu parles beaucoup mieux. Ah! voici justement Lampito qui s'avance. O ma très chère Laconienne, bonjour, Lampito. Que ta beauté, ma toute douce, est éclatante! Le beau teint que tu as! Le beau corps vigoureux! Tu étoufferais un taureau!

LAMPITO

Ma foi! oui, par les Dioscures. Je m'exerce dans le gymnase [80] et en sautant je me tape dans les fesses.

CLÉONICE

Quelle merveille, ces tétons que tu as!

LAMPITO

Voilà que vous me soupesez comme une victime!

LYSISTRATA

Et celle-ci d'où est-elle, cette autre jeune femme ?

LAMPITO

Une femme de condition, vois-tu, par les Dioscures, une Béotienne qui vous arrive.

LYSISTRATA

Oui, par Zeus, comme la Béotie elle a, ma foi, une belle plaine!

CLÉONICE

Oui, par Zeus, et le pouliot [81] en a été très soigneusement extirpé.

LYSISTRATA

Quelle est cette autre enfant ?

LAMPITO

D'une « large » parenté, par les Dioscures, elle est,
celle-là, Corinthienne [82] !

CLÉONICE

Large, oui, par Zeus, il semble bien qu'elle l'est de ce
côté-ci.

LAMPITO

Et qui donc a rassemblé cette cohorte de femmes ?

LYSISTRATA

Moi que voici.

LAMPITO

Dis-nous alors ce que tu peux bien vouloir.

CLÉONICE

Oui, par Zeus, chère femme. Dis-nous donc le grave
sujet qui te préoccupe.

LYSISTRATA

Je vous le dirais volontiers à l'instant. Mais avant de
vous le dire je vous demanderai ceci, une petite question.

CLÉONICE

Oui, ce que tu veux.

LYSISTRATA

Ne regrettez-vous pas les pères de vos marmots, qui
sont en expédition, loin du foyer ? Car je sais bien que
toutes, vous avez votre homme absent.

CLÉONICE

Le mien du moins, malheur! est depuis cinq mois en
Thrace à surveiller Eucratès [83].

MYRRHINE

Et le mien voici sept mois pleins qu'il se trouve à Pylos.

LAMPITO

Et le mien s'il revient parfois de son poste de combat,
vite il reprend son bouclier et le voilà parti à tire-d'aile.

LYSISTRATA

Et d'amants, il n'en reste pas même une lueur! Depuis

en effet que les Milésiens nous ont trahis, je n'ai pas seulement vu un phallos postiche en cuir qui eût pu nous secourir. Voudriez-vous donc, si je peux trouver un moyen, me seconder pour mettre fin à la guerre ?

CLÉONICE

Par les deux déesses, moi je veux bien, dussé-je mettre au clou cette robe et en boire l'argent aujourd'hui même.

MYRRHINE

Et moi je suis prête, dussé-je ressembler à une barbue [84], à me fendre en deux sur toute ma longueur et à donner une moitié de moi-même.

LAMPITO

Pour moi, je grimperais au sommet du Taygète, si j'y devais voir la paix.

LYSISTRATA

Je vais parler; il ne faut pas que l'affaire soit tenue secrète. Nous devons, ô femmes, si nous voulons réduire nos hommes à faire la paix, nous priver...

CLÉONICE

De quoi ? Explique.

LYSISTRATA

Le ferez-vous donc ?

CLÉONICE

Nous le ferons, dût-il nous en coûter la vie.

LYSISTRATA

Eh bien, nous devons nous priver de... verge. — Pourquoi me tournez-vous le dos ? Où allez-vous ? Pourquoi faites-vous la grimace et secouez-vous la tête, vous là-bas ? Pourquoi changez-vous de couleur ? Pourquoi ces larmes ? Le ferez-vous ou ne le ferez-vous pas ? Pourquoi hésitez-vous ?

CLÉONICE

Je ne saurais le faire; que la guerre aille son train.

MYRRHINE

Ni moi non plus, par Zeus; que la guerre aille son train.

LYSISTRATA

C'est toi qui dis cela, ô barbue ? Pourtant tu viens de dire que tu étais prête à te fendre en deux sur toute ta longueur !

CLÉONICE

Autre chose, autre chose, ce que tu voudras. S'il le faut, je consens à marcher à travers le feu. Cela, plutôt que la verge, car il n'est rien de tel, chère Lysistrata.

LYSISTRATA

Et toi ?

MYRRHINE

Moi aussi, je préfère marcher à travers le feu.

LYSISTRATA

O sexe tout à fait débauché que le nôtre ! Ce n'est pas sans raison que nous fournissons matière aux tragédies [85]. Nous ne sommes en effet rien d'autre que « Posidon et bateau [86] ». Mais, ô ma chère Laconienne — car si tu demeures seule avec moi nous pourrions encore sauver la situation — seconde-moi de ton vote.

LAMPITO

Il est dur, oui, par les Dioscures, à des femmes de dormir sans un gland, seules. Mais pourtant, oui. Car nous avons aussi grand besoin de la paix.

LYSISTRATA

O toi la plus chère et la seule, parmi celles-ci, qui soit femme.

CLÉONICE

Et si nous nous privons le plus possible de ce que tu dis — puisse cela ne pas arriver ! — en aurait-on davantage la paix pour cela ?

LYSISTRATA

Oui, bien plus, par les deux déesses. Car si nous nous tenions chez nous, fardées, et si nous nous avancions recouvertes seulement de nos petites tuniques d'Amorgos, le delta bien épilé, si nous nous dérobions à nos maris, au lieu de nous livrer, quand ils sont en érection, et brûlants de désir, ils feraient vite la trêve, je le sais bien.

LAMPITO

Témoin Ménélas qui ayant jeté un regard de côté sur les seins nus d'Hélène laissa choir, je crois, son épée.

CLÉONICE

Et si nos maris nous plantent là, ma bonne, que faire ?

LYSISTRATA

Selon le mot de Phérécrate [87], « écorcher une chienne écorchée ».

CLÉONICE

Illusions, toutes ces contrefaçons. Mais s'ils nous empoignent et nous entraînent de force dans la chambre ?

LYSISTRATA

Accroche-toi aux portes.

CLÉONICE

Mais s'ils nous battent ?

LYSISTRATA

Il faut se prêter, mais de très mauvaise grâce. Car on ne trouve pas de plaisir en ces choses-là quand elles se font par force. Il faut de plus les mettre au supplice. Sois sans crainte, ils en auront bien vite assez. Car jamais un homme n'aura de plaisir, s'il ne s'entend pas avec sa femme.

CLÉONICE

Si c'est là votre opinion à toutes les deux, c'est aussi la nôtre.

LAMPITO

Et nous déterminerons nos maris à observer en tout une paix juste et loyale. Mais la populace d'Athènes comment l'arracher à ses égarements ?

LYSISTRATA

Ne t'inquiète pas, nous persuaderons bien ceux de chez nous.

LAMPITO

Non, tant que les trières auront des jambes et qu'il y aura un trésor immense sous la garde de la déesse [88].

LYSISTRATA

Mais pour cela aussi, nous avons pris nos dispositions :

nous nous emparerons de l'Acropole aujourd'hui. Les plus âgées ont mission de travailler à cela ; pendant que nous délibérerons, elles simuleront un sacrifice et prendront l'Acropole.

LAMPITO

Alors tout irait à souhait : c'est le langage de la sagesse.

LYSISTRATA

Pourquoi donc, Lampito, ne rendons-nous pas au plus vite inviolables ces engagements, par un serment ?

LAMPITO

Eh bien, fais-nous voir comment nous allons jurer.

LYSISTRATA

Tu as raison. Où est la Scythe ? Où regardes-tu ? Place-la devant le bouclier renversé, et qu'on me donne les morceaux d'entrailles.

CLÉONICE

Lysistrata, quel serment veux-tu nous faire prêter ?

LYSISTRATA

Lequel ? Sur un bouclier, comme on dit qu'Eschyle [89] fit autrefois, en égorgeant un mouton.

CLÉONICE

Ne va pas, ô Lysistrata, prêter sur un bouclier un serment relatif à la paix.

LYSISTRATA

Comment faire, alors ? Faut-il prendre un cheval blanc et lui couper les entrailles ?

CLÉONICE

Où vas-tu chercher un cheval blanc ?

LYSISTRATA

Mais comment jurerons-nous ?

CLÉONICE

Je vais te le dire, par Zeus, si tu veux : Renversons une grande coupe noire ; égorgeons, en fait de mouton, une cruche de vin de Thasos, et sur la coupe jurons de... ne point y verser d'eau [90].

LAMPITO

Ah! Zeus! Je ne puis dire combien j'approuve ce serment!

LYSISTRATA

Qu'on m'apporte de la maison une coupe et un pot.

CLÉONICE

Très chères femmes, la grande coupe que c'est! Elle mettrait aussitôt en joie qui la prendrait.

LYSISTRATA

Dépose-la et empoigne-moi le sanglier. Persuasion souveraine et toi, Coupe de l'amitié, accepte ce sacrifice dans des dispositions favorables aux femmes.

CLÉONICE

Il a belle couleur ce sang et il gicle à merveille.

LAMPITO

Et il sent bien bon, par Castor!

CLÉONICE

Laissez-moi la première, ô femmes, prêter serment.

LYSISTRATA

Non, par Aphrodite, non, si le sort ne te désigne pas. Saisissez-vous toutes de la coupe, ô Lampito. Que l'une de vous prononce, en votre nom, les mêmes paroles que moi; quant à vous, vous ferez après moi le même serment que vous rendrez inviolable : « *Nul, ni amant, ni mari...* »

CLÉONICE

« *Nul, ni amant, ni mari...* »

LYSISTRATA

« *Ne m'approchera en érection.* » *(A Cléonice)* Répète.

CLÉONICE

« *Ne m'approchera en érection.* » Ah! mes genoux fléchissent, ô Lysistrata.

LYSISTRATA

« *Je passerai ma vie à la maison, sans mâle...* »

CLÉONICE

« Je passerai ma vie à la maison, sans mâle... »

LYSISTRATA

« M'étant mise en beauté dans ma tunique jaune... »

CLÉONICE

« M'étant mise en beauté dans ma tunique jaune... »

LYSISTRATA

« Pour que d'un plus grand feu pour moi mon mari brûle... »

CLÉONICE

« Pour que d'un plus grand feu pour moi mon mari brûle... »

LYSISTRATA

« Oncques ne céderai de bon gré à mon homme... »

CLÉONICE

« Oncques ne céderai de bon gré à mon homme... »

LYSISTRATA

« Et s'il me force malgré moi... »

CLÉONICE

« Et s'il me force malgré moi... »

LYSISTRATA

« Je me prêterai mal et resterai inerte... »

CLÉONICE

« Je me prêterai mal et resterai inerte... »

LYSISTRATA

« Et n'élèverai point mes persiques au plafond... »

CLÉONICE

« Et n'élèverai point mes persiques au plafond... »

LYSISTRATA

« Je ne prendrai pas une pose de lionne sur une râpe à fromage... »

CLÉONICE

« Je ne prendrai pas une pose de lionne sur une râpe à fromage... »

LYSISTRATA

« *Qu'il me soit donné de boire de ce vin, si je tiens mon serment...* »

CLÉONICE

« *Qu'il me soit donné de boire de ce vin, si je tiens mon serment...* »

LYSISTRATA

« *Que cette coupe se remplisse d'eau, si je le viole...* »

CLÉONICE

« *Que cette coupe se remplisse d'eau, si je le viole.* »

LYSISTRATA

Prenez-vous toutes ensemble ces engagements ?

TOUTES

Oui, par Zeus.

LYSISTRATA

Eh bien, je vais offrir cette victime. *(Elle boit.)*

CLÉONICE

Ta part, oui, mon amie ; il faut que dès à présent nous soyons bonnes amies les unes des autres.

LAMPITO

Quel est ce cri ?

LYSISTRATA

Cela, c'est ce que je disais : les femmes se sont emparées de la citadelle de la déesse. Toi, Lampito, va-t'en diriger les opérations de votre secteur, et laisse-nous celles-ci en ôtage. Nous, pénétrons dans la citadelle et unissons-nous aux autres femmes pour les aider à tirer les verrous.

CLÉONICE

Ne crois-tu pas que les hommes se porteront aussitôt en masse contre nous ?

LYSISTRATA

Je ne me soucie guère d'eux. Ils ne se présenteront pas ni assez menaçants, ni assez fougueux pour pouvoir nous faire ouvrir ces portes, à moins d'accepter nos conditions.

CLÉONICE

Non, par Aphrodite, jamais. Autrement ce ne serait

pas la peine d'avoir la réputation de femmes invincibles
et scélérates. *(Les femmes s'en vont. La scène représente
maintenant l'entrée de l'Acropole. — Chœur de vieillards.)*

Le Coryphée

Marche en tête, Dracès, au pas, bien que ton épaule
te fasse mal, sous le poids d'un si grand morceau d'olivier
verdoyant.

Le Premier Demi-Chœur

Certes, il y a bien de l'imprévu au cours d'une longue
existence, hélas! Qui se fût jamais attendu, ô Strymo-
doros, à apprendre que des femmes que nous avons
nourries dans nos maisons, les franches scélérates, seraient
en possession de l'idole sacrée [91], occuperaient notre citadelle et en fermeraient les entrées avec des barres et des
verrous?

Le Coryphée

Mais avançons au plus vite, ô Philourgos, vers l'Acropole, pour disposer tout autour ces souches, dresser un
unique bûcher et brûler de nos propres mains, par une
décision unanime, les organisatrices de ce complot, à commencer par la femme de Lycon.

Le Second Demi-Chœur

Non, par Déméter, de mon vivant elles ne nous riront
pas au nez. Aussi bien Cléomène, lui non plus, qui enleva
le premier la citadelle, ne s'en tira pas indemne; tout
Laconien qu'il se targuât d'être, il me livra ses armes et
s'en alla, ne gardant qu'un méchant petit manteau, cras-
seux, hirsute, ne s'étant pas lavé depuis six ans.

Le Coryphée

Tellement je livrai à cet homme un rude assaut, dor-
mant devant les portes, avec une armée de dix-sept rangs
de boucliers! Et il ne suffira pas que je me montre pour
réprimer un si grand coup d'audace tenté par ces femmes
odieuses à Euripide et aux dieux? Puissé-je alors ne plus
avoir mon trophée dans les quatre villes!

Le Premier Demi-Chœur

Mais j'ai encore à gravir toute cette pente raide qui
mène à la citadelle, où j'ai hâte d'arriver. Et il faut tâcher
de traîner tout ceci sans le secours d'un âne! oui, ces
deux souches m'ont meurtri les épaules, mais il faut

marcher et souffler le feu, afin qu'il ne s'éteigne pas sans
que je m'en aperçoive, au terme de ma route. Phou! Phou!
Aïe! Aïe! Quelle fumée!

LE SECOND DEMI-CHŒUR

Comme elle se précipite avec violence de la marmite
et m'attaque, et me pique les yeux! On dirait un chien
enragé. C'est vraiment du feu de Lemnos, celui-là, qu'on
le veuille ou non; sans cela, il ne mordrait pas à belles
dents dans mes yeux chassieux. Hâte-toi vers la citadelle
et porte secours à la déesse. Quelle autre occasion aurons-
nous jamais de la secourir plus que maintenant, ô Lachès?
Phou! Phou! Aïe! Aïe! Quelle fumée!

LE CORYPHÉE

Ce feu s'est rallumé par la volonté des dieux, et il dure.
Ne pourrions-nous décharger nos souches ici, pour commencer, mettre notre torche de sarments dans la marmite, les allumer, puis nous jeter comme des béliers
contre la porte? Et si les femmes ne répondent pas à
notre sommation en retirant les verrous, il faut mettre
le feu aux portes et les étouffer avec la fumée. Déposons
notre charge. Ah! quelle fumée! Oh! oh! Lequel, des
stratèges de Samos, nous aidera à décharger ce bois?
Elles ont fini, ces souches, de me pressurer l'épine dorsale.
A toi, ô marmite, d'attiser les charbons et d'en tirer des
flammes, pour me procurer à moi le premier la torche
embrasée. Victoire souveraine, sois à nos côtés, aide-nous
à réprimer cette audace des femmes qui occupent la citadelle, et à élever un trophée.

LA CORYPHÉE

Je crois apercevoir un épais nuage de fumée, ô femmes,
comme s'il y avait du feu. Il faut se presser davantage.

LE PREMIER DEMI-CHŒUR DES FEMMES

Vole, vole, Nicodicè, avant que Calycè et Critylla ne
soient la proie des flammes qu'excitent autour d'elles
des vents néfastes et des vieillards criminels. Je crains
une chose: serai-je trop lente à les secourir? Ayant eu
bien du mal, dès l'aube, à remplir ma cruche à la fontaine, à cause de la foule, de la rumeur et du fracas des
marmites qui se heurtaient, bousculée par des servantes,
par des esclaves marqués au fer rouge, j'arrive à peine

avec mon eau, secourir les femmes de mon dème livrées à la flamme.

Le Second Demi-Chœur des Femmes

J'ai entendu dire en effet que des vieillards imbéciles se traînent avec des souches d'environ trois talents, comme pour chauffer un bain, dans la direction de la citadelle, proférant les pires menaces, « qu'il faut carboniser les femmes impures ». Puissé-je, ô déesse, ne jamais voir celles-ci en flammes, mais plutôt l'Hellade et mes concitoyens délivrés par elles de la guerre et de ses fureurs, dessein pour lequel précisément, ô Patronne de la ville, à l'aigrette d'or, elles se sont emparées de ta citadelle. Et je t'appelle à notre aide, ô Tritogénie [92], afin qu'avec nous, si un homme met le feu à elles, tu portes de l'eau.

La Coryphée

Laisse! oh! qu'est ceci ? De fieffés scélérats! Oui, car jamais des hommes honnêtes, pieux, n'eussent agi ainsi.

Le Coryphée

Un spectacle que l'on ne s'attendait pas à voir, celui qui s'offre : une escouade de femmes aux portes, venant à la rescousse!

La Coryphée

Pourquoi avez-vous si peur de nous ? Nous ne paraissons pas nombreuses, je suppose ? Sûrement, ce que vous voyez là, ce n'est pas encore la dix-millième partie de nous.

Le Coryphée

Ô Phédrias, les laisserons-nous débiter tant de sornettes ? Ne devrait-on pas les frapper à en briser le bâton ?

La Coryphée

Posons nos urnes à terre, nous aussi, pour ne pas être gênées si l'on porte la main sur nous.

Le Coryphée

Si on leur avait déjà asséné deux ou trois coups sur les mâchoires, comme à Boupalos, elles n'auraient plus de voix.

La Coryphée

Eh bien, me voici, qu'on frappe. Je resterai là, prêtant le flanc; mais il n'y a pas de danger que jamais une autre chienne te saisisse les testicules.

Le Coryphée

Si tu ne te tais pas, je t'arracherai ta vieille peau en te rossant.

La Coryphée

Touche seulement du doigt Stratyllis, avance-toi !

Le Coryphée

Et que feras-tu, si je la réduis en cendres, à coups de poing ? Quel mal terrible me feras-tu ?

La Coryphée

Je t'arracherai les poumons et les boyaux à coups de dents.

Le Coryphée

Il n'y a pas un poète plus sensé qu'Euripide, car il n'y a pas de créatures plus impudentes que les femmes.

La Coryphée

Emportons nos cruches d'eau, Rhodippe.

Le Coryphée

Et pourquoi, femme haïe des dieux, es-tu venue ici avec de l'eau ?

La Coryphée

Pourquoi es-tu venu, toi, avec du feu, vieux déterré ? Est-ce pour te griller ?

Le Coryphée

Moi ? Pour dresser un bûcher et mettre le feu à tes amies.

La Coryphée

Et moi, pour verser cette eau sur ton feu et l'éteindre.

Le Coryphée

C'est toi qui vas éteindre mon feu ?

La Coryphée

Les faits vont te le faire voir.

Le Coryphée

Je ne sais pas si je ne vais pas, tel que je suis là, te rôtir avec cette torche.

La Coryphée

Si tu as de la crasse je t'offrirai un bain.

LE CORYPHÉE

Un bain à moi, toi, pourriture ?

LA CORYPHÉE

Oui, et nuptial encore !

LE CORYPHÉE

As-tu entendu cette jactance ?

LA CORYPHÉE

C'est que je suis libre.

LE CORYPHÉE

Je vais faire cesser ces cris.

LA CORYPHÉE

Mais tu n'es plus ici au tribunal des héliastes.

LE CORYPHÉE *(à sa torche)*

Brûle-lui les cheveux.

LA CORYPHÉE *(à sa cruche)*

A l'œuvre, Achéloüs [93].

LE CORYPHÉE

Ah ! malheur !

LA CORYPHÉE

Etait-ce chaud, par hasard ?

LE CORYPHÉE

Comment chaud ? Vas-tu cesser ? Que fais-tu ?

LA CORYPHÉE

Je t'arrose pour que tu repousses.

LE CORYPHÉE

Mais je suis desséché et tremblotant.

LA CORYPHÉE

Eh bien ! puisque tu as du feu, tu te réchaufferas toi-même.

LES MÊMES, UN COMMISSAIRE

LE COMMISSAIRE

Faut-il qu'elle se soit déchaînée la passion des femmes,

avec ces roulements de tambour, ces clameurs fréquentes en l'honneur de Sabazios, ces lamentations des fêtes d'Adonis célébrées sur les toits, que j'ai entendues en pleine séance! L'orateur, Démostratos — puisse-t-il mal finir — disait qu'il fallait faire voile vers la Sicile, tandis que sa femme, en dansant, criait : « Aïe! aïe! Adonis! » Démostratos [94] ajoutait qu'il fallait faire une levée d'hoplites de Zacynthos [95], et sa femme, à moitié ivre, criait du haut du toit : « Pleurez Adonis », tandis que Cholozygès, le maudit, l'impur, se démenait. Tels sont les dérèglements des femmes.

Le Coryphée

Que serait-ce si tu savais leur insolence à notre égard! Entre autres outrages, elles nous ont déversé dessus l'eau de leurs cruches, au point qu'il nous faut secouer nos vêtements comme si nous avions pissé dedans.

Le Commissaire

Par Posidon marin, c'est bien fait. C'est lorsque nous nous faisons les complices de leur malignité et que nous les dépravons, que les femmes en viennent à de telles extrémités. Nous entrons chez les boutiquiers pour tenir ce langage : « Orfèvre, tu avais réparé un collier pour ma femme; hier soir, comme elle dansait, le fermoir en forme de gland est tombé de son trou. Moi, il faut que j'aille à Salamine; si tu as un moment de loisir, tâche de te rendre dans la soirée chez elle et de lui remettre le gland en place. » Tel autre, parlant à un cordonnier dont le membre n'est plus celui d'un enfant, lui dit : « Cordonnier, le petit orteil de ma femme, tendre comme il est, se blesse contre la courroie; va donc, sur le coup de midi, la desserrer un peu pour qu'elle soit plus large. » De tels procédés aboutissent à ceci : c'est que, moi, commissaire, après avoir assuré le recrutement des rameurs, je me vois interdire l'accès des portes, à présent qu'il me faut de l'argent. Mais il ne sert à rien de rester planté là. Donne-moi les leviers, que je mette fin à leur insolence. *(A un archer.)* Qu'as-tu à rester bouche bée, misérable ? Et toi aussi, où regardes-tu, occupé uniquement à contempler quelque buvette ? Voulez-vous bien soulever les portes avec vos leviers, et les faire sauter ? Je vous aiderai d'ici.

Lysistrata

Ne faites rien sauter; je me présente de bon gré. A

quoi bon des leviers ? Il vous faudrait plutôt du bon sens
et de la réflexion.

Le Commissaire

Vraiment ? Coquine ? Où est l'archer ? Il faut l'empoi-
gner et lui attacher les mains derrière le dos.

Lysistrata

Ah! Vois-tu, s'il porte seulement sur moi le bout du
doigt, par Artémis, tout agent public qu'il est, il en pleu-
rera.

Le Commissaire

Tu as peur, l'ami ? Ne vas-tu pas la saisir par la taille ?
et toi aussi ? Voulez-vous bien la ligoter vite ?

La Première Femme

Si seulement tu portes la main sur elle, je te foulerai
aux pieds à te faire tout lâcher sous toi.

Le Commissaire

Voyez-vous ça ? Me faire lâcher sous moi ? Où est l'autre
archer ? Ligote-moi celle-ci la première, puisqu'elle
divague aussi.

La Deuxième Femme

Si tu la touches seulement du bout des doigts, je le
jure par Hécate la Lumineuse, tu demanderas vite une
cuvette.

Le Commissaire

Qu'est-ce que c'est ? Où est l'archer ? Arrête-la. Je vous
empêcherai bien de sortir ainsi, moi.

La Troisième Femme

Par Artémis de Tauris, si tu l'approches je t'arrache les
cheveux à te faire crier!

Le Commissaire

Infortuné que je suis! L'archer m'a planté là! Mais il
ne faut jamais le céder à des femmes. Sus à elles, nous
tous, ô Scythes, en rangs serrés!

Lysistrata

Par les deux déesses, vous apprendrez qu'il y a aussi
chez nous quatre bataillons de femmes guerrières tout
armées dans la place.

Le Commissaire

Scythes, tordez-leur les mains dans le dos.

Lysistrata

Compagnonnes d'armes, sortez vite; marchandes de graines et de légumes, gargotières, vendeuses d'ail et de pain, traînez, frappez, meurtrissez, injuriez, rivalisez d'impudence. *(Les archers prennent la fuite.)* Cessez, reculez, ne les dépouillez pas.

Le Commissaire

Ah! quelle défaite pour mes archers!

Lysistrata

Et que croyais-tu? T'es-tu figuré n'avoir affaire qu'à des esclaves? Où t'imagines-tu que les femmes n'ont pas de bile?

Le Commissaire

Elles en ont, par Apollon, et beaucoup, surtout s'il y a à proximité un cabaretier.

Le Coryphée

Que de paroles perdues, ô commissaire de ce pays! Pourquoi entrer en pourparlers avec ces bêtes furieuses? Ignores-tu la douche qu'elles viennent de nous administrer sur nos pauvres vêtements, et cela sans lessive?

La Coryphée

Mais, mon bon, il ne faut pas à la légère porter la main sur ses voisins; si on le fait, on a forcément les yeux pochés. Aussi je ne demande, moi, qu'à rester bien sagement, comme une jeune fille, sans chagriner personne ici, sans déranger un brin de paille, à condition qu'on ne me pressure pas et qu'on ne me provoque pas comme un guêpier.

Le Chœur des Vieillards

O Zeus, que devons-nous faire de cette engeance? Je ne puis plus souffrir cela. Aide-moi à rechercher les raisons de ce conflit, à déterminer dans quel esprit elles ont occupé la citadelle de Cranaos, le grand rocher inaccessible de l'Acropole, le temple sacré? Interroge, ne sois pas dupe, et apporte toutes les preuves. Dis-toi bien qu'il serait honteux de ne pas tirer au clair cette affaire, par négligence.

Le Commissaire

(s'adressant à Lysistrata et aux deux autres femmes)

Oui, certes, j'ai à cœur de vous poser d'abord cette question : dans quel but nous avez-vous fermé les portes de la citadelle, avec des verrous ?

Lysistrata

Pour sauver le trésor et vous empêcher de faire la guerre à cause de lui.

Le Commissaire

C'est donc à cause du trésor que nous faisons la guerre ?

Lysistrata

Oui, et que tout est bouleversé. C'est en effet pour avoir l'occasion de voler que Pisandre et tous les brigueurs de charges provoquaient toujours quelque émeute. Mais qu'ils fassent ce qu'ils voudront, cet argent-là, ils ne mettront plus la main dessus.

Le Commissaire

Et que feras-tu ?

Lysistrata

Tu me le demandes ? C'est nous qui en disposerons.

Le Commissaire

C'est vous qui administrerez le trésor ?

Lysistrata

Et que trouves-tu d'extraordinaire à cela ? N'est-ce pas nous qui, en tout, administrons pour vous l'avoir du ménage ?

Le Commissaire

Ce n'est pas la même chose.

Lysistrata

Comment, pas la même chose ?

Le Commissaire

L'argent du trésor doit servir à faire la guerre.

Lysistrata

Mais d'abord, rien n'oblige à faire la guerre.

LE COMMISSAIRE

Comment assurer autrement notre défense!

LYSISTRATA

C'est nous qui vous défendrons.

LE COMMISSAIRE

Vous ?

LYSISTRATA

Oui, nous.

LE COMMISSAIRE

Ce serait bien malheureux!

LYSISTRATA

Dis-toi bien que tu seras sauvé, que tu le veuilles ou non.

LE COMMISSAIRE

C'est terrible, ce que tu dis là.

LYSISTRATA

Tu te fâches, mais il faut que nous le fassions.

LE COMMISSAIRE

Par Déméter, c'est inique.

LYSISTRATA

Il nous faut te sauver, mon bon.

LE COMMISSAIRE

Même si je ne le veux pas ?

LYSISTRATA

A plus forte raison, alors.

LE COMMISSAIRE

Mais d'où vous est venue l'idée de vous occuper de la guerre et de la paix ?

LYSISTRATA

Nous vous l'expliquerons.

LE COMMISSAIRE

Parle vite, si tu ne veux pas qu'il t'en cuise.

LYSISTRATA

Ecoute donc et tâche de retenir tes mains.

LE COMMISSAIRE

Mais je ne puis pas. Il est difficile de les retenir quand on est courroucé.

LA PREMIÈRE FEMME

Alors il t'en cuira davantage.

LE COMMISSAIRE

Cela, ma vieille, tu peux le croasser pour toi. *(A Lysistrata.)* Toi, raconte.

LYSISTRATA

C'est ce que je ferai. Nous, dans les débuts de la guerre et jusqu'à présent, nous vous avons supportés, vous les hommes, quoi que vous fissiez, parce que nous sommes modérées; vous ne nous laissiez pas souffler mot. Avec ça, vous n'étiez guère complaisants avec nous; mais nous pénétrions parfaitement vos sentiments, et souvent, à la maison, il nous arrivait d'entendre que vous aviez pris, sur des questions graves, de funestes résolutions. Alors, dans notre chagrin, nous vous demandions, avec le sourire : « Qu'avez-vous décidé aujourd'hui, à l'assemblée du peuple ? Qu'avez-vous résolu d'afficher sur la paix ? » Et notre mari de répondre : « En quoi cela te regarde-t-il ? Vas-tu te taire ? » Et je me taisais.

CLÉONICE

Moi je ne me taisais jamais.

LE COMMISSAIRE

Il t'en aurait coûté, si tu ne te taisais pas.

LYSISTRATA

C'est pourquoi moi, à la maison, je me taisais. Etions-nous informées de quelque autre résolution pire encore ? Nous demandions : « Comment, mon mari, pouvez-vous agir avec si peu de bon sens ? » Il me répondait aussitôt, après m'avoir regardée de travers, « que si je ne tissais pas ma toile, ma tête en souffrirait longtemps; que la guerre serait l'affaire des hommes. »

Le Commissaire

Il parlait comme il faut, celui-là, par Zeus.

Lysistrata

Comment, comme il faut, misérable ? quand vous pre-
niez des décisions absurdes et qu'il ne nous était même
pas permis de vous conseiller! Mais du jour où nous vous
entendions dire publiquement, dans les rues, qu'il n'y
avait plus un homme dans le pays et un autre répondre :
« Non, par Zeus, non » nous résolûmes d'un commun
accord en assemblée générale, nous les femmes, de
sauver la Grèce. Pourquoi aurions-nous attendu encore ?
Si donc vous vouliez à votre tour nous écouter quand nous
donnons des avis utiles et vous taire à votre tour comme
nous, nous pourrions bien restaurer votre crédit.

Le Commissaire

Vous, restaurer notre crédit ? C'est trop fort ce que tu
dis là, insupportable!

Lysistrata

Tais-toi.

Le Commissaire

C'est toi, maudite, qui me ferais taire, avec ton voile
autour de la tête ? Puissé-je plutôt ne pas vivre!

Lysistrata

Si c'est mon voile qui te fait obstacle, prends-le. Enve-
loppe-t'en la tête et puis tais-toi. Prends aussi ce petit
panier; retrousse-toi, file la laine, mange des fèves :
la guerre, ce sera l'affaire des femmes

La Coryphée

Laissez là vos cruches, femmes; prêtons à notre tour
assistance à nos amies.

Demi-Chœur des Femmes

Pour moi, jamais je ne saurais me fatiguer de danser;
mes genoux ne sauraient faiblir de lassitude. Je veux au
contraire affronter tout obstacle au service de la vertu,
en compagnie de ces femmes qui ont du naturel, de la
grâce, de la hardiesse, de la sagesse, et un amour de la
patrie clairvoyant.

La Coryphée

Allons, ô la plus virile des grand-mères, race des orties

munies d'organes, marchez avec ardeur et ne fléchissez pas, car vous avez encore les vents favorables.

LYSISTRATA

Mais si le charmant Eros et Aphrodite de Chypre gonflent de désir nos seins et nos cuisses, puis provoquent chez nos maris une tension voluptueuse et des érections de membre, je crois que nous serions appelées chez les Grecs du nom de « Lysimaques [36] ».

LE COMMISSAIRE

Pour quel exploit ?

LYSISTRATA

Parce que nous les aurions fait cesser tout d'abord de se montrer tout en armes sur la place publique, comme des fous.

LA PREMIÈRE FEMME

Oui, par Aphrodite de Paphos.

LYSISTRATA

Car maintenant, de la halle aux marmites à celle des légumes, ils font le tour du marché en armes, comme des Corybantes.

LE COMMISSAIRE

Oui, par Zeus! Ainsi doivent faire les braves.

LYSISTRATA

Eh bien, oui, c'est ridicule de voir un homme portant un bouclier orné d'une gorgone acheter des sardines.

LA PREMIÈRE FEMME

Ce qu'il y a de sûr, par Zeus, c'est que j'ai vu, moi, un commandant de cavalerie, à cheval à longue chevelure, fourrer dans son casque d'airain un pâté acheté à une vieille. Un autre, un Thrace, agitant son bouclier et un trait, comme Térée, cherchait à effrayer la marchande de figues sèches et avalait les olives mûres.

LE COMMISSAIRE

Comment donc serez-vous capables de faire cesser les nombreux troubles du pays et de les dissiper ?

LYSISTRATA

C'est trois fois rien.

LE COMMISSAIRE

Comment ? Fais voir.

LYSISTRATA

Comme avec notre fil : quand il est embrouillé, nous le prenons comme ceci, nous le portons avec les fuseaux tantôt à droite, tantôt à gauche; de même nous dénouerons cette guerre aussi, si on le permet, en envoyant des ambassades par-ci par-là.

LE COMMISSAIRE

C'est d'après des laines, des fils, des fuseaux que vous vous imaginez trancher les affaires graves, ô insensées ?

LYSISTRATA

Oui, et si vous aviez vous aussi quelque intelligence, c'est d'après nos laines que vous administreriez toutes les affaires.

LE COMMISSAIRE

Comment donc ? Voyons.

LYSISTRATA

Il faudrait d'abord, de même qu'on enlève par un bon lavage la graisse des laines plongées dans le bain, expulser de la cité les mauvais sujets, à coups de verges, éliminer les poils rudes, je veux dire disperser fil à fil, comme avec un card tous ces syndicats de gens roulés en pelote pour conquérir les charges, et trancher les têtes; puis, en les cardant tous dans un panier, tisser la bonne entente réciproque, mêlant ensemble les métèques, les hôtes, les amis, comme aussi tous les débiteurs du trésor. Les villes aussi, par Zeus, toutes les villes fondées par des colons d'ici, il faudrait savoir qu'elles constituent comme autant de pelotons distincts, prendre tous les pelotons, n'en faire qu'un seul gros peloton, et tisser avec celui-ci un manteau pour le peuple.

LE COMMISSAIRE

N'est-ce pas terrible que ces femmes-là cardent et pelotonnent tout cela comme de la laine, elles qui ne prennent aucune part à la guerre ?

LYSISTRATA

Et pourtant, être exécrable, nous en supportons plus

que doublement la charge : d'abord pour avoir mis au monde nos enfants, ensuite parce que nous les avons fait partir tout armés [97].

LE COMMISSAIRE

Tais-toi. Ne rappelle pas de mauvais souvenirs.

LYSISTRATA

Puis, quand il nous faudrait jouir et profiter de notre jeunesse, nous couchons seules, à cause de l'expédition. Passe encore pour nous; mais de songer aux jeunes filles qui vieillissent dans leurs chambres, j'en suis dévorée de chagrin.

LE COMMISSAIRE

Les hommes ne vieillissent-ils pas aussi ?

LYSISTRATA

Oui, par Zeus, mais ce n'est pas la même chose, ce que tu dis là. Un homme, à son retour, fût-il tout blanc, épouse vite une jeune fille. Mais la femme n'a qu'une saison de courte durée; si elle la laisse passer, personne ne veut plus l'épouser; elle n'a plus qu'à rester accroupie à tirer les auspices.

LE COMMISSAIRE

Mais quiconque est encore capable d'érection...

LYSISTRATA

Et toi, que ne meurs-tu ? Il y a de la place; tu achèteras un cercueil; moi, voilà, je te pétrirai un gâteau de miel. Prends ceci, mets-toi cette couronne.

UNE PREMIÈRE FEMME

Reçois de moi ces bandelettes.

UNE DEUXIÈME FEMME

Prends cette couronne.

LYSISTRATA

Que te manque-t-il ? Que désires-tu ? Au bateau ! Charon t'appelle et tu l'empêches de prendre le large.

LE COMMISSAIRE

N'est-il pas terrible d'être ainsi traité ? Oui, par Zeus ! Mais je m'en vais tout droit me présenter à mes collègues comme je me trouve.

LYSISTRATA

Nous blâmes-tu par hasard de ce que nous ne t'avons pas encore « exposé » ? Sûrement, dans trois jours, tu recevras de nous, au point du jour, les trois objets tout prêts pour l'office [98] !

LE CHŒUR DES VIEILLARDS

Il ne s'agit plus de s'endormir, pour tout homme libre. Équipons-nous, citoyens, pour cette affaire. Déjà elle m'a l'air d'annoncer beaucoup d'autres choses plus graves encore ; je flaire surtout la tyrannie d'Hippias, et je crains fort que quelques Laconiens rassemblés ici, chez Clisthènes, n'incitent les femmes haïes des dieux à s'emparer par ruse de nos biens, et du salaire dont je vivais. C'est une indignité, qu'elles fassent la leçon à des citoyens ; que de simples femmes parlent de boucliers d'airain et de réconciliation avec les Laconiens, auxquels il ne faut pas plus se fier qu'à la gueule béante d'un loup. Elles ont tramé tout cela pour s'emparer du pouvoir. Mais en ce qui me concerne, elles ne m'auront pas à leurs ordres ! Je monterai la garde et « porterai toujours le glaive, dans une branche de myrte ». Armé de pied en cap, je marcherai par l'Agora, aux côtés d'Aristogiton, droit comme ceci, car cela me donne justement envie de frapper à la mâchoire cette vieille exécrée des dieux.

LE CHŒUR DES FEMMES

Assez ! sinon, quand tu rentreras à la maison, ta mère ne te reconnaîtra pas ! Allons, chères vieilles, mettons d'abord tout ceci à terre. — Citoyens, nous allons traiter devant vous des questions qui intéressent la cité. C'est tout naturel, puisqu'elle m'a élevé dans les plaisirs et dans le faste. A l'âge de sept ans, je portais déjà les objets sacrés d'Athéna ; à l'âge de dix, je préparais la farine à gâteaux pour Athéna notre patronne ; quand j'eus ma robe jaune, je fus « ourse » consacrée à Artémis, aux Brauronies. Grande fille enfin, et jolie, je devins canéphore [99] et portais un collier de figues sèches : ne dois-je pas à ma cité, depuis longtemps, quelques bons conseils ? Ne me reprochez pas d'être née femme, quand je vous apporte une meilleure politique que celle d'à présent. Je paie d'ailleurs mon tribut en créant des hommes. Tandis que vous, vieillards chagrins, votre contribution est nulle. Le fonds dit des aïeux et provenant des Mèdes, vous l'avez dépensé ; vous ne faites plus rentrer les impôts, et nous risquons d'être ruinées par vous. Pouvez-vous seulement souffler mot ?... Ah! mais si tu m'ennuies, je te fracasse la mâchoire avec ce cothurne dur.

Le Chœur des Vieillards

N'est-ce pas là une insolence insigne ? Et la chose, à mon avis, ira beaucoup plus loin encore. Il faut faire face à la situation, en vrais mâles bien pourvus... Enlevons la tunique. Tout homme doit sentir aussitôt son homme, et non s'emmitoufler. Allons-y, pieds nus, nous tous qui fûmes à Lipsydrion quand nous étions encore des hommes ; il faut maintenant, oui, maintenant, retrouver notre jeunesse, redonner des ailes à tout notre corps, et secouer notre vieillesse. Si on lâche pied devant ces femmes, si on leur donne la moindre prise, elles ne lâcheront pas le bénéfice d'une fructueuse opération. Elles construiront encore des navires, entreprendront de combattre sur mer, de nous attaquer, comme Artémise [100] ; si elles se portent vers l'équitation, je raye de nos listes nos cavaliers, car, pour le cheval, il n'y a rien de plus doué que la femme et elle s'y tient ferme. Pas de danger qu'elle se fasse désarçonner, quand il court. Voyez, par exemple, les Amazones, que Micon a représentées combattant, à cheval, contre les hommes. Allons, il faut leur mettre à toutes le carcan au cou.

Le Chœur des Femmes

Par les deux déesses, si vous m'échauffez encore, je déchaîne ma laie furieuse contre vous et je vous donne aujourd'hui une peignée à vous faire implorer à grands cris le secours de vos compatriotes. Allons, femmes, déshabillons-nous vite, de façon à sentir les femmes irritées, prêtes à mordre. Que quelqu'un s'avance, maintenant ; je me charge de lui faire passer le goût de l'ail et des fèves noires. Si seulement tu lâches un gros mot, je serai pour toi « l'escarbot accouchant l'aigle [101] ». Je ne saurais vous prendre au sérieux, vous autres, tant que vivra Lampito, et la chère fille de Thèbes, la généreuse Isménè. Tu resteras impuissant, quand même tu prendrais sept décrets, misérable, odieux à tous, même à tes voisins. Ainsi, même hier, organisant une petite fête en l'honneur d'Hécate, j'ai invité une amie de mes enfants, la fille de nos voisins, demoiselle honnête et aimable, une anguille de Béotie : ils ne l'ont pas laissée venir, à cause de tes décrets. Mais vous ne cesserez pas de prendre de pareils décrets, tant qu'on ne vous aura pas pris par les pieds et qu'on ne vous aura pas rompu le cou. Exécutrice de cette entreprise et de ce plan, pourquoi m'arrives-tu toute sombre de la maison ?

LYSISTRATA

La conduite de ces femmes perverses et leur esprit de femelles m'enlèvent tout courage et me font faire la navette en tout sens.

LA CORYPHÉE

Que dis-tu ? Que dis-tu ?

LYSISTRATA

La vérité! la vérité!

LE CHŒUR DES FEMMES

Quel malheur y a-t-il ? Explique à tes amies.

LYSISTRATA

C'est honteux à dire, mais on ne peut le taire.

LE CHŒUR DES FEMMES

Ne me cache pas le malheur qui nous frappe.

LYSISTRATA

Nous sommes en mal d'amour, pour te le dire en peu de mots.

LE CHŒUR DES FEMMES

O Zeus!

LYSISTRATA

Pourquoi invoquer Zeus ? C'est bien là qu'en sont les choses. Pour moi, je ne suis plus en état de les empêcher de rejoindre leurs maris : elles se sauvent. J'en ai surpris une tantôt, en train de franchir la porte qui se trouve du côté de la grotte de Pan; une autre en train de se laisser glisser à l'aide d'une poulie; celle-ci passait à l'ennemi; celle-là, portée par un moineau, allait se précipiter sur la maison d'Orsilochos, lorsque je l'arrêtai en la tirant par les cheveux. Toutes cherchent des prétextes pour rentrer chez elles. Tiens, en voici une qui approche. Hé! Toi! Où cours-tu ?

PREMIÈRE FEMME

Je veux rentrer chez moi, où j'ai de la laine de Milet qui doit être rongée par les vers.

LYSISTRATA

Quels vers ? Veux-tu bien rebrousser chemin ?

PREMIÈRE FEMME

Mais je serai vite revenue, par les deux déesses; juste le temps d'étaler sur le lit...

LYSISTRATA

N'étale rien, et ne pars pas d'ici.

PREMIÈRE FEMME

Tu veux que je laisse gâter ma laine ?

LYSISTRATA

Oui, au besoin.

DEUXIÈME FEMME

Malheureuse que je suis! Malheureuse! Mon lin que j'ai laissé chez moi sans l'avoir tillé!

LYSISTRATA

En voici une autre qui s'en va retrouver son lin non tillé! Reviens ici.

DEUXIÈME FEMME

Mais, par Artémis la Lumineuse, je ne fais qu'enlever la tille et je suis de retour.

LYSISTRATA

Ne me parle pas d'enlever la tille. Il suffit que tu commences pour qu'une autre veuille en faire autant.

TROISIÈME FEMME

Sainte déesse des Accouchements, ô Hythie, retarde mes couches, jusqu'à ce que je me sois rendue dans un lieu profane!

LYSISTRATA

Pourquoi radotes-tu ainsi ?

TROISIÈME FEMME

Je vais accoucher tout de suite.

LYSISTRATA

Mais tu n'étais pas enceinte, toi, hier.

TROISIÈME FEMME

Je le suis aujourd'hui. Laisse-moi rentrer chez moi, trouver au plus vite la sage-femme, ô Lysistrata.

LYSISTRATA

Quelle fable nous contes-tu là ? Qu'as-tu là de dur ?

TROISIÈME FEMME

Un garçon.

LYSISTRATA

Par Aphrodite, je te dis que non! Mais tu me parais avoir quelque objet creux, en airain. Je le saurai, moi. Ah! tu me fais rire! Tu as le casque sacré [102] et tu te disais grosse!

TROISIÈME FEMME

Oui, par Zeus, je suis grosse!

LYSISTRATA

Pourquoi donc portes-tu ce casque ?

TROISIÈME FEMME

Pour m'y nicher et y accoucher, comme les colombes, en cas d'accouchement forcé dans la citadelle.

LYSISTRATA

Que dis-tu ? Tu cherches des prétextes; c'est évident. Tu ne veux pas attendre ici le cinquième jour qui suit les couches, pour l'amphidromie [103] du... casque ?

TROISIÈME FEMME

Mais je ne puis dormir dans la citadelle, depuis que j'en ai vu le serpent gardien.

QUATRIÈME FEMME

Et moi, la malheureuse, je m'épuise sans pouvoir fermer l'œil, à cause du « kikkabau » continuel des chouettes.

LYSISTRATA

Insensées, assez de duperies! Ce sont vos maris peut-être, que vous désirez. Mais nous, croyez-vous qu'ils ne nous désirent pas aussi ? Ils passent de mauvaises nuits, je le sais. Tenez ferme, ô vaillantes, et patientez encore un peu. Un oracle nous a garanti la victoire, si nous savons rester unies. Cet oracle, le voici.

Troisième Femme

Explique-nous ce qu'il dit.

Lysistrata

Faites silence. « Lorsque, affolées, les hirondelles [104] se blottiront ensemble en un seul lieu pour fuir les huppes, et se priveront de phallus, finis alors seront les maux, et Zeus qui gronde au haut des cieux mettra tout sens dessus dessous. »

Troisième Femme

Et nous, nous serons dessus ?

Lysistrata

« ... mais si les hirondelles se divisent, puis à tire-d'aile s'envolent du temple sacré, aucun oiseau ne passera, quel qu'il soit, pour plus dépravé qu'elles. »

Chœur des Femmes

Cet oracle, ma foi, est fort clair. Par tous les dieux, qu'il ne soit plus question de reculer devant l'épreuve. Rentrons. Ce serait une honte, mes toutes chères, de ne pas remplir l'oracle.

Chœur des Vieillards

Je veux vous conter une fable, que j'ai ouï dire quand j'étais petit ; la voici. Il y avait une fois un jeune homme qu'on appelait Mélanion [105] ; qui, plutôt que de prendre femme, se retira dans le désert. Il habitait sur les montagnes, faisait la chasse au lièvre et tressait les filets. Et jamais plus il ne revint à la maison, car il avait la haine en l'âme et détestait — oh ! combien ! — les femmes, celui-là. Et nous n'avons pas moins de haine que Mélanion, nous les sages.

Un Vieillard

Je veux, ma vieille, te posséder.

La Femme

Alors tu n'as pas besoin d'oignons pour pleurer.

Le Vieillard

... Raidir la jambe et te botter.

La Femme

La belle forêt que tu portes !

Le Vieillard

Myronidès [106] aussi l'avait bien touffue à cet endroit-là!
Avec des fesses toutes noires à effrayer ses ennemis.
Tel aussi était Phormion.

Le Chœur des Femmes

Moi aussi je veux dire un conte, qui vaut celui de
Mélanion. Il y avait un nommé Timon [107], insociable,
inabordable, et de piquants tout hérissé; au faciès tout
enveloppé, vrai rejeton des Erinnyes. Ce Timon, donc,
s'éloigna par haine, en maudissant bien les méchants. Il
vous haïssait celui-là, vous les pervers, mais pour les
femmes il avait le plus grand amour.

Une Femme

Veux-tu que je t'enfonce la mâchoire?

Le Vieillard

Point du tout! J'ai bien peur.

La Femme

Ou que je t'envoie un coup de pied?

Le Vieillard

Mais tu feras voir tes parties.

La Femme

Tu ne saurais, malgré ma vieillesse, les voir velues;
la flamme les a épilées.

Lysistrata *(sortant de la citadelle)*

Holà! Holà! Femmes, accourez vite, vite.

Une Femme

Qu'y a-t-il? Dis. Quelle est cette clameur?

Lysistrata

Un homme, un homme que je vois venir tout furieux,
en proie aux orgies d'Aphrodite.
Sainte Patronne, reine de Cypre, de Cythère et de
Paphos, va tout droit le chemin où tu t'es engagée.

La Première Femme

Où donc est-il, quel qu'il soit?

LYSISTRATA

Près du temple de Chloé.

LA PREMIÈRE FEMME

Oui, par Zeus, c'est bien ça. Mais qui peut-il bien être ?

LYSISTRATA

Regardez. Quelqu'une de vous le connaît-elle ?

MYRRHINE

Oui, moi! C'est Cinésias, mon mari.

LYSISTRATA

A toi alors de le faire griller de désir, de le brasser, de lui donner le change, en t'offrant et te dérobant, en lui livrant tout sauf les secrets de la coupe.

MYRRHINE

Sois sans crainte; je m'en charge.

LYSISTRATA

Mais je resterai ici avec toi, pour t'aider à le tromper et à le consumer... Vous, retirez-vous.

CINÉSIAS *(arrivant avec un enfant)*

Ah! Infortuné! Dans quel état de frénésie et d'érection je me trouve! C'est comme si j'étais au supplice de la roue!

LYSISTRATA

Qui va là ? Qui a franchi le poste de garde ?

CINÉSIAS

C'est moi.

LYSISTRATA

Un homme ?

CINÉSIAS

Un homme, bien sûr!

LYSISTRATA

Veux-tu bien déguerpir d'ici ?

CINÉSIAS

Et toi, qui es-tu, pour m'expulser ?

LYSISTRATA

La sentinelle de jour.

CINÉSIAS

Au nom des dieux, appelle-moi Myrrhine.

LYSISTRATA

Voyez-vous ça! Que je lui appelle Myrrhine! Et toi, qui es-tu ?

CINÉSIAS

Je suis son mari, Cinésias, fils de Péon.

LYSISTRATA

Ah! bonjour, cher ami! Ton nom n'est pas inconnu ici, ni obscur! Ta femme l'a toujours sur les lèvres. Qu'elle prenne un œuf ou une pomme, elle s'écrie : « Comme je voudrais que ce soit pour Cinésias, ceci! »

CINÉSIAS

Ah! Dieux bons!

LYSISTRATA

Oui, par Aphrodite! Si l'on vient à parler de maris, ta femme déclare aussitôt : « Tout le reste n'est que fadaise, au prix de Cinésias! »

CINÉSIAS

Va donc l'appeler.

LYSISTRATA

Quoi ? Me donneras-tu quelque chose ?

CINÉSIAS

Oui, par Zeus! Pourvu que tu le veuilles. J'ai ceci. Ce que j'ai, vois-tu, je te le donne.

LYSISTRATA

Eh bien, je descends l'appeler.

MYRRHINE, CINÉSIAS, UN PETIT ENFANT

CINÉSIAS (à part)

Au plus vite donc! Car la vie ne me dit plus rien, depuis que Myrrhine a quitté le domicile. Je suis malheureux comme tout quand je rentre. Tout me semble vide et je n'ai aucun plaisir à manger, car je suis en érection.

CINÉSIAS *(à part)*

Je l'aime, oui, je l'aime, mais il ne veut pas de mon amour. Aussi ne m'appelle pas auprès de lui.

CINÉSIAS

O ma très douce Myrrhinette, pourquoi fais-tu cela ? Descends ici.

MYRRHINE

Moi, là ? Non, par Zeus.

CINÉSIAS

Tu ne descendras pas quand je t'appelle, Myrrhine ?

MYRRHINE

Non, car tu m'appelles sans avoir nul besoin de moi.

CINÉSIAS

Moi, je n'ai pas besoin de toi ? Dis plutôt que je suis à bout.

MYRRHINE

Je m'en vais.

CINÉSIAS

Mais non! écoute au moins le petit. Hé toi! tu n'appelles pas ta maman ?

LE PETIT ENFANT

Maman, maman, maman.

CINÉSIAS *(à Myrrhine)*

Qu'est-ce qui te prend, toi ? Tu n'as même pas pitié de notre enfant qui n'a été ni lavé ni allaité depuis six jours ?

MYRRHINE

Oui, j'en ai pitié; mais il a un père négligent.

CINÉSIAS

Descends, méchante, pour le petit.

MYRRHINE

Ce que c'est que d'être mère! Il faut descendre, que voulez-vous!

CINÉSIAS

Elle me paraît être bien plus jeune et avoir le regard plus tendre. De se montrer si dure et dédaigneuse à mon égard, cela m'épuise de désir.

MYRRHINE

O très doux petit enfant d'un mauvais père! Voyons, que je t'embrasse, très chéri de sa maman.

CINÉSIAS

Pourquoi, méchante, agis-tu de la sorte et écoutes-tu les autres femmes? Tu me fais de la peine et tu te causes à toi-même du chagrin.

MYRRHINE

Ne me touche pas.

CINÉSIAS

Et nos affaires, les miennes, les tiennes, que tu laisses à l'abandon!

MYRRHINE

Je m'en soucie peu.

CINÉSIAS

Tu te soucies peu de la trame que les poules promènent en tous sens?

MYRRHINE

Oui, par Zeus.

CINÉSIAS

Et les orgies sacrées d'Aphrodite, voilà bien long-temps que tu ne les as accomplies. Ne viendras-tu pas?

MYRRHINE

Non, par Zeus, si vous ne faites pas la paix et ne mettez pas fin à la guerre.

CINÉSIAS

Eh bien, s'il le faut, nous ferons aussi cela!

MYRRHINE

Eh bien, s'il le faut, je retournerai aussi là-bas; maintenant, j'ai juré de m'abstenir.

CINÉSIAS

Tu peux bien coucher avec moi! Il y a si longtemps!

MYRRHINE

Non, certes! Et cependant, je ne dirai pas que je ne t'aime pas.

CINÉSIAS

Tu m'aimes? Pourquoi alors ne t'es-tu pas étalée, ma petite Myrrhon?

MYRRHINE

Tu en as de bonnes! Là? Devant le petit?

CINÉSIAS

Ma foi, non. Manès, porte-le à la maison. — Voilà; le petit n'est plus là pour te gêner, mais tu ne t'étends pas?

MYRRHINE

Et où pourrait-on, malheureux, faire cela?

CINÉSIAS

Où? La grotte de Pan fait bien l'affaire.

MYRRHINE

Et comment pourrais-je entrer dans la citadelle avec ma pureté?

CINÉSIAS

Tout à fait facile, je suppose : tu te laveras dans la Clepsydre [108].

MYRRHINE

Avec ça, après avoir prêté serment, je me parjurerai, malheureux?

CINÉSIAS

Je prends cela sur moi. Ne t'inquiète pas pour un serment.

MYRRHINE

Eh bien, je vais apporter un petit lit pour nous deux.

CINÉSIAS

Nullement; par terre ça nous suffit.

MYRRHINE

Non, par Apollon. Bien que tu sois si bas, je ne te ferai pas coucher à terre.

CINÉSIAS

Voilà certes une femme qui m'aime! Ça se voit bien.

MYRRHINE

Voici. Etends-toi vite, je me déshabille. Mais peste!
Il faut apporter une natte.

CINÉSIAS

Quelle natte? Pas pour moi toujours.

MYRRHINE

Je te dis que oui, par Artémis; ce serait honteux, sur
des sangles, ma parole!

CINÉSIAS

Allons, donne-toi.

MYRRHINE

Voici! *(Elle s'éloigne.)*

CINÉSIAS

Ah! zut! Reviens donc au plus vite.

MYRRHINE

Voici une natte. Etends-toi. Tu vois, je me déshabille.
Mais, bon sang! Tu n'as pas d'oreiller.

CINÉSIAS

Mais je n'en ai nul besoin.

MYRRHINE

Mais moi, oui.

CINÉSIAS

Pour le coup, cette verge, c'est l'hôte Héraclès!

MYRRHINE

Lève-toi, redresse-toi. *(Elle place l'oreiller.)*

CINÉSIAS

Maintenant j'ai tout.

MYRRHINE

Tout, en effet!

CINÉSIAS

Ici donc, mon trésor.

MYRRHINE

Je dénoue mon soutien-gorge. Rappelle-toi bien; ne me trompe pas au sujet de la paix.

CINÉSIAS

Oui, par Zeus. Plutôt mourir!

MYRRHINE

Mais tu n'as pas de couverture.

CINÉSIAS

Non, ma foi, et je n'en ai pas besoin. C'est toi que je veux.

MYRRHINE

Ne t'inquiète pas; tu m'auras. Je viens vite.

CINÉSIAS

Cette garce me mettra à bout, avec ses couvertures.

MYRRHINE

Redresse-toi.

CINÉSIAS

Voilà qui se redresse.

MYRRHINE

Tu veux que je te parfume?

CINÉSIAS

Non, par Apollon, pas de ça!

MYRRHINE

Mais si, par Aphrodite, bon gré, mal gré!

CINÉSIAS

Eh bien, puisse le parfum se déverser, Zeus souverain!

MYRRHINE

Tends la main, prends et frotte-toi.

CINÉSIAS

Il n'est pas bon, par Apollon, ce parfum-là! C'en est un qui retarde et qui ne sent pas l'accouplement.

MYRRHINE

Malheureuse que je suis! C'est le parfum de Rhodes que j'ai apporté!

CINÉSIAS

Bon, laisse-le, que diable!

MYRRHINE

Décidément tu plaisantes.

CINÉSIAS

Puisse-t-il misérablement périr, celui qui le premier pré-
para du parfum.

MYRRHINE

Prends ce flacon.

CINÉSIAS

J'en tiens un autre. Allonge-toi plutôt, méchante, et ne
m'apporte rien.

MYRRHINE

Ainsi ferai-je, par Artémis. Ce qu'il y a de sûr, c'est
que je me déchausse. Mais, mon très cher, tâche de voter
pour la paix.

CINÉSIAS

Je délibérerai. *(Myrrhine se retire.)* Elle m'a tué, elle
m'a eu jusqu'au bout, la femme ; elle m'a joué mille tours, et
après m'avoir écorché vif, elle me plante là ! Ah ! que vais-
je devenir ? Que baiserai-je quand la plus belle de toutes
m'a trompé ? Comment élèverai-je cet enfant ? Où est
Chien-Renard ? Loue-moi la nourrice.

LE CORYPHÉE

Malheureux, tu te ronges le sang pour avoir été frustré !
J'ai bien pitié de toi, hélas ! Car quels reins pourraient y
tenir ? Quelle âme ? Quels testicules ? Quels flancs ? Quel
braquemart tendu, privé des amours du matin ?

CINÉSIAS

O Zeus! Ces horribles convulsions!

LE CORYPHÉE

Voilà ce qu'elle vient de te faire, la fieffée coquine, la
fieffée scélérate.

CINÉSIAS

Non, par Zeus, mais la chère, la toute douce.

LE CORYPHÉE

Comment douce ? Perfide, perfide en vérité, ô Zeus!

Puisses-tu l'enlever, tel un morceau de paille, dans un violent tourbillon, la faire tournoyer, puis la lâcher, et puisse-t-elle, en retombant sur la terre, s'embrocher au gland de son mari.

UN HÉRAUT LACÉDÉMONIEN, UN PRYTANE

Le Héraut

Où qu'est le Sénat d'Athènes, où les prytanes ? Je veux dire du neuf.

Le Prytane

Et qui es-tu ? homme ou satyre ?

Le Héraut

Je suis un héraut, mon petit bonhomme, oui, par les Dioscures ; je suis venu de Sparte au sujet de la paix.

Le Prytane

Et avec ça tu te présentes avec une lance sous l'aisselle ?

Le Héraut

Non, par Zeus, non pas moi !

Le Prytane

Où te trouves-tu ? Pourquoi ramènes-tu devant toi ta chlamyde ? As-tu l'aine enflée par la marche ?

Le Héraut

Parole, il est loufoque, l'homme ! par Castor.

Le Prytane

Mais tu es en érection, vil dévergondé !

Le Héraut

Non, par Zeus, pas moi ! Ne te remets pas à divaguer.

Le Prytane

Et qu'as-tu là ?

Le Héraut

Une scytale [109] laconienne.

Le Prytane

Si jamais celle-ci aussi est une scytale laconienne. Mais dis-moi la vérité comme à quelqu'un qui sait ce qui en est. Où en sont pour vous les choses, à Lacédémone ?

Le Héraut

A Lacédémone tout est en l'air et tous les alliés sont en érection ; il leur faut les vases à traire.

Le Prytane

Et d'où ce mal s'est-il abattu sur vous ? De Pan ?

Le Héraut

Non. Mais ça vient, je crois, de Lampito. Après elle, les autres femmes de Sparte ont fait front commun et, partant de la même ligne, ont chassé leurs maris de leurs parties intimes.

Le Prytane

Comment vous en trouvez-vous donc ?

Le Héraut

Nous pâtissons. Nous allons par la ville tout voûtés, comme des porteurs de lanternes. C'est que les femmes ne nous laissent même pas toucher leur bouton, tant que nous n'aurons pas conclu tous ensemble la paix dans l'Hellade.

Le Prytane

Partout les femmes se sont juré de faire ainsi. Je m'en rends compte maintenant. Eh bien, va dire au plus vite qu'on envoie ici des délégués avec pleins pouvoirs pour négocier la paix. De mon côté je dirai au Sénat de choisir ici d'autres délégués, en lui montrant la verge que voici.

Le Héraut

J'y vole, car tu as tout à fait raison.

Le Coryphée

Il n'y a pas de bête sauvage plus irréductible qu'une femme, ni de feu, et il n'y a pas non plus de panthère aussi impudente.

La Coryphée

Tu sais cela, et tu me fais la guerre, pendard, quand tu peux avoir en moi une amie sûre ?

Le Coryphée

Sache que je ne cesserai jamais de haïr les femmes.

La Coryphée

Eh bien, à ton gré! Pour le moment, en tout cas, je ne te laisserai pas nu ainsi. Vois donc comme tu es ridicule. Je vais m'approcher et te mettre cette tunique.

Le Coryphée

Ce n'est pas mal, par Zeus, ce que vous faites là. Je l'avais juste enlevée dans un accès de mauvaise humeur.

La Coryphée

D'abord tu as ainsi l'air d'un homme; ensuite tu ne prêtes plus à rire, et si tu ne m'avais pas peinée, je t'aurais même enlevé cette bestiole que tu as sur l'œil maintenant.

Le Coryphée

C'est ça, alors, qui me tourmentait. Enlève-la et montre-la-moi, car voilà longtemps, par Zeus, qu'elle me mord à l'œil.

La Coryphée

Ainsi ferai-je, bien que tu sois un grincheux. O Zeus! l'énorme cousin que tu as là! Tu ne vois pas ? N'est-ce pas un cousin de Tricorythos ?

Le Coryphée

Par Zeus, tu m'as rendu service. Depuis longtemps, il me creusait comme pour faire un puits; c'est ce qui me fait verser tant de larmes, depuis qu'il est retiré.

La Coryphée

Mais je t'essuierai, tout méchant que tu es, et je te baiserai.

Le Coryphée

Non, n'en fais rien.

La Coryphée

Mais si, bon gré mal gré.

Le Coryphée

Puissiez-vous ne pas y arriver! Car vous êtes d'un naturel flagorneur, et c'est avec raison, non à tort, qu'on a dit : « Ni avec cette vermine, ni sans cette vermine ». Mais à présent je fais la paix avec toi; à l'avenir je ne vous ferai plus de mal et vous ne m'en ferez pas. Allons, réunissons-nous et chantons en chœur ce cantique.

Les Chœurs Ensemble *(aux spectateurs)*

Nous ne nous apprêtons pas, ô hommes, à dire la moindre parole offensante pour aucun citoyen; nous voulons, bien au contraire, ne dire et ne faire que du bien. Il y en a bien assez avec les maux présents. Que tout homme et toute femme qui a besoin d'un peu d'argent, le fasse voir. Il y en a dans la caisse et dans nos sacs, et si la paix vient à luire un jour, quiconque nous en aura emprunté aujourd'hui, n'aura pas à le rembourser. Nous devons recevoir quelques hôtes de Carystos, de braves et honnêtes personnes. Il nous reste encore un peu de purée de légumes, et nous avions un petit cochon que nous avons sacrifié : ainsi vous aurez de la viande tendre et de bonne qualité. Trouvez-vous donc chez moi aujourd'hui, de bonne heure, avec vos enfants, après vous être lavés : on entre sans parler à personne, on va tout droit, comme chez soi, bravement, car la porte... sera fermée.

Le Coryphée

Voici justement les délégués de Sparte qu'arrivent, avec leurs longues barbes, ayant comme une sorte de cage à cochons autour des cuisses.

Salut tout d'abord, messieurs les Laconiens; et maintenant, dites-nous dans quel état vous arrivez.

Un Laconien

A quoi bon tant de discours ? Vous pouvez voir dans quel état nous arrivons.

Le Coryphée

Peste! Le mal a pris une ex...tension considérable, et ça chauffe de plus en plus, semble-t-il.

Le Laconien

Indicible! que dire aussi ? Qu'on vienne nous donner la paix, à n'importe quelle condition.

Le Coryphée

Sûrement, à voir ces gens du pays, le ventre découvert, rejetant leurs manteaux, comme des lutteurs, il est clair que c'est une maladie d'athlètes qu'ils ont.

LES MÊMES, UN PRYTANE

Le Prytane

Qui pourrait me dire où est Lysistrata ? Car voilà où en sont réduits les maris!

LE CORYPHÉE

C'est encore une maladie qui ressemble à l'autre!
(Aux Athéniens.) Etes-vous en quelque sorte pris de
convulsions, le matin ?

LE PRYTANE

Quand ça nous prend, par Zeus, ça nous épuise! Et
si l'on ne conclut vite la paix, fatalement nous nous rabat-
trons sur Clisthènes [110].

LE CORYPHÉE

Si vous avez votre bon sens, vous prendrez vos manteaux,
si vous ne voulez pas qu'un de ces mutilateurs des Hermès vous aperçoive.

LE PRYTANE

Oui, par Zeus, tu as raison.

LE LACONIEN

Oui, par les Dioscures, absolument. Allons, remettons
nos manteaux.

LE PRYTANE

Salut, Laconiens. C'est honteux ce qui nous est arrivé.

LE LACONIEN *(à un Laconien)*

Ah! mon très cher, c'est un désastre pour nous qu'ils
nous aient vus si excités!

LE PRYTANE

Allons, Laconiens, il faut s'expliquer complètement.
Pourquoi êtes-vous ici ?

LE LACONIEN

Pour négocier la paix.

LE PRYTANE

Bon; nous aussi. Pourquoi ne pas appeler Lysistrata,
seule capable de nous réconcilier ?

LE LACONIEN

Oui, par les Dioscures, et si vous y tenez, Lysistratos
aussi!

LE PRYTANE

Mais il n'y a pas besoin de l'appeler, il me semble;
elle a entendu; la voilà qui sort.

Le Coryphée

Bonjour, la plus vaillante de toutes. C'est le moment de te montrer redoutable et douce, bonne et mauvaise, imposante et gentille, pleine d'adresse. Les chefs des Hellènes, épris de tes charmes, se sont inclinés devant toi et d'un commun accord s'en remettent à toi de tous leurs griefs.

LES MÊMES, LYSISTRATA

Lysistrata

Ce n'est pas difficile, à condition de les prendre quand ils sont enflammés de désir et qu'ils ne cherchent pas à se satisfaire entre eux. Où est Réconciliation ? Amène-moi d'abord les Laconiens, non pas d'une poigne dure et avec arrogance, en les brusquant comme faisaient nos maris maladroits avec nous, mais gentiment, comme il convient à des femmes. Si quelqu'un te refuse la main, tire-le par la verge. — Amène aussi les Athéniens, en les prenant par où ils voudront. Vous, Laconiens, mettez-vous là, près de moi; vous autres, de ce côté-ci, et écoutez-moi. « *Je suis femme il est vrai, mais une femme d'esprit* [111]. »
J'ai mes idées à moi, qui sont des idées justes, et je me suis passablement instruite en écoutant souvent parler mon père et les vieillards. Je vous ferai à tous le même reproche : à Olympie, aux Thermopyles, à Pytho — je pourrais en citer encore ? — vous aspergez les autels de la même eau lustrale, comme autant d'enfants de la même famille; et, quand les Barbares, les armes à la main, sont à vos portes, vous détruisez les Hellènes et leurs cités. « Voilà de mon discours un point bien établi [112]. »

Le Prytane

Et moi je meurs de désir, avec mon prépuce découvert!

Lysistrata

Maintenant, Laconiens, car c'est vers vous que je me tournerai, ignorez-vous que jadis le Laconien Périclidas, venu ici implorer les Athéniens, se prosterna au pied de nos autels, pâle, revêtu d'un manteau de pourpre, pour demander une armée de secours ? Vous étiez alors pressés par Messène et secoués en même temps par le dieu. Cimon partit avec quatre mille hoplites à Lacédémone et la sauva. Et après avoir reçu des Athéniens ces bienfaits, vous ravagez un pays qui ne vous a fait que du bien!

Le Prytane

Ces gens-là ont tort, par Zeus, ô Lysistrata.

Le Laconien

Nous avons tort, mais son derrière est beau au-delà de toute expression.

Lysistrata

Et vous, Athéniens, croyez-vous que je vais vous absoudre ? Ignorez-vous que les Laconiens eux aussi, alors que vous portiez la tunique des esclaves, accoururent les armes à la main, tuèrent quantité de Thessaliens, quantité d'amis et alliés d'Hippias et, seuls alors à combattre à vos côtés, vous rendirent libres et firent revêtir à votre peuple le manteau de laine ?

Le Laconien

Nulle part je n'ai vu femme plus noble.

Le Prytane

Et moi jamais plus beaux appas.

Lysistrata

Pourquoi donc, après tant de bienfaits réciproques, vous faites-vous la guerre, et ne cessez-vous pas de vous maltraiter ? Pourquoi ne pas vous réconcilier ? Voyons, qui vous empêche ?

Le Laconien

Nous voulons bien, nous, si l'on nous rend ces rondeurs.

Lysistrata

Lesquelles, mon bon ?

Le Laconien

Pylos [113], que nous voulons depuis longtemps et désirons tâter.

Le Prytane

Non, par Posidon, cela vous ne le ferez pas.

Lysistrata

Cédez-leur, mon bon.

Le Prytane

Et après, que manierons-nous ?

LYSISTRATA

Demandez autre chose à la place.

LE PRYTANE

Bon, j'y suis. Livrez-nous donc d'abord cet Echinous
et le golfe Maliaque, situé derrière, et les jambes de
Mégare.

LE LACONIEN

Non, par les Dioscures, pas tout, mon doux ami.

LYSISTRATA

Laisse. *(A l'Athénien).* Ne va pas te quereller pour
deux jambes.

L'ATHÉNIEN

Je veux à l'instant creuser mon sillon à moitié nu, sans
manteau.

LE LACONIEN

Et moi donc transporter les engrais, par les Dioscures!

LYSISTRATA

Vous ferez cela une fois réconciliés. Mais si vous en
décidez ainsi, délibérez et allez débattre la chose avec vos
alliés.

L'ATHÉNIEN

Quels alliés, ma belle ? Nous sommes en érection. Nos
alliés ne seront-ils pas comme nous d'avis de baiser, tous ?

LE PRYTANE

Les nôtres c'est sûr, par les Dioscures.

LE PRYTANE

Et les Carystiens aussi, par Zeus.

LYSISTRATA

Vous avez raison. Maintenant tâchez de vous purifier,
afin que nous autres femmes nous vous recevions dans la
citadelle pour vous offrir les fruits de nos corbeilles. Là,
échangez des serments de fidélité, puis, que chacun
reprenne sa femme et s'en aille.

L'ATHÉNIEN

Allons-y au plus vite.

LE LACONIEN

Où tu voudras.

LE PRYTANE

Par Zeus oui, au plus vite. *(Ils entrent dans l'Acropole.)*

LE DEMI-CHŒUR DES FEMMES

Couvertures bigarrées, manteaux de laine, tuniques, bijoux d'or, de tout ce qui m'appartient je puis offrir à tous pour leurs enfants et pour telle de leurs filles qui sera un jour canéphore. Je vous invite tous à prendre maintenant chez moi de tout ce que j'ai : rien n'est si bien scellé qu'on n'en puisse retirer les cachets et en extraire le contenu. Mais on ne verra rien en regardant, à moins d'avoir la vue plus perçante que la mienne. Si quelqu'un manque de vivres et qu'il ait à nourrir des domestiques et beaucoup d'enfants en bas âge, il peut se servir chez moi de froment en grain, tout broyé, mais il y a aussi le pain d'une chenice, tout frais. Que chaque pauvre vienne chez moi avec des sacs et des besaces, prendre les grains. Manès, mon domestique, les servira. Mais qu'on n'approche pas de ma porte, j'en préviens, et qu'on prenne garde au chien.

LE PRYTANE *(frappant à la porte de l'Acropole)*
(A la Coryphée.)

Ouvre la porte, toi. Tu devrais faire place. *(Aux femmes.)* Pourquoi restez-vous là, vous ? Voudriez-vous par hasard que je vous brûle avec ma lampe ? Non, le lieu ne s'y prête pas. Je ne le ferai pas. Mais s'il le faut absolument, pour vous être agréables, nous nous mettrons en peine.

UN ATHÉNIEN

Nous aussi, avec toi.

LE PRYTANE

Vous ne partez pas ? Vous pleurerez longuement vos cheveux! *(Approchant sa torche.)* Voulez-vous partir, pour laisser les Laconiens rentrer chez eux tranquillement après un bon régal ? *(Les vieillards s'en vont.)*

UN ATHÉNIEN

Je n'ai jamais vu un tel banquet. Les Laconiens eux-mêmes s'y sont montrés affables et nous, pour le vin, *co-buveurs* fort avisés.

Le Prytane

C'est juste, car à jeun nous manquons de bon sens. Si les Athéniens veulent m'en croire, c'est en état d'ivresse que nous devrons aller partout en ambassade.

Car présentement, chaque fois que nous nous rendons à Lacédémone sans avoir bu, nous ne songeons qu'à jeter le trouble; nous n'écoutons pas ce qu'ils disent, nous leur faisons dire ce qu'ils ne disent pas et nous nous trouvons en opposition sur les mêmes points. Aujourd'hui, tout a été à souhait; de sorte que si quelqu'un chantait le *Télamon* au lieu du *Clitagoras* qu'il aurait fallu, nous applaudissions, quitte à nous parjurer ensuite. *(Voyant revenir les vieillards.)* Les voici qui reviennent! Voulez-vous allez au diable, gibier de fouet?

L'Athénien

Oui, par Zeus. Les voilà qui sortent.

CHŒUR DES LACONIENS, CHŒUR DES ATHÉNIENS, UN JOUEUR DE FLUTE,

Un Laconien

(Au flûtiste.) Allons, mon très cher, prends tes flûtes; je veux danser la dipodie et chanter une belle chanson en l'honneur des Athéniens et de nous-mêmes.

Le Prytane

Allons, prends tes flûtes, au nom des dieux; j'aime bien vous voir danser.

Un Laconien

Envoie au jouvenceau, Mnémosyne, ta muse qui connaît nos exploits et ceux des Athéniens, eux qui, à Artémision, fondirent comme des sangliers sur les nefs ennemies et triomphèrent des Mèdes. Pour nous, tels des verrats aiguisant leurs défenses, Léonidas nous menait à l'assaut. Une écume abondante ourlait nos mâchoires et coulait le long de nos cuisses, car ils étaient plus nombreux que les grains de sable, voyez-vous, les guerriers perses.

Artémis chasseresse, destructrice de bêtes sauvages, viens ici, vierge divine, présider à notre trêve et assurer la durée de notre alliance. Puisse dorénavant une amitié féconde régner grâce aux traités et puissions-nous ne plus avoir affaire aux rusés renards. O viens ici, viens, vierge chasseresse.

LE PRYTANE

Çà donc, puisque tout s'est bien terminé, vous, Laconiens, emmenez ces femmes. Et vous, Athéniens, celles-ci. Que chaque époux se tienne auprès de son épouse, et chaque épouse auprès de son époux; et veillons bien par la suite, après avoir fêté cet heureux succès par des danses en l'honneur des dieux, à ne pas commettre encore des fautes.

LE CHŒUR DES ATHÉNIENS

Fais avancer le chœur et fais venir les Grâces; invoque en outre Artémis, invoque aussi son frère jumeau, le chef des chœurs, le Guérisseur à l'humeur enjouée; invoque le dieu de Nysa dont les yeux sont de flamme au milieu des Ménades; et Zeus brillant de tous ses feux, ainsi que son auguste et bienheureuse épouse, puis les divinités qui se souviendront de nous avoir servi de témoins pour cette paix féconde, œuvre de la déesse Cypris. Alalai! iè! péan! Debout tous! ié! comme après la victoire, iai! évoé! évoé! évoé! évoé!

LE PRYTANE

Laconien, chante-nous encore un nouveau chant.

UN LACONIEN

Quitte encore l'agréable Taygète, Muse laconienne, viens, viens célébrer avec nous le dieu d'Amyclée digne de respect, et Athéna au sanctuaire d'airain, et les vaillants Tyndarides qui s'ébattent sur les bords de l'Eurotas. Allons, prends ton élan, vivement; allons, bondis légèrement pour que nous fêtions Sparte amie des chœurs des dieux et du mouvement cadencé des pieds, quand les jeunes filles telles des pouliches bondissent sur les rives de l'Eurotas, soulevant de leurs pieds une épaisse poussière et secouant leurs chevelures, dans un déchaînement de Bacchantes agitant le thyrse. A leur tête s'avance la chaste fille de Léda, menant le chœur avec noblesse.

Allons, entoure d'une bandelette, avec ta main, ta chevelure, frappe le sol de tes deux pieds, telle une biche, en cadence, pour tenir le chœur en haleine, et célèbre par ton chant la toute-puissante et belliqueuse déesse au temple d'airain.

LES THESMOPHORIES

NOTICE
SUR
LES THESMOPHORIES

Malgré son titre, qui signifie « les femmes célébrant la fête des Thesmophories », cette comédie n'a point pour objet les mystères des deux déesses thesmophores, Déméter et Perséphone. Aristophane a voulu cette fois faire assister son public à un événement sensationnel : le procès d'Euripide et sa condamnation par les femmes, dont il dit tant de mal dans ses tragédies. Le Thesmophorion, dont l'accès était interdit aux hommes, lui fournissait un cadre approprié. Le poète suppose que les femmes d'Athènes excédées de servir constamment de cible aux sarcasmes d'Euripide ont résolu de se venger : elles profiteront de cette fête où elles se trouveront réunies et seules, pour régler son compte à leur ennemi. Euripide, informé du complot qui se trame contre lui, a besoin, pour être sauvé, d'un avocat qui puisse aller plaider sa cause à l'Assemblée des femmes. Le poète lyrique Agathon lui paraît le mieux qualifié pour cela. Avec sa jolie figure rasée, son teint délicat, sa voix féminine, il pourra facilement se déguiser en femme, se glisser au Thesmophorion sans risquer d'être reconnu et prendre la défense d'Euripide. Celui-ci l'implore. Agathon refuse ses services.

Indigné de ce refus, un parent d'Euripide s'offre à remplir cette mission périlleuse. Vêtu d'une robe de femme qu'Agathon a bien voulu lui prêter, il se rend au congrès des femmes, où nous sommes transportés avec lui. On est au second jour de la fête qui, on le sait, durait trois jours. Le procès commence. Deux femmes particulièrement éloquentes prennent successivement la parole et demandent la peine de mort pour le coupable. Le parent répond à leurs violents réquisitoires; il s'attache à démontrer qu'Euripide n'a révélé qu'une part infime

des vices féminins et qu'il mérite les circonstances atté-
nuantes. Ses paroles éveillent aussitôt les soupçons des
femmes, et comme à ce moment-là le débauché Clisthènes dénonce la présence d'un homme à l'assemblée,
on examine les suspectes. Le parent est reconnu, désha-
billé, et mis sous bonne garde, tandis que Clisthènes
s'en va annoncer la chose aux Prytanes. Alors commence
la Parabase, dans laquelle les femmes se proclament
supérieures aux hommes.

Cependant le prisonnier attend l'arrivée d'Euripide,
auquel il a envoyé un message au moyen de tablettes,
imitant ainsi un héros du « Palamède », tragédie d'Euripide jouée en ~ 415. Comme cet expédient ne réussit pas,
il en essaie un autre, et il contrefait l' « Hélène » du même
poète. Celui-ci arrive alors sous les traits de Ménélas et
tous deux entament un dialogue qui est une parodie.

Mais l'arrivée d'un prytane les interrompt. L'archer,
sur l'ordre du prytane, attache le prisonnier à la cangue.
C'est l'occasion d'une nouvelle parodie. Apercevant
Euripide qui arrive sous les traits de Persée, le Parent
contrefait Andromède, cependant qu'Euripide contrefait successivement Echo et Persée. Mais voyant qu'il
n'y a pas moyen de distraire de sa surveillance le vigi-
lant archer, Euripide finit par faire aux femmes des
propositions de paix qui sont acceptées. Il s'engage à
ne plus dire du mal d'elles, si elles relâchent son parent.
Mais l'archer scythe ne veut rien savoir. Euripide en
est de nouveau réduit à se déguiser. Il arrive cette fois
accompagné d'une vieille femme et d'une petite danseuse dont les poses lascives ont vite raison de la vigilance du Scythe. Pendant qu'il s'occupe d'elle et l'emmène,
autorisé par Euripide, celui-ci se sauve avec son parent.

Ainsi se dénoue le plus naturellement du monde cette
comédie fort plaisante et cohérente d'un bout à l'autre,
et uniquement destinée à amuser le public aux dépens
de deux poètes coupables, l'un de médire constamment
des femmes, l'autre d'en prendre les mœurs efféminées.
C'est contre eux qu'Aristophane exerce cette fois, presque
exclusivement, sa verve satirique, laissant de côté toute
préoccupation politique et toute considération touchant
la paix dont il s'est toujours montré, si inlassablement,
l'âpre défenseur. Ce n'est pas que la situation soit meilleure que deux mois auparavant, au moment de la représentation de Lysistrata. Mais le poète s'est contenté
cette fois de donner au public athénien un simple diver-

tissement littéraire dont le mérite essentiel est dans la fantaisie caustique et la gaieté.

Cette pièce fut jouée aux grandes Dionysies, en ~ 411 (fin mars), sous l'archontat de Callias. On ignore le rang qu'elle obtint, et quels furent les rivaux du poète. Il semble toutefois qu'elle n'ait pas eu beaucoup de succès.

LES   THESMOPHORIES

PERSONNAGES

UN PARENT D'EURIPIDE.
EURIPIDE.
UN SERVITEUR D'AGATHON.
AGATHON.
CHŒUR.
UNE FEMME HÉRAUT.
LE CHŒUR DES FEMMES qui célèbrent les Thesmophories.
DEUX FEMMES.
CLISTHÈNE.
UN PRYTANE.
UN ARCHER SCYTHE.

La scène représente la maison d'Agathon d'un côté, le temple des Thesmophories de l'autre.

UN PARENT D'EURIPIDE, EURIPIDE

LE PARENT D'EURIPIDE *(suivant péniblement Euripide)*

O Zeus, verrai-je un jour paraître une hirondelle [114] ?
(A part) Cet homme me tuera en trottant çà et là depuis
l'aube! Puis-je, avant d'avoir fait complètement sauter
ma rate, te demander où tu me mènes, Euripide ?

EURIPIDE

Mais il n'est pas nécessaire que tu entendes ce que tu
vas voir tantôt.

LE PARENT

Comment dis-tu ? répète, explique; il n'est pas nécessaire que j'entende ?

EURIPIDE

Non, du moins ce que tu dois voir.

LE PARENT

Et il n'est pas nécessaire non plus que je voie ?

EURIPIDE

Non, du moins ce que tu dois entendre.

LE PARENT

Quel conseil me donnes-tu là ? Tu parles pourtant
habilement. Tu affirmes que je ne dois ni entendre ni
voir ?

EURIPIDE

Oui, car ce sont deux opérations distinctes par nature.

LE PARENT

Celle de ne pas entendre et de ne pas voir ?

EURIPIDE

Sache bien que oui.

LE PARENT

Comment, distinctes ?

EURIPIDE

Voici comment la distinction fut faite à l'origine :
lorsque tout d'abord l'éther se sépara du chaos et qu'il
fit naître en lui-même des animaux doués de mouvement,
pour les nécessités de la vue il fabriqua un œil réplique
exacte du disque du soleil, et pour l'ouïe il creusa une
trompe : les oreilles.

LE PARENT

A cause de cette trompe donc je ne dois ni entendre ni
voir ? Par Zeus, je suis bien aise d'entendre encore cela.
Ce que c'est, en vérité, que d'être avec des savants !

EURIPIDE

Tu en apprendras bien d'autres du même genre, à
mon école.

LE PARENT

Eh bien, comment pourrais-je trouver le moyen
d'apprendre encore à boiter des deux jambes [115] ? Ce
serait le comble du bonheur.

EURIPIDE

Viens ici et sois attentif.

LE PARENT

Ça y est.

EURIPIDE

Tu vois cette petite porte ?

LE PARENT

Oui, par Héraclès, je pense bien !

EURIPIDE

Tais-toi donc.

LE PARENT

Je tais la petite porte.

EURIPIDE

Écoute.

LE PARENT

J'écoute et je passe sous silence la petite porte.

EURIPIDE

Là-dedans habite l'illustre Agathon le poète tragique.

LE PARENT

Quel homme est-ce, cet Agathon ? Il existe un Agathon... serait-ce le noir, le fort ?

EURIPIDE

Non, un autre.

LE PARENT

Je ne l'ai jamais vu. Serait-ce celui qui porte une barbe... touffue ?

EURIPIDE

Tu ne l'as jamais vu ?

LE PARENT

Non, par Zeus, pas encore, du moins que je sache.

EURIPIDE

Tu l'as pourtant bien « chevauché ». Tu ne le sais pas peut-être ? Mais allons nous blottir loin d'ici, car voici sortir un de ses serviteurs avec du feu et des branches de myrte : il va sacrifier, semble-t-il, pour la réussite de la pièce.

LE SERVITEUR

Que toute la foule garde un silence religieux, bouche close; une troupe de Muses se trouve dans la demeure de mon maître, où elle compose un chant. Que le tranquille Ether retienne ses haleines, et que les flots glauques du large ne retentissent pas.

LE PARENT

Bombax!

EURIPIDE

Silence...! Que dit-il ?

LE SERVITEUR

... et que la race des volatiles succombe au sommeil, et que les pieds des bêtes sauvages qui courent dans les bois ne délient pas leurs liens.

LE PARENT

Bombalobombax!

LE SERVITEUR

Car le disert Agathon, notre maître, est sur le point de...

LE PARENT

De se faire enfiler ?

LE SERVITEUR

Qui a parlé ?

LE PARENT

Le tranquille Ether.

LE SERVITEUR

... de poser les pièces maîtresses d'un drame. Il courbe ses inflexions sur des jantes nouvelles; il tourne, il ajuste des vers, forge des sentences, désigne par antonomase, modèle avec de la cire, arrondit, déverse son métal.

LE PARENT

Et se prostitue.

LE SERVITEUR

Quel rustre approche de cette demeure ?

LE PARENT

Un homme prêt à vous enfoncer dans votre demeure, à toi et à ton noble versificateur, la verge bien arrondie et ramassée que voici, pour y déverser son métal!

LE SERVITEUR

Tu devais être à coup sûr un emporté dans ta jeunesse, ô vieillard!

EURIPIDE *(à son parent)*

Diantre d'homme, laisse ce drôle en paix. *(Au serviteur)* Toi, appelle-moi Agathon; qu'il vienne ici coûte que coûte.

LE SERVITEUR

Point de prières; lui-même va sortir bientôt, car il commence une composition lyrique. Comme on est en hiver, il n'est pas facile d'infléchir ses strophes si l'on ne s'en va pas dehors, au soleil.

LE PARENT

Que faut-il que je fasse, moi ?

LE SERVITEUR

Attends, il sort.

EURIPIDE *(à part)*

O Zeus, quel sort projettes-tu de me faire aujourd'hui ?

LE PARENT

Par les Dieux, je veux te demander à quoi rime tout
cela ? Pourquoi gémis-tu ? Pourquoi t'irrites-tu ? Tu ne
dois pas avoir de secret pour moi, toi, mon parent.

EURIPIDE

Il y a un grand malheur tout pétri d'avance pour moi.

LE PARENT

De quel genre ?

EURIPIDE

Ce jour même, il sera décidé si Euripide vit encore ou
s'il est mort.

LE PARENT

Et comment ? puisqu'il ne doit y avoir ces jours ci ni
séances de tribunaux ni séance du Sénat : c'est le jour
du milieu des Thesmophories [116].

EURIPIDE

C'est justement ce qui fait que je m'attends à mourir.
Les femmes ont tramé contre moi un complot et elles
doivent aujourd'hui dans le temple des Thesmophories
délibérer en assemblée plénière, pour me perdre.

LE PARENT

Pourquoi donc ?

EURIPIDE

Parce que je les mets en scène dans mes tragédies et
que je médis d'elles.

LE PARENT

Par Posidon, ce serait bien fait pour toi! Mais, j'y
pense, quel moyen as-tu de te tirer de là ?

EURIPIDE

C'est de persuader à Agathon, le poète tragique, spécialisé dans des répétitions générales, de pénétrer dans le temple des Thesmophories.

LE PARENT

Pour quoi faire ? dis-moi.

EURIPIDE

Pour participer à l'assemblée des femmes et y faire au besoin mon éloge.

LE PARENT

Ouvertement ou incognito ?

EURIPIDE

Incognito, habillé en femme.

LE PARENT

L'expédient est ingénieux et porte bien la marque de ton génie; car pour la ruse, à nous la palme!

EURIPIDE

Tais-toi.

LE PARENT

Qu'y a-t-il ?

EURIPIDE

Agathon sort.

LE PARENT

Où est-il ?

EURIPIDE

Où il est ? Le voici : on le fait sortir au moyen de la machine tournante.

LE PARENT

Suis-je aveugle ? Je ne vois pas un homme ici, je vois Cyrène [117].

EURIPIDE

Tais-toi, il se prépare à chanter.

LE PARENT

Des marches de fourmis [118], ou quelles notes grêles fait-il entendre ?

AGATHON

Recevez des Déesses infernales la torche sacrée, jeunes filles; et d'un cœur libre dansez en criant.

Le Chœur

En l'honneur de quel Dieu ce cômos ? Dis son nom. Je
me prête avec confiance pour honorer les Dieux. Allons,
muse, chantez le tireur à l'arc d'or, Phoibos qui éleva les
fortifications du pays dans la terre du Simoïs. Réjouis-toi
de ces chants si beaux, Phoibos, toi qui dans les compé-
titions d'art musical offres le lot sacré. Chantez aussi
la vierge des montagnes où poussent les chênes, Artémis
chasseresse.

Je suis, en invoquant l'auguste, l'heureuse fille de
Léto, Artémis à la couche sans tâche. Et Léto, et les
sons de la Lyre asiatique, dont la cadence accélère les
pas rythmés dans les rondes des Grâces phrygiennes. Je
vénère Léto souveraine, et la cithare mère des hymnes
réputées pour leurs mâles accents. Une flamme a jailli
de ses yeux de déesse et a passé soudain dans notre regard.
En reconnaissance de quoi fais honneur à Phoibos souverain. Salut, heureux fils de Léto !

Le Parent

Qu'il est suave, ce chant, Génétillides [119] souveraines !
Qu'il est efféminé, qu'il sent les baisers lascifs, les gros
baisers sur la bouche. Quand je l'écoutais, j'ai senti me
venir au derrière un chatouillement. Et toi, petit jeune
homme, si tu en es un, je veux t'interroger à la façon
d'Eschyle dans son Lycurgue [120] : « D'où sors-tu l'andro-
gyne ? Et quelle est ta patrie ? Quel est ce vêtement ?
Cette vie agitée ? Ce luth s'accorde-t-il avec ta robe
jaune ? Cette peau avec ce bandeau ? Et cette huile
d'athlète avec ce soutien-gorge ? Comme ça jure ensemble !
Et quoi de commun entre un miroir et une épée ? Et
même, mon petit, est-ce en homme qu'on t'élève ? Mais
où est ta queue ? Où ton manteau ? Où tes godillots laconiens ? Est-ce alors comme femme ? Mais où sont tes
tétons ? Que dis-tu ? Pourquoi ce silence ? Dois-je d'après
ton chant déceler ta nature, puisque toi-même tu te refuses
à t'expliquer ? »

Agathon

Vieillard, vieillard, j'ai entendu les calomnies de la
jalousie, mais je ne m'en suis pas montré affecté. Pour
moi, je porte un vêtement conforme à mon génie. Un
poète doit s'inspirer des sujets qu'il va traiter, et d'après
eux composer son personnage. Ainsi, compose-t-il des
pièces avec des rôles féminins ? Il doit mettre son corps
en conformité de manières.

LE PARENT

Tu enfourches donc un cheval quand tu composes
Phèdre ?

AGATHON

Si l'on compose des pièces avec des rôles d'hommes,
on a dans sa personne les caractéristiques du genre. Ce
que nous ne possédons pas, l'imitation nous aide à le
saisir.

LE PARENT

Eh bien, quand tu composeras des pièces à satyres, il
faudra m'appeler, afin que je collabore avec toi, par-
derrière, en érection.

AGATHON

C'est du reste répugnant à voir, un poète rustaud et
velu. Note bien que l'illustre Ybicos, Anacréon de Téos
et Alcée [121], qui ont pourtant donné à l'harmonie tout son
piquant, portaient le bandeau et vivaient en efféminés, à
l'ionienne. Et Phrynicos [122] — je t'en parle, car tu l'as
entendu — était beau de sa personne et habillait bien.
Voilà pourquoi ses drames aussi étaient beaux ; car, c'est
forcé, telles natures, telles œuvres.

LE PARENT

Voilà sans doute pourquoi Philoclès, qui est laid, produit des pièces laides, que Xénoclès qui est méchant en
produit de méchantes, et que Théognis, qui est froid en
fait de froides.

AGATHON

C'est fatal. Aussi, le sachant, je me suis moi-même
corrigé.

LE PARENT

Comment, au nom des dieux ?

EURIPIDE

Cesse d'aboyer. J'étais moi aussi comme lui, à son âge,
quand je débutais.

LE PARENT

Par Zeus, je ne suis pas jaloux de ton éducation.

EURIPIDE

Eh bien, laisse-moi te dire le motif qui m'amène.

LE PARENT

Dis.

EURIPIDE

L'homme habile, Agathon, peut faire en coupant court,
Des abrégés parfaits, au lieu de longs discours.

Je viens à toi en suppliant, frappé d'un malheur sans
précédent.

AGATHON

Qu'est-ce qu'il te faut ?

EURIPIDE

Les femmes se disposent à me perdre aujourd'hui,
aux Thesmophories, parce que je dis du mal d'elles.

AGATHON

En quoi donc pouvons-nous t'être utiles ?

EURIPIDE

En tout : si tu te faufiles en cachette parmi les femmes,
à leur insu, en te donnant pour une femme, et si tu me
mets hors de cause en faisant mon éloge, il est clair que
tu me sauveras. Tu es le seul à pouvoir parler d'une manière
digne de moi.

AGATHON

Avec ça, pourquoi ne vas-tu pas présenter toi-même ta
défense ?

EURIPIDE

Je vais te l'expliquer. D'abord, c'est que je suis connu ;
ensuite, je suis chenu et barbu, tandis que tu as une
belle tête, tu as le teint blanc, tu es bien rasé, tu as une
voix de femme, tu es mignon, gentil tout plein.

AGATHON

Euripide...

EURIPIDE

Qu'est-ce ?

AGATHON

Tu as écrit autrefois : « Tu te réjouis bien, toi, de voir
la lumière », « Et ton père, crois-tu qu'il n'en soit pas ravi ? »

EURIPIDE

Oui.

AGATHON

Ne crois donc pas que ce soit nous qui supportions
ton malheur. Ce serait folie de notre part. A toi de sup-

porter ton sort par tes propres moyens. Les revers, ce n'est pas par des artifices, mais par des sacrifices qu'il est juste de les supporter.

Le Parent

Toi, oui, vil prostitué, ce n'est pas en paroles, mais par des actes que tu es l'homme au cul béant.

Euripide

Et quelle peur as-tu d'y aller?

Agathon

J'y périrai plus misérablement que toi.

Euripide

Comment?

Agathon

Comment? En me donnant l'air d'usurper les pratiques nocturnes des femmes et d'enlever la Cypris féminine.

Le Parent

Voyez-moi ça, usurper? Par Zeus, c'est de te faire baiser, qu'il faut dire. Mais au fait, par Zeus, le prétexte a pour lui les apparences.

Euripide

Eh bien? Feras-tu comme je dis?

Agathon

N'en crois rien.

Euripide

O trois fois infortuné! Je suis perdu!

Le Parent

Euripide, mon très cher, mon parent, ne te trahis pas toi-même.

Euripide

Comment ferai-je alors?

Le Parent

Envoie cet homme au diable, prends-moi et fais de moi ce que tu voudras.

EURIPIDE

Eh bien donc, puisque tu te livres à moi, enlève ce manteau.

LE PARENT

Le voilà à terre, mais encore que feras-tu de moi ?

EURIPIDE

Je vais te raser tes poils et te brûler ceux de dessous.

LE PARENT

Fais donc s'il te plaît; ou je n'avais qu'à ne pas m'offrir, il y a un instant.

EURIPIDE

Agathon, toi qui portes toujours un rasoir sur toi, prête-nous-en un.

AGATHON

Prends toi-même, là-dedans, dans la boîte à rasoirs.

EURIPIDE

Tu es un brave. *(A son parent.)* Assieds-toi, enfle la joue droite.

LE PARENT

Aïe!

EURIPIDE

Pourquoi ces cris ? Je te mettrai un bâillon, si tu ne te tais pas.

LE PARENT

Aïe! Aïe! Aïe! Aïe! Aïe! *(Il prend la fuite.)*

EURIPIDE

Hé l'homme! où cours-tu ?

LE PARENT

Au temple des saintes déesses. Oui, par Déméter, car je ne resterai plus là sous ton couperet.

EURIPIDE

Mais ne feras-tu pas rire de toi, avec une moitié de la figure rasée ?

LE PARENT

Peu m'importe!

EURIPIDE

Ne va pas, au nom des dieux, me trahir. Viens ici.

LE PARENT

Infortuné que je suis!

EURIPIDE

Ne bouge pas et lève la tête. Où te tournes-tu ?

LE PARENT

Mu, mu.

EURIPIDE

Pourquoi ces « Mu, mu » ? Tout est fait comme il faut.

LE PARENT

Hélas! Infortuné! Je serai donc, à l'armée, un « poilu »...
imberbe [123].

EURIPIDE

Ne te mets pas martel en tête. Tu auras l'air distingué
comme tout. Veux-tu te regarder dans la glace ? *(Il lui
présente un miroir.)*

LE PARENT

Si tu veux, donne.

EURIPIDE

Est-ce bien toi ?

LE PARENT

Non, par Zeus, c'est Clisthènes [124] que je vois.

EURIPIDE

Lève-toi que je te brûle, et reste penché.

LE PARENT

Ah, malheur! Je vais devenir un petit cochon.

EURIPIDE

Qu'on m'apporte ici une torche ou une lampe.
Penche la tête : surveille le bout de la queue.

LE PARENT

J'y veillerai, par Zeus, mais tu me brûles. Ah! infortuné que je suis! De l'eau, de l'eau, voisins, avant que
mon périnée ne flambe à son tour.

EURIPIDE

Aie confiance.

LE PARENT

Quelle confiance veux-tu que j'aie, quand je suis la proie des flammes ?

EURIPIDE

Mais tu n'as plus à t'en faire ; tu en as fini avec le plus douloureux.

LE PARENT

Hou, hou quelle suie ! J'ai tout le derrière brûlé.

EURIPIDE

Ne te mets pas martel en tête ; Satyros y passera l'éponge.

LE PARENT

Il lui en cuira, pour le coup, s'il lave mon derrière.

EURIPIDE

Agathon, puisque tu refuses de te mettre à ma disposition, prête-nous du moins un manteau et un soutien-gorge pour cet homme ; tu ne diras pas que tu ne les as pas.

AGATHON

Prenez et servez-vous ; je ne refuse pas.

LE PARENT

Que dois-je donc prendre ?

EURIPIDE

Quoi ? Prends d'abord, puis revêts la robe jaune.

LE PARENT

Par Aphrodite, elle a une bien bonne odeur de petite queue. Ceins-la-moi vite. Allons, prends un soutien-gorge.

EURIPIDE

Voici.

LE PARENT

Arrange-moi autour des jambes.

EURIPIDE

Il faut une résille et un bonnet.

AGATHON

Non, voici un bandeau que je porte la nuit.

EURIPIDE

Bravo, par Zeus, c'est tout à fait ce qu'il faut.

LE PARENT

M'ira-t-il ?

EURIPIDE

Par Zeus, oui, et fort bien. Apporte-moi une petite jaquette. *(A Agathon.)*

AGATHON

Prends sur le petit lit.

EURIPIDE

Il faut des chaussures.

AGATHON

Voici les miennes.

LE PARENT

M'iront-elles ? Tu n'aimes guère les porter... larges.

AGATHON

Rends-toi compte. Mais — puisque tu as tout le nécessaire — qu'on me fasse rouler là-dedans au plus tôt.

EURIPIDE, LE PARENT

EURIPIDE

Nous avons là un homme et il a tout d'une femme, à le voir. S'il t'arrive de babiller, tâche de te faire une voix de femme persuasive à souhait.

LE PARENT

J'essaierai.

EURIPIDE

En route donc.

LE PARENT

Non, par Apollon, non, à moins, te dis-je, que tu ne me jures.

EURIPIDE

Quoi ?

LE PARENT

De m'aider à me sauver par tous les moyens si quelque malheur s'abat sur moi.

EURIPIDE

Je jure par l'Ether, maison de Zeus.

LE PARENT

Pourquoi ainsi. plutôt que par la maison d'Hypocrate ?

EURIPIDE

Je jure par tous les Dieux sans exception.

LE PARENT

Rappelle-toi donc ceci, c'est que : « L'esprit seul a juré, mais la langue, elle, point » « et je ne l'ai pas, moi, liée par un serment. »

EURIPIDE

Allons, fais vite; car voici le signal du congrès dans le Thesmophorion; moi, je me retire.

LE PARENT *(habillé en femme, et suivi de sa servante)*

Ici donc, Thratta, suis-moi. Thratta, regarde quelle cohue monte sous l'épaisse fumée des torches allumées. Mais, ô toutes les belles Thesmophores, laissez-moi, sous d'heureux auspices, entrer ici, puis retourner à la maison.

Thratta, dépose ta corbeille, retires-en la galette pour que je l'offre aux deux déesses. Maîtresse très honorée, chère Déméter, et toi Perséphone, accorde-moi de pouvoir souvent encore t'offrir des sacrifices et chaque fois, ou du moins maintenant, passer inaperçu. Fais que ma fille au « beau sexe de truie » trouve un mari riche et par ailleurs inepte, stupide, et qu'en outre ma petite queue ait de l'esprit et du tempérament. Où, où m'asseoir à une bonne place d'où je puisse bien entendre les orateurs ? Toi, va-t'en, Thratta, sors d'ici. Il n'est pas permis aux esclaves d'entendre ce qui se dit.

UNE FEMME HERAUT, CHŒUR DE FEMMES, LE PARENT

UNE FEMME HÉRAUT

Silence! Silence! Priez les Thesmophores, et Ploutos et Calligénie, et la Protectrice de la Jeunesse, Hermès et les Grâces, de faire que cette Assemblée et les congrès qui se tiennent en ce moment aient les plus beaux, les plus heureux résultats, soient une source d'avantages pour la cité d'Athènes et de prospérité pour nous-mêmes. Que celle qui, par ses actes et par ses paroles, aura le mieux mérité du peuple d'Athènes et de celui des femmes, que celle-là ait la victoire. Faites ces vœux et demandez aussi pour vous la prospérité. Iè Péan! iè Péan! iè Péan! Réjouissons-nous.

LE CHŒUR

Nous acceptons, et nous supplions la race des Dieux de faire voir qu'ils se réjouissent de ces prières. Zeus au grand renom, et toi, dieu à la lyre d'or [125], toi qui résides dans l'île sacrée de Délos, et toi, Vierge [126] toute-puissante, aux yeux bleus, à la lance d'or, qui habites une cité tant disputée, viens ici; et toi, qu'on honore sous plusieurs noms [127], destructrice des bêtes féroces, rejeton de Léto aux yeux d'or, et toi auguste Posidon des mers, roi des flots, quitte l'abîme poissonneux où les tempêtes font rage; et vous filles de Nérée divinité marine, et vous nymphes qui errez sur les montagnes. Puisse une phorminx d'or retentir avec nos prières, et puissions-nous tenir une Assemblée parfaite en nobles femmes d'Athènes.

LA FEMME HÉRAUT

Priez les Dieux olympiens et les déesses olympiennes, et les Dieux pythiens et les déesses Pythiennes, les Dieux Déliens et les déesses Déliennes, et toutes les autres divinités.

Si quelqu'un médite quelque mauvais coup contre le peuple des femmes, ou fait des propositions de paix à Euripide et aux Mèdes pour nuire aux femmes, ou s'il convoite la tyrannie, ou aide au retour du tyran, ou accuse une femme qui fait passer pour sien un enfant supposé; si une esclave, après avoir secondé les penchants de sa maîtresse, la dénonce à son maître, ou si, chargée de quelque message, elle apporte de fausses nouvelles; si un séducteur abuse d'une femme par des promesses fallacieuses, quitte à n'en tenir aucune; si une vieille femme fait des largesses à un adultère; si une maîtresse trahit son amant pour de l'argent; si un cabaretier ou une cabaretière falsifie la mesure du conge ou des cotyles, demandez qu'ils périssent misérablement, eux, avec leur famille, et pour vous autres toutes, priez les Dieux de vous combler de prospérités.

LE CHŒUR

Nous prions avec toi afin que pour la cité comme pour le peuple ces vœux s'accomplissent entièrement, de même que pour celles qui auront le mieux parlé et mérité la victoire. Mais toutes celles qui trompent et enfreignent les serments prêtés par désir du gain, pour nuire, ou qui cherchent à renouveler les décrets et la loi, livrent nos secrets à nos ennemis, ou poussent les Mèdes à attaquer le pays pour le mettre à mal, celles-là sont toutes coupables envers les Dieux et la Cité. Mais, ô Zeus tout-puissant, puisses-tu ratifier nos vœux de façon que les Dieux nous assistent, toutes femmes que nous sommes.

La Femme Héraut

Écoutez toutes. — Voici ce qu'a décidé le conseil des femmes, sous la présidence de Timocleia, Lysilla étant secrétaire, et Sostrata orateur : « On tiendra une Assemblée, dès l'aube, le jour du milieu des Thesmophories, où nous avons le plus de loisirs; on s'occupera en premier de l'affaire d'Euripide, et de la peine à infliger à cet homme-là; car nous sommes unanimes à trouver indigne sa conduite. Qui demande la parole ? »

Une Première Femme

Moi.

La Femme Héraut

Ceins-toi donc cette couronne avant de parler.

Le Chœur

Tais-toi; fais silence; prête ton attention. — Elle crache déjà, comme font précisément les orateurs. Elle en a long à dire, semble-t-il.

La Première Femme

Ce n'est nullement par ambition, j'en atteste les deux Déesses, que je me suis levée pour parler, femmes; non, mais j'éprouve un lourd chagrin, je suis malheureuse, depuis fort longtemps déjà, de nous voir couvrir de boue par Euripide, le fils de la marchande de légumes, et d'entendre mille injures de toutes sortes. Car de quelles grossièretés ne nous accable-t-il pas ? Où ne nous a-t-il pas calomniées, pourvu qu'il y ait, en si petit nombre que ce soit, des spectateurs, des tragédiens et des chœurs, nous « les galantes, les coureuses de mâles, les buveuses de vin, les traîtresses, les radoteuses, les pourritures, les grands fléaux des maris », si bien qu'à peine rentrés du Théâtre,

ils nous regardent par-dessous, et s'empressent de voir
s'il n'y a pas à la maison quelque amant caché. Rien de
ce que nous faisions auparavant ne nous est plus permis
tant cet homme a appris de vilenies à nos maris. Une
femme tresse-t-elle une couronne ? Elle passe pour avoir
un amant; fait-elle tomber un objet en courant par
l'appartement, son mari demande : « Pour qui le vase est-
il brisé ? Il ne se peut que ce ne soit pas pour l'hôte de
Corinthe [128]. » Une jeune fille souffre-t-elle ? Son frère
aussitôt déclame : « Je n'aime pas ce teint chez une jeune
fille. » Bon. Une femme sans enfants veut-elle en supposer
un ? Cela encore elle ne peut le cacher, car les maris sont
toujours fourrés près d'elles. Auprès des vieillards aussi,
qui autrefois épousaient les toutes jeunes, il nous a
calomniées, au point que pas un ne veut prendre femme,
à cause de ce vers-ci : « La femme est un tyran pour un
vieux qui l'épouse [129]. »

C'est encore à cause de lui qu'on appose à présent des
cachets aux appartements des femmes, et des verrous,
pour nous surveiller, et que de plus on élève des chiens
molosses, épouvantails pour les amants. Cela est pardon-
nable. Mais ce qui incombait à nous-mêmes autrefois :
régler les dépenses et prendre à volonté farine, huile, vin,
cela non plus, ne nous est plus permis. Nos maris maintenant portent sur eux de petites clés secrètes, ce qu'il y
a de plus méchant, des espèces de clés laconiennes, à
trois dents. Auparavant nous pouvions au moins ouvrir
secrètement la porte, en nous faisant faire un petit anneau
pour trois oboles; mais maintenant Euripide, ce fléau de
nos familles, leur a appris l'usage de petits cachets vermoulus [130] qu'ils gardent attachés sur eux. Mon avis donc
maintenant est que nous machinions sa perte d'une façon
quelconque, soit avec les poisons, soit par n'importe
quel moyen, afin qu'il meure.

Voilà ce que je déclare au grand jour; le reste, en colla-
boration avec la secrétaire, je le mettrai par écrit.

LE CHŒUR

Jamais encore je n'ai entendu femme plus retorse ni
plus habile à parler. Tout ce qu'elle dit est juste; elle a
examiné à fond tous les concepts, tout pesé dans son
âme, et avec sagacité elle a découvert des arguments
variés, fait de bonnes trouvailles. En sorte que si Xénoclès,
le fils de Carcinos, prenait la parole, vous trouveriez toutes,
j'imagine, qu'à côté d'elle il radote.

Une Deuxième Femme

C'est pour dire juste quelques mots que je monte moi aussi à la tribune. Pour les accusations d'ordre général, elle-même les a bien présentées. Ce sont mes griefs personnels que je veux vous exposer. Mon mari est mort à Chypre, laissant cinq enfants en bas âge, que j'élevais péniblement en tressant des couronnes sur le marché aux myrtes. Jusque-là, tant bien que mal il est vrai, je gagnais du moins ma vie, mais malheureusement cet homme travaillant dans les tragédies, a persuadé aux hommes qu'il n'y a pas de Dieux; si bien que nous vendons moitié moins qu'avant. A présent donc, je vous conseille à toutes et déclare de punir cet homme pour bien des raisons. Il nous fait une guerre sauvage, élevé qu'il fût lui-même parmi les plantes sauvages. Mais je m'en vais au marché; car il me faut tresser pour des hommes vingt couronnes [131] sur commande.

Le Chœur

Voilà qui nous a révélé une autre volonté en termes encore plus ingénieux que tout à l'heure. Quel langage! quel à-propos! car elle a du cœur et un esprit retors. Rien d'inintelligible, tout est convaincant. Il faut pour ces outrages tirer de cet homme une vengeance éclatante.

Le Parent

S'irriter vigoureusement contre Euripide, après avoir appris de telles vilenies, n'est pas chose étonnante, pas plus que d'avoir la bile en effervescence. Moi-même — aussi vrai que je souhaite d'avoir le bonheur de vivre avec mes enfants — j'exècre cet homme, à moins d'avoir perdu le sens. Cependant, entre nous, il faut nous entendre; nous sommes seules et il n'y aura pas la moindre fuite. Qu'avons-nous à l'accuser ainsi et à tant lui en vouloir d'avoir parlé de deux ou trois de nos forfaits, sachant fort bien que nous en commettons des milliers? Moi, personnellement, en premier lieu, pour ne pas parler d'une autre, j'ai conscience d'avoir bien des méfaits à mon actif. Celui-ci, par exemple, fameux entre tous : j'étais mariée depuis trois jours, mon mari à mes côtés dormait. Or, j'avais un ami qui m'avait pris ma fleur, à sept ans; me désirant, il vient gratter à ma porte; je le reconnais aussitôt. Je saute du lit en cachette. Mon mari me demande : « Où descends-tu ? Où ? » « J'ai la colique, mon mari, et je souffre. » Je m'en vais donc aux cabinets — « Va donc », et pendant qu'il broyait pour moi des fruits du cèdre, de l'aneth et de la sauge, moi, ayant versé de l'eau sur le gond [132], je sortis et rejoignis mon amant, puis je m'appuyais près du petit autel du coin, le corps penché, les mains accrochées au laurier [133]. Cela jamais, voyez-vous, Euripide ne l'a dit. Comment aussi nous nous faisons travailler par nos esclaves et nos muletiers, à défaut d'autre chose, il ne le dit pas; ni comment après une nuit de débauche passée dans les bras de quelqu'un, à l'aube nous écrasons de l'ail pour que notre mari, en nous flairant quand il rentre des remparts, ne soupçonne rien de mal. Cela, vois-tu, jamais il ne l'a dit. S'il maltraite Phèdre, que vous importe? Il n'a pas non plus révélé le coup de la femme qui, montrant à son mari son manteau « si beau à voir, au soleil », put faire évader bien habillé son amant; non, il ne l'a pas dit encore. Je connais, moi, un autre cas, celui d'une femme qui prétendit avoir des douleurs durant dix jours, jusqu'au moment où elle acheta un petit enfant. Son mari faisait le tour de la ville pour acheter de quoi hâter l'accouchement; une vieille femme apporta dans une marmite le petit enfant, bourré de miel pour qu'il ne criât pas. Puis, sur un signe de la porteuse, de crier aussitôt: « Va-t'en, va-t'en; cette fois, mon mari, je crois que je vais accoucher. » Car le petit avait donné du pied dans la panse de la marmite. Le mari tout content se retire; elle débarrasse la bouche de l'enfant, court avec le sourire vers le père et lui dit : « C'est un lion, un lion, qui t'est né; c'est ton portrait; il te ressemble en tout, et sa petite queue en particulier, tout comme la tienne, est arrondie en cône de pin. » Ne commettons-nous pas ces forfaits? Oui, par Artémis, c'est bien de nous. Et après cela, nous nous en prenons à Euripide, dont nous recevons moins de mal que nous n'en faisons nous-mêmes.

LE CHŒUR

Voilà qui est étonnant. Où a-t-on déniché ce numéro-là? Quel pays a nourri une telle effrontée? Parler de la sorte en public, avec cette impudence, je n'aurais pas cru que la coquine l'osât jamais devant nous. Mais tout est possible maintenant. J'approuve le vieux proverbe : « Sous chaque pierre, méfiez-vous, il y a, prêt à mordre... un orateur [134]. »

LE CORYPHÉE

Il n'y a rien de pire en tout que les femmes, impudentes par nature, si ce n'est toutefois... les femmes [135].

La Première Femme

Non, certes, par l'Aglauros [136], ô femmes, vous n'avez pas tout votre bon sens, mais vous êtes ensorcelées ou victimes de quelque autre grand mal, quand vous permettez à cette femme de malheur de nous outrager si grossièrement, toutes sans exception. S'il y a donc quelqu'un... sinon nous-mêmes avec nos petites esclaves nous prendrons quelque part la cendre et lui épilerons les parties pour lui apprendre à éviter, à l'avenir, de médire des femmes étant femme.

Le Parent

Non, pas les parties, ô femmes! Est-ce donc une raison, si avec la franchise et la liberté de langage permises à toutes les citoyennes qui sommes ici, j'ai dit en faveur d'Euripide ce qui, à ma connaissance, était juste, est-ce une raison pour qu'il me faille être épilée par vous, en manière de punition ?

Une Femme

Il ne faut donc pas que tu sois punie ? toi qui seule as assumé la défense d'un homme qui nous a fait mille misères, trouvant à dessein des sujets où il y avait une femme perverse, représentant des Mélanippes et des Phèdres, tandis qu'il n'a jamais mis en scène une Pénélope, parce qu'on la tenait pour une femme vertueuse ?

Le Parent

J'en sais la raison. Il n'y en a pas une seule, parmi les femmes d'aujourd'hui, que l'on pourrait appeler Pénélope : elles sont toutes des Phèdres, toutes sans exception.

La Première Femme

Femmes, écoutez ce qu'elle a dit de nous toutes, la scélérate, une fois de plus.

Le Parent

Par Zeus, je n'ai pas encore dit tout ce que je sais. Voulez-vous que j'en dise davantage ?

La Première Femme

Mais tu ne pourrais plus, tout ce que tu sais tu l'as déversé.

Le Parent

Non, par Zeus, pas encore la dix-millième partie de ce

que nous faisons. Il y a ceci, vois-tu, que je n'ai pas dit :
c'est que nous, nous pompons du vin avec des strigiles.

LA PREMIÈRE FEMME

Puisses-tu être foulée aux pieds.

LE PARENT

Et que nous donnons à nos entraîneuses les viandes
rapportées des Apaturies [137], et accusons ensuite la belette...

LA PREMIÈRE FEMME

Malheur à moi! Tu divagues.

LE PARENT

Ni qu'une autre a assommé son mari avec la hache,
je ne l'ai pas dit; ni qu'une autre avec des philtres a rendu
fou son mari ni que sous la baignoire un jour...

LA PREMIÈRE FEMME

Puisses-tu être anéantie!

LE PARENT

... Une Acharnienne enfouit son père.

LA PREMIÈRE FEMME

Peut-on supporter d'entendre de pareilles choses ?

LE PARENT

Ni que, ta servante ayant accouché d'un garçon, tu
t'emparas de celui-ci et tu lui présentas, à elle, ta petite
fille.

LA PREMIÈRE FEMME

Non vraiment, par les deux déesses, tu n'auras pas parlé
ainsi gratuitement : je t'arracherai la toison.

LE PARENT

Ah, mais non, par Zeus, tu ne me toucheras pas.

LA PREMIÈRE FEMME

Eh bien, voici.

LE PARENT

Eh bien, voici.

LA PREMIÈRE FEMME

Prends son manteau, Philistra.

Le Parent

Touche seulement, et par Artémis, je te...

La Première Femme

Que feras-tu ?

Le Parent

Le gâteau de Sésame que tu as mangé, je te le ferai lâcher sous toi.

Le Chœur

Cessez de vous outrager. Car voici une femme qui accourt vers nous à toute vitesse. Avant donc qu'elle soit avec nous, faites silence afin que nous entendions convenablement ce qu'elle dira.

Clisthène

Chères femmes, aux mœurs semblables aux miennes, que j'ai de l'amitié pour vous, mes joues sont une preuve éclatante. Les femmes en effet, c'est ma folle passion, et je suis votre protecteur, toujours. En ce moment-ci, précisément, comme je viens d'apprendre sur votre compte une affaire importante qui faisait tantôt sur l'Agora l'objet de bavardages, je viens vous l'exposer et vous prévenir de bien vous tenir sur vos gardes, afin qu'il ne vous tombe encore sur la tête, sans que vous vous y attendiez, une affaire d'une exceptionnelle gravité.

Le Coryphée

Qu'est-ce donc, mon petit ? Car il est juste que je t'appelle mon petit tant que tu auras ainsi les joues rasées.

Clisthène

On dit qu'Euripide a fait venir ici même un de ses parents, un vieillard, aujourd'hui.

Le Coryphée

Quoi faire, et dans quel dessein ?

Clisthène

Pour que cet homme, dans toutes vos délibérations et quoi que vous décidiez, épie vos paroles.

Le Coryphée

Mais comment ne s'est-on pas aperçu, au milieu des femmes, que c'est un homme ?

CLISTHÈNE

Euripide lui a brûlé et arraché les poils, et l'a complètement déguisé en femme.

LE PARENT

Croyez-vous cela ? Quel est l'homme assez fou pour s'être laissé épiler ? Je ne le crois pas, moi, ô très vénérables déesses !

CLISTHÈNE

Tu dis des sornettes. Je ne serais pas venu le dénoncer si je ne tenais cela de gens bien informés.

LE CORYPHÉE

C'est une terrible nouvelle que cette affaire-là. Femmes, il ne faut pas rester clouées sur place, mais épier l'homme et chercher où il se tient caché sans que nous l'ayons vu. Aide-nous toi aussi à le trouver, afin que nous soyons une fois de plus tes obligées, toi notre défenseur.

CLISTHÈNE

Voyons, qui es-tu, toi, pour commencer ?

LE PARENT (à part)

De quel côté se tourner ?

CLISTHÈNE

... car il faut qu'on vous inspecte.

LE PARENT

C'est jouer de malheur !

LA PREMIÈRE FEMME

Tu me demandais qui je suis ? Je suis la femme de Cléonymos.

CLISTHÈNE

Savez-vous qui est cette femme-ci ?

LE CORYPHÉE

Bien sûr, nous le savons, inspecte les autres.

CLISTHÈNE

Celle-ci, qui est-elle, celle qui porte le petit enfant ?

LA PREMIÈRE FEMME

Ma nourrice, par Zeus.

LE PARENT

C'en est fait de moi!

CLISTHÈNE

Hé, toi, où vas-tu ? reste là! où as-tu mal ?

LE PARENT

Laisse-moi pisser; tu es un impudent.

CLISTHÈNE

Fais donc. Je t'attendrai ici.

LE CORYPHÉE

Oui, attends, et observe-la bien. Car c'est la seule, l'ami, que nous ne connaissions pas.

CLISTHÈNE

Tu pisses bien longtemps, toi.

LE PARENT

Oui, par Zeus, mon bon, car j'ai de la rétention; j'ai mangé hier du cresson.

CLISTHÈNE

Que me chantes-tu avec ton cresson ? Vas-tu venir ici vers moi ?

LE PARENT

Pourquoi donc me tires-tu, faible comme je suis ?

CLISTHÈNE

Dis-moi, quel est ton mari ?

LE PARENT

Tu me demandes quel est mon mari ? c'est... tu.sais... machin du dème de Cothocidès...

CLISTHÈNE

Machin ? Qui ça ?

LE PARENT

C'est Machin, qui autrefois justement chez Machin, fils de Machin...

CLISTHÈNE

Tu radotes, il me semble. Es-tu déjà venue ici, aupa-ravant ?

LE PARENT

Oui, par Zeus, tous les ans.

CLISTHÈNE

Et quelle est ta camarade de tente ?

LE PARENT

C'est une telle... Hélas! infortuné!

CLISTHÈNE

Tu ne dis rien qui vaille.

LA PREMIÈRE FEMME *(à Clisthène)*

Va-t'en. C'est moi qui la questionnerai selon les règles, sur les cérémonies sacrées de l'an passé. Toi, tiens-toi à l'écart pour ne pas entendre, car tu es homme. Et toi *(au parent)* dis-moi quelle est parmi les cérémonies sacrées celle qui nous a été révélée la première ?

LE PARENT

Voyons, laquelle au fait fut la première ? Nous bûmes.

LA PREMIÈRE FEMME

Et la deuxième, après celle-là ?

LE PARENT

Nous bûmes à la santé.

LA PREMIÈRE FEMME

Quelqu'un te l'a dit. Et la troisième ?

LE PARENT

Xénilla demanda une cuvette, car il n'y avait pas de pot de chambre.

LA PREMIÈRE FEMME

C'est ne rien dire. Ici, viens ici, Clisthène; voici l'homme dont tu parles.

CLISTHÈNE

Que faut-il donc que je fasse ?

LA PREMIÈRE FEMME

Déshabille-le; il ne dit rien de bon.

LE PARENT

Et avec ça vous allez déshabiller une mère de neuf enfants ?

CLISTHÈNE

Défais vite ce soutien-gorge, effronté que tu es.

LA PREMIÈRE FEMME

Comme elle paraît robuste et forte! Mais, par Zeus, elle n'a pas de tétons comme nous.

LE PARENT

C'est que je suis stérile et ne fus jamais grosse.

LA PREMIÈRE FEMME

Oui, à présent! Mais tantôt tu étais mère de neuf enfants.

CLISTHÈNE

Tiens-toi droit. Où refoules-tu ta verge en bas ?

LA PREMIÈRE FEMME

La voici qui dépasse du bout; elle a bon teint, fripouille!

CLISTHÈNE

Et où est-elle ?

LA PREMIÈRE FEMME

La voilà de nouveau en avant.

CLISTHÈNE

Non, pas de ce côté-ci.

LA PREMIÈRE FEMME

Mais c'est que la voici de nouveau ici.

CLISTHÈNE

C'est un isthme en quelque sorte, que tu as, l'homme. Tu fais faire à ton membre la navette, plus souvent que les Corinthiens [138].

LA PREMIÈRE FEMME

Oh! le misérable! C'est pour défendre Euripide qu'il nous couvrait d'injures.

LE PARENT

Voilà bien ma déveine! Dans quels tracas me suis-je précipité.

LA PREMIÈRE FEMME

Voyons, que faut-il que nous fassions ?

CLISTHÈNE

Surveillez-le bien de manière qu'il ne s'évade pas. Moi je vais informer les Prytanes de cette affaire.

LE CHŒUR

Nous devons donc nous, après cela, allumer maintenant nos lampes, bien nous ceindre virilement, et, débarrassées de nos manteaux, chercher si quelque autre homme ne s'est pas introduit ici, parcourir toute la Pnyx, explorer toutes les tentes et toutes les avenues. Sus donc, il faut nous élancer tout d'abord d'un pied léger et scruter en silence partout. Seulement il ne faut pas différer. Ce n'est pas le moment d'hésiter. Il faudrait au contraire commencer notre ronde au plus vite, à l'instant. Allons courage, suis à la piste et explore rapidement tout, pour voir si quelque autre ne se tient pas caché en ces lieux à notre insu. Porte les yeux de tous côtés, ici et là, inspecte bien ; s'il a commis des impiétés à mon insu, il sera puni et de plus il sera pour le reste des hommes un exemple de ce que peuvent la violence, l'injustice, l'impiété. Il reconnaîtra publiquement qu'il y a des dieux et apprendra à tous les humains à honorer les divinités, à s'acquitter avec justice des pratiques religieuses conformes aux lois, ne songeant qu'à faire ce qui est bien. Et s'ils ne font pas comme je dis, voici ce qui se produira : Quiconque d'entre eux sera surpris commettant un sacrilège, enflammé de fureur, fou de rage, il prouvera clairement à tous, par chacun de ses actes, aux hommes comme aux femmes, que l'iniquité et l'impiété subissent, séance tenante, le châtiment de Dieu.

LE CORYPHÉE

Mais tout semble avoir été examiné en règle. Ce qu'il y a de sûr, c'est que nous ne voyons plus personne d'autre caché ici.

LA PREMIÈRE FEMME
(au parent qui lui a pris son enfant)

Hé, où fuis-tu, toi ? Hé! l'homme! hé! arrête! Infortunée que je suis, infortunée! il s'enfuit avec mon petit qu'il a arraché de mon sein.

Le Parent

Tu peux crier. Tu ne lui donneras jamais la becquée, à moins que vous ne me relâchiez. En ce lieu, sur les victimes, frappé de ce couteau, ses veines rouges ouvertes, il versera son sang sur l'autel.

La Première Femme

Infortunée que je suis! Femmes, ne viendrez-vous pas à mon secours? Ne proclamerez-vous pas à grands cris ma victoire? Ou me laisserez-vous privée de mon unique enfant?

Le Chœur

Hélas! Hélas! Augustes Parques, quel nouveau forfait frappe ma vue? Il n'y a plus qu'audace et impudence. Ce qu'il a fait encore! Ce qu'il fait! Amies, voyez-vous ça?

Le Parent

Comme je vais réprimer votre excessive arrogance!

Le Chœur

N'est-ce pas une chose monstrueuse et qui dépasse la mesure?

La Première Femme

C'est monstrueux en vérité, de m'avoir arraché mon petit.

Le Chœur

Que dire de plus, quand il n'a pas honte de pareils actes?

Le Parent

Et je n'ai pas encore fini.

La Première Femme

Ce qu'il y a de sûr c'est que tu ne reviendras pas aux lieux d'où tu es parti et tu ne t'évaderas pas facilement d'ici pour te vanter d'avoir pris la fuite après un tel acte, mais tu seras châtié.

Le Parent

Puisse cela ne pas arriver : je le conjure.

Le Chœur

Qui donc, qui des dieux immortels viendra à ton aide quand tu commets des injustices?

Le Parent

Vous radotez inutilement : je ne lâcherai pas cette petite.

Le Chœur

Mais par les deux déesses, peut-être n'auras-tu pas tout à l'heure à te réjouir de nous insulter et de tenir un langage impie. Nous te rendrons mal pour mal, comme il est naturel. La fortune devient vite contraire et se comporte différemment.

Le Coryphée *(au chœur)*

Allons, il aurait fallu avec ces femmes apporter du bois, brûler ce gredin et le consumer par le feu au plus vite.

La Première Femme

Allons chercher des sarments, Mania. *(Au parent.)* Je veux faire de toi un tison aujourd'hui.

Le Parent

Mets le feu, brûle. Toi, enlève vite ton vêtement crétois. Et de ta mort, mon petit, n'accuse qu'une femme : ta mère. Qu'est-ce que c'est ? *(Il déshabille l'enfant.)* Voici la petite fille changée en outre pleine de vin et avec cela portant des persiques ! O femmes si embrasées, pochardes accomplies, qui vous ingéniez à user de tout pour boire, ô vous la providence des cabaretiers, et notre ruine à nous, ruine aussi du mobilier et du tissu.

La Première Femme

Apporte beaucoup de fascines, Mania.

Le Parent

C'est ça, apporte, mais toi réponds-moi : prétends-tu avoir mis au monde ceci ?

La Première Femme

Oui, et je l'ai porté dix mois.

Le Parent

Tu l'as porté, toi ?

La Première Femme

Oui, par Artémis.

LE PARENT *(montrant l'outre)*

Trois colytes ou combien, dis-moi, sa contenance!

LA PREMIÈRE FEMME

Que m'as-tu fait ? Tu m'as déshabillée, mon petit enfant, mon tout petit, effronté!

LE PARENT

Tout petit ? Petit, par Zeus. Quel âge a-t-il ? Trois conges ou quatre ?

LA PREMIÈRE FEMME

C'est à peu près ça, plus le temps écoulé depuis les Dionysies. Mais rends-le-moi.

LE PARENT

Non, par Apollon ici présent.

LA PREMIÈRE FEMME

En conséquence nous te brûlerons.

LE PARENT

C'est bien ça : brûlez, mais je l'égorge tout de suite.

LA PREMIÈRE FEMME

N'en fais rien, je t'en supplie. Fais plutôt de moi ce que tu voudras, mais qu'il soit épargné.

LE PARENT

Tu es une mère dévouée par nature. Mais elle n'en sera pas moins égorgée. *(Il éventre l'outre.)*

LA PREMIÈRE FEMME

Ah! mon enfant! Mania, passe-moi la cuvette, pour que je recueille au moins le sang de mon enfant.

LE PARENT

Mets-le dessous. Je veux bien t'accorder cette faveur, rien que celle-là.

LA PREMIÈRE FEMME

La peste de toi! Comme tu es envieux et malveillant! Cette peau est pour la prêtresse.

LA DEUXIÈME FEMME
Qu'est-ce qui est pour la prêtresse ?

LE PARENT
Prends ceci. *(Il jette la robe qui couvre l'outre.)*

LA FEMME HÉRAUT
Infortunée Mica, qui t'a pris ta virginité ? *(A la première femme.)* Qui a vidé ta chère enfant ?

LA PREMIÈRE FEMME
Cette canaille-là. Mais puisque te voilà ici, aie l'œil sur lui, pour que j'aille avec Clisthène dénoncer aux prytanes ses forfaits.

LE PARENT
— Voyons, quel moyen aurai-je de me sauver ? Quelle tentative ? Quel stratagème ? Le responsable, celui qui m'a précipité dans ces difficultés, ne se montre pas encore. Voyons, quel messager pourrais-je lui envoyer ? Ah! voilà. Je connais un expédient, c'est celui du « Palamède ». Comme celui-là, j'écrirai sur des rames que je jetterai à l'eau. Mais les rames ne sont pas là. Où pourrais-je m'en procurer ? Où, où ? Mais quoi ? Si j'écrivais sur ces planchettes en guise de rames et les jetais à tous les vents ? Ce serait bien mieux. Elles sont bien en bois. Celles-ci, comme celles-là ?

O mes mains, c'est le moment de se mettre à l'œuvre pour me sortir de là. Allons, tablettes de planches polies, recevez les empreintes de mon ciseau, confidentes de mes ennuis. Zut, voilà un R bien laborieux... ça marche, poursuis, mais quel trait! Allez maintenant, allez vite par tous les chemins, par là, par ici, et vivement. *(Il jette les tablettes et va s'asseoir pour attendre Euripide.)*

LE CHŒUR
Et maintenant chantons nos propres louanges en exécutant la parabase. Certes, chacun dit pis que pendre de la race des femmes : « Nous sommes le grand fléau des hommes; tout vient de nous, procès, querelles, rébellions terribles, chagrin, guerre. Mais voyons, si nous sommes un fléau, pourquoi nous épousez-vous si nous sommes en vérité un fléau ? Pourquoi ne nous laissez-vous ni sortir ni pencher la tête dehors, et pourquoi déployez-vous tant de zèle à garder le fléau ? S'il arrive que votre petite femme

soit sortie et que vous la trouviez dehors, vous êtes fous
furieux, tandis que vous devriez faire des libations et
vous réjouir si vraiment vous estimez que le fléau a
décampé et si vous ne l'avez pas trouvé à la maison.
Nous arrive-t-il, lasses de plaisirs, de nous endormir
chez d'autres ? Voici chacun à la recherche de cette peste,
de lit en lit.. Nous penchons-nous à la fenêtre ? Il cherche
à se remplir la vue de ce fléau et si par pudeur il se retire,
on n'en désire que plus de le voir, le fléau, de nouveau,
tant il est clair que nous valons bien mieux que vous.
On peut s'en rendre compte. Débattons à savoir quels
sont les pires. Nous disons que c'est vous, vous dites
que c'est nous. Procédons à une confrontation en compa-
rant chaque nom de femme et chaque nom d'homme.
Nausimachè [139] est supérieure à Charminos : les faits sont
là. Et Cléophon est inférieur sur toute la ligne à Salabaccho. Depuis longtemps personne, parmi nous, n'essaie
de se mesurer à Aristomachè la Marathonienne, ni à
Stratoniké. Et y a-t-il bouleute de l'an passé, ayant trans-
mis ses fonctions à un autre, qui l'emporte sur Euboulè ?
Cela, ma foi, pas même Anytos [140], ne le soutiendra. Ainsi,
nous flattons-nous de valoir beaucoup mieux que les
hommes. Une femme ne saurait pas non plus s'en aller
en ville, avec un attelage de deux chevaux, après avoir
subtilisé au trésor public dans les cinquante talents ; si
elle vole tout au plus à son mari une corbeille de blé, elle
la restitue le jour même. Mais nous pourrions en signaler
des masses parmi ces gens-là, agissant ainsi, et de plus,
plus gourmands que nous, détrousseurs, rats... d'autels [141],
trafiquants d'esclaves. Bien plus, ils ne savent pas, comme
nous, conserver l'héritage paternel. Nous avons encore
l'ensouple, la traverse de tisserand, les petits paniers,
l'ombrelle; mais beaucoup de nos bons maris ici présents
ont laissé décamper du logis la traverse avec la lance, et
bien d'autres, dans des expéditions militaires, ont débarrassé leurs épaules de leur ombrelle [142]. Nous autres
femmes, nous pourrions encore à bon droit faire aux
hommes de justes reproches. Mais il en est un particulièrement énorme; quand une d'entre nous met au monde
un citoyen utile à l'Etat, un taxiarque ou un stratège,
elle devrait recevoir quelque marque de considération,
comme de se voir accorder la première place aux Sténies,
aux Scires, et à toutes les autres fêtes que nous célébrons;
quand au contraire elle met au monde un lâche, un vaurien,
un triérarque incompétent ou un pilote nul, elle devrait

être assise le crâne complètement tondu, derrière celle qui a enfanté l'homme de valeur. Est-il naturel, ô cité, que la mère d'Hyperbolos [143] soit assise vêtue de blanc, et les cheveux flottants, près de la mère de Lamachos, et qu'elle prête à intérêts, elle à qui personne au monde ne devrait payer d'intérêts pour de l'argent prêté, mais qu'on devrait plutôt dépouiller de ses biens, en lui disant : « Tu mérites vraiment le fruit de ton argent toi qui produisis un tel fruit. »

LE PARENT

Je louche à force de fixer le regard, et lui, n'apparaît pas encore. Quel empêchement pourrait-il bien y avoir ? Assurément c'est son froid Palamède qui lui fait honte. Avec quelle pièce pourrais-je le faire venir ? Je sais. Je vais contrefaire sa récente Hélène [144]. Dans tous les cas j'ai une robe de femme.

LA DEUXIÈME FEMME

Que machines-tu encore ? Qu'as-tu à écarquiller les yeux ? Tu verras bientôt une amère Hélène, si tu ne te tiens pas convenablement jusqu'à l'apparition d'un des prytanes.

LE PARENT *(imitant Hélène)*

« *Du Nil aux belles vierges ici ce sont les ondes* [145],
Qui remplacent la pluie du ciel et qui fécondent
La plaine de la Blanche Egypte, pour le peuple
Qui vit de noire Syrméa. »

LA DEUXIÈME FEMME

Tu n'es qu'un coquin, par Hécate la porte-lumière!

LE PARENT

« *J'ai une terre illustre pour Patrie*
Sparte au grand nom et mon père est Tyndare. »

LA DEUXIÈME FEMME

Ton père à toi, scélérate, celui-là ? Phrynondas tu veux dire!

LE PARENT

« *On m'appela Hélène...* »

LA DEUXIÈME FEMME

Te voilà de nouveau femme, avant d'avoir été puni pour ton premier déguisement.

LE PARENT *(même jeu)*

« Et de nombreux héros, sur les bords du Scamandre,
A cause de moi sont morts. »

LA DEUXIÈME FEMME

Que n'es-tu mort aussi ?

LE PARENT

« Et moi je suis ici, tandis que mon époux...
Malheureux, Ménélas, ne revient pas encore.
Pourquoi suis-je toujours en vie ? »

LA DEUXIÈME FEMME

C'est la faute aux corbeaux.

LE PARENT *(croyant voir Euripide)*

Mais je sens comme un rien qui flatte mon courage ; ne trompe pas, ô Zeus, l'espoir qui naît en moi. *(Ici Euripide entre en scène déguisé en Mélénas naufragé.)*

EURIPIDE

« Ces superbes demeures, à quel maître sont-elles ?
Puisse-t-il, quel qu'il soit, faire accueil à des hôtes,
naufragés, épuisés par les flots agités,
au cours d'une tempête ! »

LE PARENT

Ce palais-ci est à Protée.

LA DEUXIÈME FEMME

Quel Protée ? triple scélérat ! Il ment, par les deux déesses, Protée est mort il y a dix ans.

EURIPIDE

« En quel pays tantôt avons-nous abordé ? »

LE PARENT

« En Egypte. »

EURIPIDE

« Infortuné, où donc sommes-nous arrivés ? »

LA DEUXIÈME FEMME

Crois-tu ce misérable qui débite des fables ? C'est ici le Thesmophorion.

EURIPIDE

« *Protée est-il ici, ou bien est-il absent ?* »

LA DEUXIÈME FEMME

Tu as pour sûr encore le mal de mer, étranger. On vient de te dire que Protée est mort et tu demandes : « Est-il ici, ou bien est-il absent ? »

EURIPIDE

« *Hélas ! oui, il est mort, mais sa tombe où est-elle ?* »

LE PARENT

« *Sa tombe, la voici, nous y sommes assises.* »

LA DEUXIÈME FEMME

Puisses-tu périr misérablement, et tu périras, vois-tu, pour oser appeler cet autel une tombe.

EURIPIDE

« *Pourquoi donc te tiens-tu sur cette tombe assise, ainsi voilée, ô femme ?* »

LE PARENT

... « *Je suis forcée*
De m'unir, dans sa couche, à l'enfant de Protée. »

LA DEUXIÈME FEMME

Pourquoi, misérable, trompes-tu de nouveau cet étranger ? Cet individu est venu ici, capable de tout, ô étranger, pour voler aux femmes leurs bijoux.

LE PARENT

« *Aboie et jette-moi tes reproches à la face.* »

EURIPIDE

« *Etrangère, quelle est la vieille qui t'outrage ?* »

LE PARENT

« *C'est Théoné, la fille de Protée.* »

LA DEUXIÈME FEMME

Non, par les deux déesses, je suis Cristylla, fille d'Antithéos, du dème de Gargettos. *(Au parent.)* Et toi, tu es un fourbe.

LE PARENT

« *Dis tout ce que tu veux*
Je n'épouserai pas ton frère, non, jamais,
Pour trahir Ménélas mon époux devant Troie.

EURIPIDE

« *O femme, qu'as-tu dit ? Tourne vers moi tes yeux.* »

LE PARENT *(Il se dévoile)*

« *J'ai honte après l'affront que mes joues ont subi.* »

EURIPIDE

« *Qu'est-ce que c'est ? Me voici privé de la parole.*
« *Dieux, quel est ce spectacle ? O femme, qui es-tu ?* »

LE PARENT *(imitant toujours Hélène)*

« *Toi-même qui es-tu ? Comme toi je m'étonne.* »

EURIPIDE

« *Es-tu Hélène ou bien une femme d'ici ?* »

LE PARENT

« *Hélène, mais je veux être à mon tour fixée.* »

EURIPIDE

« *Tu ressembles à Hélène, ô femme, je le vois.* »

LE PARENT

« *Et toi à Ménélas, du moins pour les légumes.* »

EURIPIDE

« *Tu as bien reconnu un très malheureux homme.* »

LE PARENT

« *Toi qui reviens si tard dans les bras de ta femme*
« *Prends-moi, prends-moi, époux, étreins-moi mon amour.*
« *Vite, un baiser. Emmène, emmène, emmène-moi,*
« *vite, vite, avec toi.* »

LA DEUXIÈME FEMME

Il lui en cuira alors, par les deux déesses, à celui qui
t'emmènera ; je l'assomme avec cette torche.

EURIPIDE

« *Toi, tu veux m'empêcher d'emmener mon épouse*
La fille de Tyndare en la Ville de Sparte ? »

La Deuxième Femme

Ah! tu me parais être un fourbe toi aussi, et de mèche avec cet homme. Ce n'est pas pour rien que tout à l'heure il était question de l'Égypte. Mais celui-ci payera, car le prytane s'avance avec l'archer.

Euripide

Voilà qui est fâcheux; il faut déguerpir.

Le Parent

Et moi, le malheureux, que dois-je faire?

Euripide

Tiens-toi tranquille. Je ne te trahirai jamais, tant que je respirerai, à moins que mes mille ruses ne me fassent défaut. *(Il s'en va.)*

Le Parent

Un coup d'épée dans l'eau! Ma ligne n'a rien pris.

Le Prytane

Est-ce là le fourbe dont nous a parlé Clisthène? Hé, l'homme, pourquoi baisses-tu la tête? Archer, ramène-le, mets-lui le carcan, puis expose-le ici, sous ta surveillance, et ne laisse personne approcher de lui; le fouet à la main frappe quiconque s'avancera.

La Deuxième Femme

Oui, par Zeus, car juste à l'instant, peu s'en est fallu qu'un filou ne l'enlevât.

Le Parent

Prytane, par ta main droite que tu aimes présenter, la paume bien arrondie pour recevoir de l'argent, fais-moi une petite grâce, bien que je sois près de mourir.

Le Prytane

Quelle grâce?

Le Parent

Ordonne à l'archer de me mettre tout nu pour m'attacher au carcan; je ne veux pas avec ma robe jaune, mon bandeau et mes vieux ans être un objet de risée pour les corbeaux, que je vais rassasier.

Le Prytane

Le Sénat a décidé de t'attacher ainsi vêtu pour montrer aux passants que tu es un fourbe.

Le Parent

Aïe! Aïe! Aïe! O ma tunique jaune, ce que tu as fait. Plus d'espoir de salut.

Le Coryphée

Allons, prenons nos ébats selon la coutume des femmes, ici, aux heures sacrées où nous célébrons les saints mystères des deux déesses, en l'honneur desquelles Pauson [146] lui aussi pratique le jeûne. Souvent il joint ses prières aux nôtres afin d'avoir à cœur, au fur et à mesure que ces fêtes se succèdent, de renouveler souvent de telles abstinences.

Le Chœur

Élance-toi, d'un pied léger, faisant la ronde, les mains dans les mains, soutenant le rythme de la danse sacrée; laisse-toi aller sur tes pieds agiles. Mais il faut qu'en tournant ainsi le chœur jette ses regards de tous côtés. Et que chacune en même temps chante les louanges des Dieux Olympiens, parmi les fureurs de la danse. On se trompe fort, si l'on s'attend à ce que dans ce sanctuaire je dénigre, moi femme, les hommes : mais il faut tout de suite, comme cela se fait, commencer d'un pas harmonieux une danse cyclique. Ouvre la marche, en chantant le Dieu à la belle lyre et celle qui porte l'arc, Artémis la chaste reine. Salut à toi, Préservateur, donne-nous la victoire. Héra aussi, célébrons-la comme il convient, elle qui préside aux unions, qui participe à tous les chœurs et garde les portes du Mariage. Je prie aussi Hermès, Dieu des troupeaux, et Pan, et les Nymphes chéries, de sourire de bon cœur, et de prendre plaisir à nos danses. Commence maintenant, vivement le pas double, la danse de choix. Livrons-nous à nos pratiques habituelles, ô femmes : c'est bien le jeûne à présent. Allons, hop, élance-toi, tourne dans l'autre sens, d'un pas bien rythmé; fais la ronde et chante à plein gosier. Conduis-nous toi-même, Seigneur Bacchos porte-lierre, tandis que je chanterai et danserai en ton honneur. Toi, Dionysos Bromios, fils de Zeus et de Sémélé, tu vas par les montagnes grisé par les chansons joyeuses des Nymphes, répétant Evios! Evios! menant le chœur sans arrêt.

En même temps, parmi le bruit résonne l'écho du
Cithéron; les montagnes ombragées de noirs feuillages
et les vallons pierreux retentissent, et le lierre aux belles
feuilles enroule autour de toi sa vrille et fleurit.

*(Tandis que le chœur se retire au fond de l'orchestre,
arrive l'archer qui revient avec son prisonnier attaché à
un poteau.)*

L'ARCHER

Toi crier ici à présent, en plein air.

LE PARENT

Archer, je te supplie.

L'ARCHER

Ne me supplie pas.

LE PARENT

Desserre la cheville.

L'ARCHER

C'est ça, que je vas faire.

LE PARENT

Ah! pauvre de moi, tu l'enfonces encore plus.

L'ARCHER

Encore plus, veux-tu?

LE PARENT

Aïe! aïe! aïe! aïe! aïe! aïe! Puisses-tu périr misérablement!

L'ARCHER

Tais-toi, vieillard de malheur. Moi apporter natte pour
garder toi.

LE PARENT

Voilà les plaisirs raffinés que je dois à Euripide. *(Euripide se montre sous les traits de Persée; le Parent le voit.)*
Hein! Dieux! Zeus Sauveur! Il y a encore de l'espoir.
Cet homme n'a pas l'air de vouloir me trahir. En se sau-
vant sous les traits de Persée, il m'a donné à entendre
qu'il me faut devenir Andromède. De toute façon, me
voilà dans les chaînes. Il est évident qu'il arrive pour
me sauver. Dans le cas contraire il n'aurait pas volé à
mes côtés. *(Contrefaisant Andromède)* : « Vierges chéries,

comment pourrais-je m'éloigner à l'insu du Scythe ?
M'entends-tu ? O toi qui dans les antres fais écho à mes
chants, accorde-moi, permets-moi de rejoindre ma femme.
Il est sans pitié celui qui m'a enchaîné, moi, le plus mal-
traité des mortels. Après m'être donné tant de mal pour
m'arracher à une vieille dégoûtante, je n'en suis pas
moins perdu, car ce Scythe commis à ma garde depuis
longtemps m'a suspendu, perdu d'avance, sans amis,
pour que je régale les oiseaux. Tu vois ? Je ne suis point
ici parmi les chœurs, en compagnie de jeunes filles de
mon âge, debout, le couvercle de l'urne à la main ; non,
enlacée dans des liens serrés, je suis exposée pour servir
de proie au monstre Glaucétès.

« Gémissez sur mon sort, aux accents d'un péan qui
convienne, non à l'hymen, mais à des chaînes, ô femmes.
Misérable ! j'ai souffert misérablement. Infortuné que je
suis ! infortuné ! Et pour mettre un comble aux traite-
ments indignes que j'ai subis de la part de mes proches,
voici que je supplie tout en larmes et consumée par mes
lamentations funèbres, cet homme. Aïe ! aïe ! aïe ! aïe !
qui m'a rasée d'abord, puis revêtue de cette robe jaune,
et envoyée dans ce temple où il y a des femmes. Ah !
Génie inflexible de ma destinée ! Maudit [147] que je suis !
Qui ne verra d'un œil apitoyé ma peine peu enviable et
mes malheurs présents ? Puisse l'astre incendiaire de
l'Ether consommer la perte du misérable que je suis.
Car je n'ai plus plaisir à voir la lumière immortelle,
attaché de la sorte, la gorge ainsi serrée, souffrant hor-
riblement et sur le point de trépasser. »

EURIPIDE *(en Echo)*

Salut, chère enfant. Les Dieux fassent misérablement
périr ton père Céphée, qui t'a exposée.

LE PARENT *(en Andromède)*

Et toi, qui es-tu ? toi qui déplores ma souffrance ?

EURIPIDE

Je suis Echo, la Réplique-Ironique, qui l'an passé,
ici même, assista Euripide dans son concours. Mais, mon
enfant, il faut remplir ton rôle et pleurer tristement.

LE PARENT

Et tu pleureras à ton tour.

EURIPIDE

Je m'en chargerai, mais à toi de commencer.

LE PARENT

O nuit sacrée, quelle longue course tu poursuis, sur ton char, à la surface étoilée du firmament sacré, à travers le très saint Olympe.

EURIPIDE

Olympe.

LE PARENT

Pourquoi m'est-il échu, à moi plutôt qu'à d'autres, un si grand lot d'épreuves ?

EURIPIDE

Lot d'épreuves.

LE PARENT

Les affres de la mort...

EURIPIDE

Les affres de la mort.

LE PARENT

Tu m'assommes, vieille radoteuse.

EURIPIDE

Radoteuse.

LE PARENT

Tu m'agaces avec tes interruptions. C'en est trop.

EURIPIDE

C'en est trop.

LE PARENT

Laisse-moi poursuivre ma monodie, tu me feras plaisir. Cesse.

EURIPIDE

Cesse.

LE PARENT

Va-t'en aux corbeaux.

EURIPIDE

Va-t'en aux corbeaux.

LE PARENT

Tu es maiade ?

EURIPIDE

Tu es malade ?

LE PARENT

Tu dis des sornettes.

EURIPIDE

Tu dis des sornettes.

LE PARENT

Il t'en cuira.

EURIPIDE

Il t'en cuira.

LE PARENT

Gémis.

EURIPIDE

Gémis.

L'ARCHER

Hé l'ami, que radotes-tu ?

EURIPIDE

Hé l'ami, que radotes-tu ?

L'ARCHER

Je vais appeler les Prytanes.

EURIPIDE

Je vais appeler les Prytanes.

L'ARCHER

Tu es malade ?

EURIPIDE

Tu es malade ?

L'ARCHER

D'où cette voix ?

EURIPIDE

D'où cette voix ?

L'ARCHER

C'est toi qui radotes.

EURIPIDE

C'est toi qui radotes.

L'ARCHER

Alors tu chémiras.

EURIPIDE

Alors tu chémiras.

L'ARCHER

Toi te moquer de moi ?

EURIPIDE

Toi te moquer de moi ?

LE PARENT

Non, par Zeus, pas moi, mais cette femme qui est là tout près.

EURIPIDE

Là tout près.

L'ARCHER

Où qu'est la gredine ?

LE PARENT

La voilà qui détale.

L'ARCHER

Où ? où ? Détales-tu ?

EURIPIDE

Où ? où ? Détales-tu ?

L'ARCHER

Ce sera pas trôle pour toi.

EURIPIDE

Ce sera pas trôle pour toi.

L'ARCHER

Tu murmures encore ?

EURIPIDE

Tu murmures encore ?

L'ARCHER

Saisis la gredine.

EURIPIDE

Saisis la gredine.

L'ARCHER

Bavarde et maudite femelle.

EURIPIDE *(en Persée)*

En quel pays barbare ô Dieux suis-je parvenu,
D'un pas rapide, puisqu'en traversant l'Ether
Me taillant un chemin sur mes jambes ailées,
En direction d'Argos, je vole [148], *moi Persée,*
Avec la tête de Gorgone ?

L'ARCHER

Quoi que tu dis ? de la tête de Gorgon le scribe tu parles ?

EURIPIDE

Je dis la tête de Gorgone.

L'ARCHER

Gorgon, bien sûr, que j'dis moi aussi.

EURIPIDE

Quel rocher vois-je là ? Et, semblable aux déesses,
Quelle vierge ? On croirait une galère au port.

LE PARENT

Etranger, aie pitié de moi l'infortunée,
Enlève-moi mes chaînes.

L'ARCHER

Toi t'as rien à dire, scélérat, tu oses ? Tu vas mourir et tu parles ?

EURIPIDE

O vierge je te plains, à te voir suspendue.

L'ARCHER

C'est pas une fierge, mais un fieillard, faux, filou, fripouille.

EURIPIDE

Tu radotes, Scythe ; c'est Andromède, fille de Cephée.

L'ARCHER

Vise-moi son entonnoir ! Pas que tu l'trouves mignon ?

EURIPIDE

Eh bien, donne-moi la main, que je la tâte, jeune fille. Allons, Scythe. Tous les hommes ont leur faible. Le mien est d'être épris de cette jeune fille.

L'Archer

Je t'enfie pas. Même qu'elle t'offrirait son derrière, je serais pas chaloux que tu l'enfiles.

Euripide

Et pourquoi ne me laisses-tu pas défaire sa robe, ô Scythe, me jeter sur sa couche et m'unir à ma femme ?

L'Archer

Si t'as beaucoup enfie d'enfiler le fieillard, t'as qu'à trouer le cangue et l'enfiler par terrière.

Euripide

Non, par Zeus; je déferai ses liens.

L'Archer

T'auras le fouet alors.

Euripide

Je le ferai quand même.

L'Archer

Alors je te coupe la tête avec le coutelas.

Euripide

Ah, que ferai-je ? et vers quels discours me tourner ?
Sa nature barbare y serait réfractaire.
Offrir à des lourdauds des nouveautés subtiles
Serait œuvre inutile; il faut mettre en avant
Quelqu'autre invention adéquate à ce drôle.

L'Archer

Fripouille de renard! Il voulait m'avoir en faisant le sinche.

Le Parent

Souviens-toi, Persée, en quelle misère tu me laisses.

L'Archer

Tu veux encore du fouet ?

Le Chœur

J'ai coutume de convoquer ici Pallas, amie des chœurs, la jeune vierge exempte du joug, patronne de notre ville, unique souveraine manifestement « détentrice des clés »

comme on l'appelle. Montre-toi contemplatrice des tyrans
comme il est naturel. Le peuple des femmes t'appelle.
Viens et apporte-moi la paix amie des fêtes. Venez bien-
veillantes, enjouées, souveraines, dans votre bois, où il
est interdit aux hommes de contempler les orgies sacrées
des deux déesses, dont vous éclairez, à la lueur des flam-
beaux, la vue immortelle. Venez, approchez, nous vous
en supplions, ô très augustes Thesmophores. Si jamais
vous vîntes auparavant, sensibles à nos prières, venez
maintenant, de grâce, venez ici parmi nous.

EURIPIDE

Femmes, si vous voulez pour l'avenir conclure la paix
avec moi, vous le pouvez maintenant, je m'engage à ne
plus jamais médire de vous; je le déclare tout haut.

LE CHŒUR

Pourquoi fais-tu cette proposition ?

EURIPIDE

L'homme au carcan est mon parent. Si vous me le
rendez, je ne vous dénigrerai plus en rien. Si vous me le
refusez, je révélerai à vos maris, à leur retour de l'armée,
vos pratiques clandestines.

LE CORYPHÉE

En ce qui nous concerne, c'est convenu; quant à ce
barbare, c'est à toi de le persuader.

EURIPIDE

Je m'en charge. *(à la danseuse)* Toi, ma petite bichette,
souviens-toi de faire ce que je t'ai dit en route. Avance
d'abord, et retrousse ta robe. Toi, Térédon, souffle un
air de danse persique [149].

L'ARCHER *(qui se réveille)*

Qu'est-ce que c'est que ce vacarme ? C'est-il un cômos [150]
qui me réveille ?

EURIPIDE

Cette fille se disposait à s'exercer, archer, car elle doit
danser chez quelques hommes.

L'ARCHER

Qu'elle danse et s'exerce, moi j'y empêche pas. Comme
elle est léchère! Une puce sur la toison.

EURIPIDE

Allons, relève ce vêtement, mon enfant, et, assise sur les genoux du Scythe, étends les pieds que je te déchausse.

L'ARCHER

Sûr qu'oui, sis-toi, sis-toi, sûr qu'oui, fillette. Bigre, t'as les tétons bien turs, et ronds comme des raves.

EURIPIDE

Joue plus vite, tu as encore peur du Scythe?

L'ARCHER

Belle fesse, vrai de vrai, malheur si toi restes pas en place *(à son membre)*. Ça va. Belle posture pour la vergette.

EURIPIDE

C'est bien. Prends ta robe; il est temps qu'on s'en aille.

L'ARCHER

Tu donnes pas une bise d'abord?

EURIPIDE

Bien sûr. Baise-la.

L'ARCHER

O, ô, papapapai! Comme douce est la langue! Comme le miel attique. Pourquoi tu dors pas avec moi?

EURIPIDE

Au revoir, archer, cela ne saurait être.

L'ARCHER

Oui, oui, petite fieille, fais-moi ce plaisir.

EURIPIDE

Tu donneras une drachme?

L'ARCHER

Oui, sûr qu'oui, donnerai.

EURIPIDE

Offre donc l'argent.

L'ARCHER

J'ai pas le sou. Mais prends l'étui. Après, moi ramener

toi. Viens avec moi, enfant. Toi, surveille le fieillard, petite fieille. Mais ton nom lequel que c'est ?

EURIPIDE

Artémisia [151].

L'ARCHER

Moi me souvenir du nom : Artamouxia.

EURIPIDE

Malin Hermès, c'est un exploit de plus. *(Au flûtiste.)* Toi défile-toi, mon gosse; emporte ceci; moi, je vais délivrer celui-ci. Quant à toi, tâche de te sauver bravement, au plus vite, une fois rendu libre, et de rentrer chez toi, auprès de ta femme et de tes enfants.

LE PARENT

Ça, j'en ferai mon affaire, sitôt les liens ôtés.

EURIPIDE

Te voilà délié. Tâche de fuir avant que l'archer ne survienne et ne t'arrête.

LE PARENT

C'est ce que je fais.

L'ARCHER

Petite fieille. Beaucoup gentille la fillette à toi, et rien méchante, mais doux. Où qu'est le fieillard d'ici ? Petite fieille, petite fieille. Ben j'approuve pas, petite fieille, Artamouxia. Elle m'a eu, la fieille. Toi, étui, fous le camp. Ben mériter ton nom : « étui » car tu m'as foutu dedans. Hélas, que faire ? où qu'est le petit fieux ? Artamouxia ?

LE CORYPHÉE

Tu demandes la vieille qui portait la harpe ?

L'ARCHER

Oui, sûr qu'oui. Tu l'as vue ?

LE CORYPHÉE

Elle a fui par là, en compagnie d'un vieillard.

L'ARCHER

Le fieux portait-il un fêtement jaune ?

Le Coryphée

Oui. Tu pourrais encore les rejoindre en passant par ici.

L'Archer

Fieille scélérate. Par quelle route ? Artamouxia!

Le Coryphée

Par le chemin montant, tout droit. Où cours-tu ? Veux-tu faire demi-tour ? Tu cours du côté opposé.

L'Archer

Infortuné! Mais moi, courir. Artamouxia!

Le Coryphée

Cours donc vite au diable, et bon vent. Mais assez joué, il est temps que chacune rentre à la maison. Que les deux Thesmophores nous témoignent à leur tour leur bienveillance.

LES GRENOUILLES

NOTICE
SUR
LES GRENOUILLES

Le sujet de cette comédie est tout littéraire, mais elle comprend deux parties nettement différentes de ton. La première raconte la descente de Dionysos aux Enfers; la deuxième nous fait assister à un débat d'ordre moral et littéraire entre Eschyle et Euripide, qui se disputent le trône de la tragédie.

En choisissant un tel sujet, Aristophane s'inspirait des circonstances, tout particulièrement graves pour Athènes cette année-là. Au point de vue intérieur, la cité se trouvait de nouveau livrée à la démagogie, après avoir vu se succéder quatre gouvernements dans l'espace de cinq ans (de ~411 à ~406). Des dix stratèges vainqueurs aux Arginuses, huit s'étaient vu condamner à mort, pour n'avoir pas recueilli les cadavres des morts. Les offres de paix des Lacédémoniens au lendemain de la victoire athénienne avaient été repoussées par les démagogues, Cligène et Cléophon. Tous les bénéfices de la victoire étaient compromis. Alcibiade, le seul homme capable aux yeux d'Aristophane de redresser la situation, était de nouveau en exil.

Athènes, en proie aux troubles, offrait l'image d'une cité de plus en plus affaiblie, tandis que sa rivale, Sparte, se relevait grâce à l'activité de Lysandre et préparait sa victoire d'Aegos-Potamos. D'un autre côté, Athènes n'avait même plus ses grands poètes. Eschyle, Sophocle n'étaient plus; Euripide venait de mourir à la cour du roi de Macédoine, où le poète Agathon s'était retiré aussi. L'heure était donc plutôt grave pour Athènes et c'est ce qui explique la modération avec laquelle Aristophane s'adresse cette fois à ses concitoyens, pour prêcher l'union, au nom de l'intérêt général, et travailler une fois de plus à l'apaisement des esprits. La comédie des *Grenouilles* n'est donc pas une œuvre de combat; c'est plutôt un retour vers le passé, où le poète cherche un réconfort et une leçon.

Dégoûté de ne plus voir représenter que de mauvaises tragédies, Dionysos, le dieu du théâtre, se rend aux Enfers pour en ramener Euripide. Suivi de son esclave Xanthias, qui porte son baluchon, et revêtu d'une peau de lion que lui avait prêtée Héraclès, il traverse le marais infernal sur la barque de Charon, salué par le concert bruyant des grenouilles. Après une série d'incidents des plus drôles, il parvient enfin chez Pluton, non sans s'être fait rouer de coups par tous ceux qui, le prenant pour Héraclès, voulaient se venger de lui. Cette première partie, très gaie et presque toujours d'un comique irrésistible, est destinée à faire rire les spectateurs, à les mettre ainsi en humeur d'accorder toute leur attention à la seconde, c'est-à-dire au vrai sujet de la pièce.

Le changement de ton est marqué par la parabase, où le chœur prêche la concorde, l'égalité, la justice et donne d'utiles avis à la cité.

La seconde partie nous fait assister à la confrontation d'Eschyle et d'Euripide. Dionysos, ne sachant sur lequel porter son choix, fait plaider à chacun sa cause. Idées morales et politiques des deux poètes, valeur de leurs prologues, qualité de leur langue, lyrisme, tout est examiné. On finit même par peser les vers de chacun dans une balance et celle-ci penche à chaque coup du côté d'Eschyle. Proclamé vainqueur il remonte sur terre avec Dionysos et c'est Sophocle qui, en son absence, occupera le trône de la tragédie qu'Euripide voulait usurper.

Les Grenouilles furent représentées aux Lénéennes de ~ 405, à la fin de janvier, sous le nom de Philonidès, et sous l'archontat de Callias. Elles remportèrent le prix et eurent une deuxième représentation.

LES GRENOUILLES

PERSONNAGES

XANTHIAS.
DIONYSOS.
HÉRAKLÈS.
UN MORT.
CHŒUR DE GRENOUILLES.
CHŒUR DES INITIÉS.
EAQUE.
UNE SERVANTE DE PERSÉPHONE.
DEUX AUBERGISTES.
UN SERVITEUR DE PLUTON.
EURIPIDE.
ESCHYLE.
PLUTON.

Au fond du théâtre, à droite, la maison d'Héra-
klès; à gauche, celle de Pluton. Dionysos apparaît,
chaussé du cothurne oriental et vêtu d'une robe de
femme, couleur de safran, sur laquelle il a jeté
une peau de lion. Il a une massue à la main. Son
esclave Xanthias le suit, à dos d'âne, ayant sur
l'épaule une fourche en bois qui lui sert de porte-
bagages.

XANTHIAS

Dois-je dire, maître, un de ces bobards classiques qui
font toujours rire les spectateurs ?

DIONYSOS

Oui, par Zeus, ce que tu veux, sauf : « Je suis écrasé. »
De cela, garde-toi ; j'en ai déjà le cœur soulevé.

XANTHIAS

Je ne pourrai pas dire non plus quelque autre fine
plaisanterie ?

DIONYSOS

Oui, excepté : « Comme je suis oppressé! »

XANTHIAS

Quoi alors ? Dois-je dire le vrai mot pour rire ?

DIONYSOS

Oui, par Zeus, n'aie pas peur ; garde-toi seulement
d'une chose.

XANTHIAS

Laquelle ?

DIONYSOS

C'est de dire, en rejetant d'une épaule à l'autre ta
fourche porte-bagages, que « tu as envie de te soulager ».

XANTHIAS

Ni que, sous une pareille charge, à moins qu'on ne m'en débarrasse, je vais pétarader ?

DIONYSOS

Non certes, je t'en prie, si tu ne veux pas me voir vomir.

XANTHIAS

Qu'avais-je donc besoin de transporter ce fardeau, si c'est pour ne rien faire de tout ce que font généralement les porteurs dans les comédies des Phrynichos, des Lycis, des Amipsias.

DIONYSOS

Ne le fais donc pas; car lorsque je vois au théâtre de tels artifices, j'en suis vieilli de plus d'un an à la sortie.

XANTHIAS

Trois fois malheureuse alors ma nuque, puisque meurtrie comme elle est, elle ne pourra dire le mot qui fait rire.

DIONYSOS

N'est-ce pas le comble de l'impertinence et de la mollesse ? Moi, Dionysos, fils du « Fût-de-vin », je marche, je me fatigue, tandis que je fournis une monture à celui-ci pour qu'il ne souffre pas et ne porte pas de charge.

XANTHIAS

Je n'en porte pas, moi ?

DIONYSOS

Comment en portes-tu puisque tu es porté ?

XANTHIAS

Oui, en portant ceci.

DIONYSOS

Comment ?

XANTHIAS

Bien péniblement.

DIONYSOS

Ce poids que tu portes, ce n'est donc pas un âne qui le porte ?

XANTHIAS

Non, pas du moins celui que je porte sur moi, non, par Zeus, non!

DIONYSOS

Comment portes-tu donc, puisque tu es toi-même porté par un autre ?

XANTHIAS

Je ne sais, mais mon épaule est écrasée.

DIONYSOS

Eh bien, puisque tu prétends que l'âne ne te sert à rien, charge-le à ton tour sur toi et porte-le.

XANTHIAS

Ah! malheureux! Pourquoi n'ai-je pas pris part au combat naval [152]! Je t'aurais envoyé promener avec tes gémissements!

DIONYSOS

Descends, farceur. Car me voilà déjà, de ce pas, près de la porte où je devais me rendre d'abord. Petiot! Petiot! Hé! Petit!

HÉRAKLÈS

Qui a cogné à la porte ? Il s'est rué comme un centaure, l'animal! Dis-moi, qu'est-ce que c'est ?

DIONYSOS *(à Xanthias)*

Le garçon...

XANTHIAS

Qu'est-ce que c'est ?

DIONYSOS

Tu n'as pas remarqué ?

XANTHIAS

Quoi ?

DIONYSOS

Comme il a eu peur!

XANTHIAS

Oui, par Zeus, que tu ne fusses fou furieux.

HÉRAKLÈS

Par Déméter, je ne puis m'empêcher de rire. Je me mords bien les lèvres, mais je ris quand même.

DIONYSOS

Diantre d'homme, avance; j'ai justement besoin de toi.

HÉRAKLÈS

Mais je ne puis chasser le fou rire. Quoi! Une peau de
lion sur une robe de safran! Qu'est-ce à dire! Pourquoi
cette alliance du cothurne et de la massue? Vers quel
pays faisais-tu route?

DIONYSOS

J'étais, à bord, sous-verge de Clisthène [153].

HÉRAKLÈS

Et tu as participé au combat naval?

DIONYSOS

Oui, et même nous avons coulé douze ou treize vaisseaux ennemis.

HÉRAKLÈS

A vous deux?

DIONYSOS

Oui, par Apollon!

XANTHIAS

Et là-dessus je m'éveillai.

DIONYSOS

A bord, je me déclamais à moi tout seul l'*Andromède* [154],
quand soudain il m'est venu au cœur un violent désir
d'une violence, tu sais!

HÉRAKLÈS

Un désir? Combien grand?

DIONYSOS

Petit, comme Molon le géant.

HÉRAKLÈS

Pour une femme?

DIONYSOS

Non, certes.

HÉRAKLÈS

Pour un garçon alors?

DIONYSOS

Nullement.

HÉRAKLÈS

Pour un homme ?

DIONYSOS

Ah! bah!

HÉRAKLÈS

Tu t'es... uni à Clisthène ?

DIONYSOS

Ne te moque pas, frère; non, car ça va mal, tellement le désir me dévore.

HÉRAKLÈS

Lequel, frérot ?

DIONYSOS

Je ne puis l'exprimer. Je vais pourtant te le dire par énigmes. As-tu déjà été pris d'un soudain désir de purée ?

HÉRAKLÈS

De purée ? Bigre! Dix mille fois dans ma vie.

DIONYSOS

Est-ce assez clair ? Ou dois-je préciser davantage ?

HÉRAKLÈS

Pas sur la purée toujours! Je comprends parfaitement.

DIONYSOS

Je souffre d'un désir du même genre pour Euripide.

HÉRAKLÈS

Sans blague ? Pour celui qui est mort [155] ?

DIONYSOS

Oui, et nul ne saurait me dissuader d'aller le retrouver.

HÉRAKLÈS

Dans l'Hadès, là-dessous ?

DIONYSOS

Oui, par Zeus, et même plus bas au besoin.

HÉRAKLÈS

Pourquoi ?

DIONYSOS

Il me faut un poète habile, *car les uns ne sont plus, les autres sont mauvais.*

HÉRAKLÈS

Quoi! Iophon ne vit pas?

DIONYSOS

C'est le seul reste acceptable et encore! Je ne sais pas
trop ce que ça vaut!

HÉRAKLÈS

Et puis, ne veux-tu pas ramener Sophocle plutôt
qu'Euripide s'il faut que tu ramènes de là-bas quelqu'un?

DIONYSOS

Non, pas avant d'avoir pris Iophon à part, tout seul,
pour voir de quoi il est capable sans l'aide de Sophocle.
D'ailleurs, Euripide, homme ingénieux, mettra tout en
œuvre pour me suivre ici; au lieu que Sophocle doit
être une bonne pâte là-bas comme il l'était ici.

HÉRAKLÈS

Et Agathon [156], où est-il?

DIONYSOS

Il m'a laissé et s'en est allé; un bon poète, que ses amis
regrettent.

HÉRAKLÈS

Où est-il allé, le malheureux?

DIONYSOS

Au festin des Bienheureux.

HÉRAKLÈS

Et Xénoclès?

DIONYSOS

Puisse-t-il périr, par Zeus.

HÉRAKLÈS

Et Pythangélos?

XANTHIAS

Mais de moi qui ai l'épaule si meurtrie, il n'en est dit
mot!

HÉRAKLÈS

N'y a-t-il donc pas ici d'autres blancs-becs qui font
plus de dix mille tragédies, qui sont d'un stade plus
radoteurs qu'Euripide?

DIONYSOS

Ce ne sont là que méchants grappillons, babils, gazouillis d'hirondelles, ruine de l'art, vite épuisés, si seulement ils ont obtenu un chœur et fait leur premier pipi dans la tragédie. On aurait beau chercher, on ne saurait trouver un poète « généreux » capable de dire une parole généreuse.

HÉRAKLÈS

Comment généreux ?

DIONYSOS

Par « généreux » j'entends capable de faire entendre des paroles risquées comme celles-ci : « *L'Ether, chapelle de Zeus* », ou « *le pied du Temps* », ou :

« *Un cœur ne voulant pas jurer sur les victimes
Une langue parjure en dépit de ce cœur.* »

HÉRAKLÈS

Et ces choses-là te plaisent ?

DIONYSOS

J'en suis plus que fou.

HÉRAKLÈS

Pourtant ce sont des inepties à tes yeux aussi.

DIONYSOS

« *Ne loge pas tes pensées dans ma maison* », tu as la tienne.

HÉRAKLÈS

Eh bien, je trouve cela tout à fait mauvais.

DIONYSOS

Apprends-moi à dîner.

XANTHIAS

Et de moi, on ne dit mot.

DIONYSOS

Mais, si je suis venu ici avec ce costume imité du tien, c'est pour que tu me fasses connaître, en cas de besoin, les hôtes dont tu as profité toi-même quand tu t'es rendu auprès de Cerbère ; indique-les-moi, ainsi que les ports, les boulangeries, les maisons closes, les lieux de repos, les ruelles écartées, les fontaines, les routes, les acropoles, les pensions... où il y a le moins de punaises.

XANTHIAS

Et de moi, on ne dit mot.

HÉRAKLÈS

Malheureux, tu tenteras le voyage ?

DIONYSOS

Toi, assez sur ce chapitre! Explique-moi par quelle route nous pourrons parvenir le plus vite dans l'Hadès, aux enfers; et dis-m'en une qui ne soit ni chaude ni froide.

HÉRAKLÈS

Voyons, laquelle t'indiquerai-je ? D'abord ? Laquelle ? Il y en a une : ce serait, au moyen de la corde et de l'escabeau, de te pendre.

DIONYSOS

Finis; tu en cites une où l'on suffoque.

HÉRAKLÈS

Mais il y a un raccourci très fréquenté : celui qui passe par le mortier.

DIONYSOS

Tu veux parler de la ciguë ?

HÉRAKLÈS

Précisément.

DIONYSOS

Froide et glaciale celle-là! Elle engourdit aussitôt les jambes.

HÉRAKLÈS

Veux-tu que je t'en indique une rapide et en pente ?

DIONYSOS

Oui, par Zeus, car je ne suis pas bon marcheur.

HÉRAKLÈS

Alors, descends dans le céramique.

DIONYSOS

Et puis après ?

HÉRAKLÈS

Monte sur la tour élevée.

DIONYSOS

Qu'y ferai-je ?

HÉRAKLÈS

Guette le moment du départ de la course, puis, quand les spectateurs auront crié : « Les voilà partis », prends ton départ toi aussi.

DIONYSOS

Où ?

HÉRAKLÈS

En bas.

DIONYSOS

Mais ma cervelle y laisserait une paire d'omelettes. Je ne prendrai pas cette route-là.

HÉRAKLÈS

Laquelle alors ?

DIONYSOS

Celle par où tu descendis jadis.

HÉRAKLÈS

La traversée est longue : tu parviendras tout de suite à un grand lac très profond.

DIONYSOS

Et comment le passerai-je ?

HÉRAKLÈS

Un vieux nocher te le fera traverser dans une petite barque, pas plus grande que ça, pour deux oboles.

DIONYSOS

Oh! le grand pouvoir qu'ont partout les deux oboles! Comment sont-elles parvenues là-bas aussi ?

HÉRAKLÈS

C'est Thésée [157] qui les y a portées. Après cela, tu verras des serpents et des bêtes terribles, par milliers.

DIONYSOS

Ne cherche pas à me frapper d'épouvante : tu ne me détourneras pas.

HÉRAKLÈS

Après cela, un grand bourbier et un torrent intaris-
sable de fange où croupit toute personne qui a outragé
un hôte, ou abusé d'un enfant sans le payer, ou rossé sa
mère, ou frappé son père à la mâchoire, ou été parjure.

DIONYSOS

Par Zeus, il faudrait y ajouter ceux qui ont appris la
pyrrhique de Cinésias ou copié une strophe de Morsinos [158].

HÉRAKLÈS

Après cela, tu te trouveras entouré d'un son de flûte,
et tu verras une lumière fort belle, comme ici, des bois
de myrtes, des troupes heureuses d'hommes et de femmes,
et de longs applaudissements de mains.

DIONYSOS

Et ceux-là, qui sont-ils ?

HÉRAKLÈS

Les initiés.

XANTHIAS

Par Zeus, ce qu'il y a de sûr, c'est que je suis le dindon
de la farce avec ces paquets. Mais j'y pense, je ne veux
pas les porter plus longtemps.

HÉRAKLÈS

C'est eux qui t'expliqueront absolument tout ce dont
tu auras besoin. Ils habitent tout près de la route, aux
portes de Pluton. Sur ce, je te souhaite beaucoup de
plaisir, frère.

DIONYSOS

Par Zeus, bonne santé à toi aussi. Toi *(à Xanthias)*,
reprends ta charge.

XANTHIAS

Avant de l'avoir déposée!

DIONYSOS

Et bien vite, te dis-je!

XANTHIAS

Non, non, je t'en prie; loue plutôt quelqu'un de ceux
qu'à cette heure même on porte en terre, et qui veuille
bien marcher!

DIONYSOS

Et si je n'en trouve pas!

XANTHIAS

Alors tu m'emmèneras.

DIONYSOS

Tu as raison. Voilà un mort qu'on porte en terre. Hé! toi, c'est bien à toi que je parle, toi le mort. Homme, veux-tu porter de petits colis chez Hadès ?

LE MORT

Combien de colis à peu près ?

DIONYSOS

Les voici.

LE MORT

Tu me donneras deux drachmes ?

DIONYSOS

Non, par Zeus, moins que ça.

LE MORT *(aux porteurs)*

Continuez votre route, vous autres.

DIONYSOS

Attends, diantre d'homme, s'il y a moyen de tomber d'accord avec toi.

LE MORT

Si tu ne débourses pas deux drachmes, n'en parlons pas.

DIONYSOS

Prends neuf oboles.

LE MORT

J'aimerais mieux revivre!

XANTHIAS

Comme il a de la morgue, le damné! Puisse-t-il gémir! J'irai moi-même.

DIONYSOS

Tu es une excellente et généreuse nature. Allons à la barque.

CHARON

Hop! Regagne la rive.

XANTHIAS

Qu'est-ce là ?

DIONYSOS

Cela ? Le lac, par Zeus, dont il parlait; j'aperçois une barque.

XANTHIAS

Oui, par Posidon, et voilà Charon.

DIONYSOS

Salut, Charon; salut, Charon; salut, Charon.

CHARON

Qui pénètre dans les lieux de repos, délivré des maux et des tribulations de la vie ? Qui vient dans la plaine du Léthé, au pays où l'on tond les ânes [159], chez les Cerbériens, chez les corbeaux, au Ténare ?

DIONYSOS

Moi.

CHARON

Embarque-toi vite.

DIONYSOS

Crois-tu vraiment aller chez les corbeaux ?

CHARON

Oui, par Zeus, du moins pour toi. Embarque-toi.

DIONYSOS

Ici, garçon.

CHARON

Je ne passe pas un esclave s'il n'a pas livré sur mer le combat naval pour sa peau [160].

XANTHIAS

Ah! non, par Zeus, je ne l'ai pas livré; je souffrais des yeux.

CHARON

Voudras-tu faire une course autour du lac ?

XANTHIAS

Où dois-je vous attendre ?

CHARON

Près de la pierre de « sécheresse », à l'arrêt.

DIONYSOS

Comprends-tu ?

XANTHIAS

Fort bien. Malheureux que je suis! Sur qui suis-je tombé en sortant ?

CHARON

Tu vois la rame ? Va t'y asseoir! S'il y en a encore un qui veut faire la traversée, qu'il se dépêche. Hé! là-bas! que fais-tu ?

DIONYSOS

Ce que je fais ? Je m'assieds tout simplement sur la rame, là où tu m'as dit!

CHARON

Tu ne t'assoiras pas ici, gros pansu ?

DIONYSOS

Ça y est.

CHARON

Veux-tu bien sortir les mains et les étendre!

DIONYSOS

Ça y est.

CHARON

Pas de bêtises! Arc-boute toi et pousse avec vigueur.

DIONYSOS

Comment pourrai-je pousser, moi qui suis inexpérimenté, qui n'ai rien d'un marin ni d'un Salaminien ?

CHARON

Très facilement; tu entendras de fort beaux chants, une fois que tu auras mis la main à la rame.

DIONYSOS

De qui ?

CHARON

De grenouilles-cygnes, quelque chose de merveilleux.

DIONYSOS

Donne le signal.

CHARON

Oop op! oop op!

LES GRENOUILLES

Brékékékex, coax coax, brékékékex, coax coax, filles
des sources marécageuses, faisons entendre à l'unisson
nos hymnes, mon chant harmonieux, coax, coax, que nous
faisons retentir au Marais en l'honneur de Dionysos de
Nysa, lorsque, à la fête des marmites, la foule des fes-
toyeurs en état d'ivresse pénètre en mon domaine sacré.
Brékékékex, coax, coax.

DIONYSOS

Et moi, je commence à avoir mal au croupion, ô coax,
coax.

LES GRENOUILLES

Brékékékex, coax, coax.

DIONYSOS

Mais vous, peut-être, n'en avez-vous cure?

LES GRENOUILLES

Brékékékex, coax, coax.

DIONYSOS

Puissiez-vous crever avec votre coax, car vous n'êtes
que coax!

LES GRENOUILLES

Bien sûr, grand indiscret, car je me fais aimer des Muses
aux belles lyres, et de Pan aux pieds de chèvre, qui joue
des airs de chalumeau. Je fais aussi les délices d'Apollon
le joueur de cithare, avec le roseau aquatique que je fais
pousser dans les marais pour servir de chevalet à sa lyre.
Brékékékex, coax, coax.

DIONYSOS

Et moi j'ai des ampoules, et mon derrière sue depuis
longtemps et tantôt en se ployant il va lâcher son mot...

LES GRENOUILLES

Brékékékex, coax, coax.

DIONYSOS

Allons, amies du chant, finissez.

LES GRENOUILLES

Nous n'en clamerons que davantage, encore plus qu'aux jours ensoleillés où nous avons coutume de sauter parmi le souchet et la massette, réjouies de nos chants variés, accompagnés de nombreux plongeons; ou lorsque, pour échapper aux pluies de Zeus, nous faisons entendre, dans les profondeurs de l'eau, des chants rythmiques dans la bruissement des gouttelettes.

DIONYSOS

Brékékékex, coax, coax. *(Il pète avec force.)* Celui-là, je vous le souffle.

LES GRENOUILLES

Alors, nous en verrons de cruelles!

DIONYSOS

Ce serait plus cruel encore pour moi si je devais crever en poussant la rame.

LES GRENOUILLES

Brékékékex, coax, coax.

DIONYSOS

Vous pouvez gémir, peu me chaut!

LES GRENOUILLES

Mais non, nous crierons de toute la force de notre gosier tout le jour.

DIONYSOS

Brékékékex, coax, coax. Pour ça vous n'aurez pas le dessus! *(Il pète encore.)*

LES GRENOUILLES

Toi non plus.

DIONYSOS *(pétant de plus belle)*

Ni vous non plus, jamais; je crierai, au besoin, tout le jour jusqu'à ce que je vous batte sur votre propre coax. Brékékékex, coax, coax. Je savais bien que je ferais cesser votre coax!

CHARON *(à Dionysos)*

Allons, halte, halte! range les deux avirons. Débarque et paye ton passage.

DIONYSOS

Voici tes deux oboles. Hé! Xanthias! Où est Xanthias?
Hé! Xanthias!

XANTHIAS

Holà!

DIONYSOS

Viens ici.

XANTHIAS

Bonjour, maître.

DIONYSOS

Qu'y a-t-il ici?

XANTHIAS

Ténèbres et boue.

DIONYSOS

Tu as donc vu quelque part par là ces parricides et
ces parjures dont il nous parlait?

XANTHIAS

Et toi, non?

DIONYSOS

Mais oui, par Posidon, je les ai vus, et j'en vois encore.
Voyons, qu'allons-nous faire?

XANTHIAS

Il vaut mieux que nous avancions, car c'est ici le lieu
où se tiennent les monstres étranges dont il parlait.

DIONYSOS

Comme il va être attrapé! Il faisait le fanfaron pour
m'intimider, me sachant peu belliqueux; c'était par jalousie. Car il n'y a rien d'arrogant comme Héraklès. Pour
moi, je voudrais bien faire une rencontre et engager une
lutte digne de cette expédition.

XANTHIAS

Oui, par Zeus; tiens, j'entends du bruit.

DIONYSOS

Où est-ce?

XANTHIAS

Par-derrière.

DIONYSOS

Marche par-derrière.

XANTHIAS

Mais c'est sur le devant!

DIONYSOS

Marche donc devant.

XANTHIAS

Oh! je vois, par Zeus, une bête énorme.

DIONYSOS

Comment est-elle ?

XANTHIAS

Extraordinaire. Elle prend toutes les formes; c'est un
bœuf, un mulet, puis une femme tout ce qu'il y a de plus
charmant.

DIONYSOS

Où est-elle ? que j'aille sur elle!

XANTHIAS

Mais ce n'est plus une femme : c'est un chien maintenant.

DIONYSOS

C'est Empuse alors [161] !

XANTHIAS

Ce qu'il y a de sûr, c'est qu'elle a le visage tout illuminé.

DIONYSOS

Et a-t-elle une jambe d'airain ?

XANTHIAS

Oui, par Posidon, et une de bouse, sache-le bien.

DIONYSOS

Où pourrais-je me tourner ?

XANTHIAS

Où, moi aussi ?

DIONYSOS

(se dirigeant vers le prêtre de Bacchos assis dans le théâtre)

Prêtre, sauve-moi, pour que je trinque avec toi au
banquet.

XANTHIAS

Nous sommes perdus, puissant Héraklès!

DIONYSOS

Ne m'appelle pas, je t'en supplie; ne prononce pas mon nom.

XANTHIAS

Dionysos donc ?

DIONYSOS

Encore moins que l'autre, celui-là.

XANTHIAS

Poursuis ta route. Ici, ici, maître.

DIONYSOS

Qu'y a-t-il ?

XANTHIAS

Du courage. Tout va bien; nous pouvons dire, comme Héraklès :
« *Sorti de la tempête, je revois le... serin* [162] »
Hégélochos a disparu.

DIONYSOS

Jure-le.

XANTHIAS

Oui, par Zeus.

DIONYSOS

Jure-le encore.

XANTHIAS

Oui, par Zeus.

DIONYSOS

Jure-le.

XANTHIAS

Oui, par Zeus.

DIONYSOS

Infortuné que je suis! Comme j'ai pâli en la voyant!

XANTHIAS

Mais celui-ci de peur a rougi à ta place. *(Il désigne ainsi le vêtement de Dionysos.)*

DIONYSOS

Ah! d'où ces maux se sont-ils précipités sur moi ? A quel dieu reprocher ma ruine ? A « l'Ether chapelle de Zeus » ou au « pied du Temps » ?

XANTHIAS

Hé, toi!

DIONYSOS

Qu'est-ce que c'est ?

XANTHIAS

Tu n'as pas entendu ?

DIONYSOS

Quoi ?

XANTHIAS

Un souffle de flûtes.

DIONYSOS

Mais oui, et une odeur de torches a passé sur moi dans un souffle, en grand mystère. Allons tranquillement nous blottir pour écouter.

LE CHŒUR

Iacchos, ô Iacchos! Iacchos! ô Iacchos!

XANTHIAS

C'est cela, maître; les initiés dont il nous parlait prennent leurs ébats quelque part par ici. En tout cas ils fredonnent précisément le Iacchos [163] qu'on chante par l'Agora.

DIONYSOS

C'est ce qui me semble aussi. Le mieux est donc de nous tenir tranquilles pour tirer la chose au clair.

LE CHŒUR

O Iacchos, tant vénéré, toi qui résides ici, de ces demeures, Iacchos, ô Iacchos, viens te joindre à la sainte confrérie et danser sur ce gazon, en agitant une couronne de myrte, chargée de fruits, autour de la tête; frappe la terre d'un pied hardi, mène la danse trépidante et allègre, pleine de grâces, décente, sacrée, pour tes pieux initiés.

XANTHIAS

Auguste et très vénérée fille de Déméter, quelle douce odeur de chairs de porcs m'a caressé de son souffle!

DIONYSOS

Tu ne pourras donc pas tenir en repos, pour obtenir ne serait-ce qu'un bout de ce boudin ?

LE CHŒUR. *(Le chœur des initiés arrive sur la scène.)*

Réveille-toi; car le voici, agitant dans ses mains des torches allumées, Iacchos, ô Iacchos, astre éclatant de la fête de nuit. La prairie brille de mille feux. Le genou des vieillards se détend; ils chassent leurs chagrins, oublient les longs rouleaux de leurs vieux ans, grisés par la sainte solennité. Toi, ô bienheureux, muni de ta lampe resplendissante, marche en tête de la jeunesse qui forme le chœur, entraîne-la à ta suite vers la plaine émaillée de fleurs et humide de rosée.

Le Coryphée

Il faut garder un religieux silence, et s'éloigner de nos chœurs si l'on n'a point l'habitude d'un tel langage et un cœur pur, si l'on n'a pas vu les mystères des muses généreuses ni pris part à leurs danses, si l'on n'a pas été initié au mystérieux jargon bachique du Taurophage Cratinos; si l'on se plaît à des tirades bouffonnes intempestives, si l'on ne brise pas l'émeute hostile et si l'on manque d'égards pour des citoyens, si au contraire on la fomente et si on souffle sur le feu en vue d'un gain personnel; si, lorsque la tempête fait rage au cœur de la cité, on trafique de sa charge, livre une forteresse ou des vaisseaux, ou si, à l'exemple de Thorycion, cet odieux percepteur du vingtième, on exporte d'Egine à Epidaure des produits prohibés, gaines de cuir pour la navigation, voiles de lin, poix; si on engage un citoyen à prêter de l'argent pour la construction des vaisseaux ennemis; si on souille les images d'Hécate pendant qu'on chante aux chœurs cycliques; si, rhéteur, on mord à belles dents dans le salaire des poètes quand on l'a représenté aux fêtes nationales de Dionysos. A ceux-là je leur dis et leur répète et leur dis encore une troisième fois tout haut de s'éloigner des chœurs des initiés. Quant à vous, accélérez, en dansant, nos chants de veillées qui conviennent à cette fête.

Le Chœur

Que chacun donc s'avance hardiment au milieu des prés fleuris, tapant du pied, raillant, s'ébattant, se moquant. Nous avons fait un bon repas. En avant, et tâche de chanter d'une voix généreuse les louanges de la Protectrice qui s'engage à veiller toujours au salut de ce pays, malgré Thorycion.

Le Coryphée

Allons, un autre hymne maintenant en l'honneur de la reine des moissons, la déesse Déméter; comblez-la de vos chants divins retentissants.

Le Chœur

Déméter, qui présides aux saintes orgies, sois à nos côtés, veille au salut de ton chœur et à ce que je puisse, en toute sécurité, toute la journée, m'ébattre et danser. A ce que je puisse aussi multiplier les bons mots et les propos sérieux, et me voir couronner des bandelettes du vainqueur pour avoir badiné et plaisanté d'une manière digne de la fête.

Le Coryphée

Eh bien donc, convoquez ici, par vos chants, le dieu joyeux qui participe avec nous à ce chœur.

Le Chœur

Iacchos très vénéré, inventeur des airs infiniment doux de cette fête, viens avec nous auprès de la déesse et montre-toi capable d'accomplir un long trajet sans fatigue. Iacchos, ami des chœurs, sois de mon cortège. Car c'est en ton honneur que nous avons mis en pièces, pour faire rire et par économie, cette petite sandale et ce méchant costume, et c'est toi qui as trouvé le moyen de nous faire exécuter nos jeux et nos danses sans dégâts. Iacchos, ami des chœurs, sois de mon cortège. Et en effet en regardant de côté, j'ai aperçu tantôt une fillette, au fort joli minois, qui participait aux ébats, et dont la chemisette, déchirée sur le côté, laissait pointer un bout de téton. Iacchos, ami des chœurs, sois de mon cortège.

Xanthias

Moi, j'aime toujours en quelque sorte faire escorte et je veux bien avec elle folâtrer et danser.

Dionysos

Et moi aussi.

Le Coryphée

Voulez-vous qu'on raille ensemble Archédémos [164], qui, à l'âge de sept ans, n'eut pas encore ses dents de « phratrie » ? Maintenant il est chef de parti populaire des morts d'en haut où il détient le sceptre de... la perversité. Le fils de Clisthène, me suis-je laissé dire, épilait son derrière et se lacérait les joues dans les tombeaux; le dos courbé, il se frappait la poitrine, pleurait, appelait à grands cris Sébinos du dème d'Ana(l)... phlyste [165]. On dit aussi que Callias, ce fils d'Hipponicos, se bat sur mer revêtu d'un sexe de femme en guise de peau de lion.

DIONYSOS

Pourriez-vous nous dire quelle est ici la demeure de Pluton ? Nous sommes deux étrangers qui viennent d'arriver.

LE CORYPHÉE

Ne va pas plus loin, ne m'en demande pas davantage : car te voilà juste à sa porte.

DIONYSOS *(à Xanthias)*

Tu pourrais reprendre ton paquet, petit.

XANTHIAS

Qu'est-ce à dire ? Encore le « Corinthos, fils de Zeus [166] » sur le tapis !

LE CORYPHÉE

Pénétrez maintenant dans l'enceinte sacrée de la déesse, ébattez-vous dans le bois couvert de fleurs, vous qui participez à la fête divine. Moi, j'irai avec les jeunes filles et les femmes, là où l'on célèbre la fête de nuit en l'honneur de la déesse, pour y porter la torche sacrée. Avançons-nous vers les prairies fleuries couvertes de roses, en dansant, à notre manière habituelle, les plus belles danses, que mènent les Parques bienheureuses. Car c'est pour nous seuls que le soleil et la lumière sont en joie, pour nous les initiés, qui avons vécu pieusement et honoré les étrangers comme les citoyens.

DIONYSOS

Voyons, comment dois-je frapper à la porte ; comment ? comment frappent les gens d'ici ?

XANTHIAS

Ne lanterne pas ; mais tâte de cette porte à la manière d'Héraklès, dont tu as l'apparence, donc l'assurance !

DIONYSOS

Garçon ! garçon !

EAQUE

Qui va là ?

DIONYSOS

Héraklès le costaud.

EAQUE

O être puant, impudent, effronté, scélérat, grand scélérat, le plus scélérat des hommes, toi qui chassas d'ici notre chien Cerbère, en l'étranglant, et pris la fuite en l'emportant, lui dont j'étais le gardien. Mais à présent, je te tiens par la taille. Le rocher noir du Styx et le pic ensanglanté de l'Achéron te surveillent, ainsi que les chiens rôdeurs du Cocyte et Echidna aux cent têtes, qui déchirera tes flancs, une murène Tart... ésienne fouillera tes poumons; des Gorgones... Tithrassiennes t'arracheront les reins et les entrailles, tout saignants,

     « *et je m'en vais d'un bond rejoindre ces Gorgones* ».

XANTHIAS

Hé! l'homme! qu'as-tu fait?

DIONYSOS

J'ai lâché le tout... Invoque le dieu.

XANTHIAS

Tu es grotesque; debout! Vite! Avant que quelque étranger ne te voie!

DIONYSOS

Mais je défaille! Applique-moi plutôt sur le c...œur une éponge!

XANTHIAS

Tiens; voici, applique-toi-la. Où est-il? Dieux d'or! C'est là que tu as ton cœur?

DIONYSOS

La peur me l'a fait glisser dans le ventre!

XANTHIAS

O le plus peureux des dieux et des hommes!

DIONYSOS

Moi! comment, peureux, puisque je t'ai demandé une éponge? Un autre que moi n'eût pas fait cela.

XANTHIAS

Quoi alors?

DIONYSOS

Il serait resté étendu reniflant à plein nez, s'il était peureux; tandis que moi, je me suis relevé et nettoyé.

XANTHIAS

Ce sont là des prouesses, par Posidon!

DIONYSOS

Je pense bien, par Zeus! mais toi, tu n'as pas été effrayé par ce bruit de paroles et ces menaces ?

XANTHIAS

Par Zeus, non! Je n'y ai même pas fait attention.

DIONYSOS

Eh bien donc, puisque tu es énergique et courageux, fais mon personnage, prends cette massue et cette peau de lion, si tu as le cœur intrépide; moi je ferai le tien et porterai les bagages à mon tour.

XANTHIAS

Passe-les-moi vite; il faut bien s'exécuter; et regarde l'Héraklès-Xanthias, pour voir si je suis poltron et si j'ai ton intrépidité!

DIONYSOS

Non, par Zeus, mais tu as tout du coquin de Mélité [167]. Voyons que je prenne ce ballot.

UNE SERVANTE *sortant de la maison de Perséphone*

LA SERVANTE

Très cher Hercule, c'est toi ? Entre ici. Car la déesse n'était pas plus tôt informée de ta présence qu'elle pétrissait des pains, faisait cuire deux ou trois marmites de purée de légumes, rôtir un bœuf entier, et griller galettes et gâteaux. Mais entre.

XANTHIAS

Parfait! mes compliments.

LA SERVANTE

Par Apollon, il n'y a pas danger que je te laisse partir, puisqu'elle a fait bouillir des volailles, grillé des friandises, préparé un mélange de vin très doux. Mais entre avec moi.

XANTHIAS

Tu es trop aimable!

LA SERVANTE

Tu plaisantes! Je ne te lâcherai pas. Il y a déjà pour toi à la maison une joueuse de flûte ravissante et deux ou trois danseuses.

XANTHIAS

Comment dis-tu ? des danseuses ?

LA SERVANTE

Toutes jeunettes et épilées depuis peu. Mais entre. Car le cuisinier allait retirer les poissons du feu et l'on apportait la table.

XANTHIAS

Eh bien, va d'abord dire aux danseuses de céans que je m'amène. Garçon, suis-moi avec les paquets.

DIONYSOS

Arrête, l'homme! Tu ne vas pas par hasard prendre au sérieux le rôle d'Hercule que je t'ai fait jouer en plaisantant ! Trêve de plaisanterie, Xanthias; mais reprends les bagages et porte-les.

XANTHIAS

Qu'est-ce ? Tu as par hasard l'intention de m'enlever ce que tu m'as toi-même donné ?

DIONYSOS

Je n'en ai pas l'intention; je le fais tout de suite. Dépose cette peau.

XANTHIAS

J'en appelle aux dieux.

DIONYSOS

Quels dieux ? Mais tu n'auras pas la sotte, la vaine prétention, avec ta qualité d'esclave et de mortel, de te croire le fils d'Alcmène ?

XANTHIAS

Prends-les, ne t'inquiète pas; c'est bien. Voici. Il se pourrait bien que tu aies besoin de moi un jour, s'il plaît à Dieu.

LE CHŒUR

Voilà qui est d'un homme sensé, intelligent, et qui a beaucoup navigué, de se porter toujours du bon côté, plutôt que de rester en place comme une statue, dans la même posture. Faire volte-face pour aller du côté le plus doux, c'est le propre d'un homme habile, dans le genre de Théramène.

DIONYSOS

Ne serait-ce pas ridicule, en vérité, que Xanthias, un
esclave, étendu sur des tapis de Milet, baisât une danseuse,
puis me réclamât un pot de chambre ? que d'autre part
je le regardasse faire en me caressant la fève, et qu'il
me vît, ce chenapan, puis m'assenant sur la mâchoire
un coup de poing, m'arrachât les dents de devant ?

UNE PREMIÈRE AUBERGISTE
(apercevant Dionysos déguisé en Héraklès).

Plathanê, Plathanê, viens ici. Voici le malandrin qui
pénétra un jour dans notre cabaret et nous mangea seize
pains.

UNE SECONDE AUBERGISTE

Oui, par Zeus ! c'est lui-même !

XANTHIAS

Ça va mal pour quelqu'un.

LA PREMIÈRE AUBERGISTE

Et de plus vingt plats de viande bouillie, d'une demi-
obole pièce.

XANTHIAS

Quelqu'un sera puni.

LA PREMIÈRE AUBERGISTE

Et la plus grande partie de nos gousses d'ail.

DIONYSOS

Tu babilles, femme, sans savoir ce que tu dis.

LA PREMIÈRE AUBERGISTE

Tu veux dire que tu ne t'attendais pas avec des cothurnes à être reconnu ? Quoi ! et je n'ai pas encore parlé de
la grande quantité de salaisons !

LA SECONDE AUBERGISTE

Non, par Zeus, ni du fromage frais, malheureux, qu'il
a dévoré avec les éclisses ?

LA PREMIÈRE AUBERGISTE

Et quand je lui réclamai l'argent, il me jeta un regard
courroucé et mugit.

Xanthias

Ça c'est bien de lui. C'est sa façon de faire partout.

La Première Aubergiste

Et il tira son épée, comme hors de lui.

La Seconde Aubergiste

Oui, par Zeus, malheureuse!

La Première Aubergiste

Nous, saisies de frayeur, d'un bond nous fûmes au grenier, et lui, se sauva avec les nattes.

Xanthias

Cela aussi, c'est bien de lui.

La Première Aubergiste

Mais il faudrait faire quelque chose. Va donc m'appeler mon patron Cléon [168].

La Seconde Aubergiste

Et toi appelle-moi Hyperbolos si tu le rencontres.

La Première Aubergiste

... pour que nous le rouions de coups. O gosier de malheur, comme j'aurais plaisir à te fracasser d'un coup de pierre les molaires avec lesquelles tu as dévoré mes produits!

Xanthias

Et moi, puissé-je te précipiter dans le barathre!

La Deuxième Aubergiste

Et moi je voudrais te trancher avec une faux cette gorge avec laquelle tu as avalé mes tripes.

La Première Aubergiste

Mais je vais chez Cléon, qui aujourd'hui même te fera rendre gorge en t'assignant en justice.

Dionysos

Que je meure très misérablement si je n'aime pas Xanthias!

Xanthias

Je sais, je sais où tu veux en venir. Cesse, cesse tes discours! Je ne saurais redevenir Héraklès.

DIONYSOS

Ne dis pas cela, mon petit Xanthias.

XANTHIAS

Et comment pourrais-je devenir le fils d'Alcmène, moi qui suis à la fois esclave et mortel ?

DIONYSOS

Je sais, je sais que tu es en colère, et tu es en droit de l'être ; tu me frapperais que je n'aurais rien à redire. Mais s'il m'arrive jamais à l'avenir de te retirer ton rôle, puissé-je être détruit jusqu'à la racine moi, ma femme, mes enfants et Archidémos le chassieux !

LE CHŒUR

Maintenant c'est à toi, puisque tu as repris ton ancien costume, de rajeunir entièrement, et de reprendre ton air farouche en te souvenant du dieu dont tu as le masque. Mais si tu es surpris en train de déraisonner, ou de laisser échapper une parole de découragement, il te faudra bien reprendre les paquets.

XANTHIAS

Ce n'est pas un mauvais conseil que vous me donnez là, les amis. Il se trouve que cette idée-là m'est venue à moi aussi tantôt. Il s'efforcera, au cas où les choses prendront une bonne tournure, de me saisir cela de nouveau, je le sais bien. Je me montrerai cependant résolu, lancerai des regards perçants comme l'origan. Il le faudra bien, selon toute apparence : j'entends déjà la porte qui grince.

LES MÊMES, ÉAQUE ET SES ARCHERS

EAQUE

Garrottez rapidement ce voleur de chiens. Qu'il soit puni. Faites vite.

DIONYSOS

Ça va mal pour quelqu'un.

XANTHIAS

N'iras-tu pas aux corbeaux ? N'approchez pas.

EAQUE

Soit ! Tu veux le combat ? Ohé ! Ditylas, Scéblyas,

Pardocas, accourez ici, et engagez le combat avec cet homme.

DIONYSOS

N'est-ce pas révoltant qu'il s'avise de battre les autres, quand c'est lui qui les vole ?

EAQUE

Ça dépasse les bornes.

DIONYSOS

C'est effroyable, inouï.

XANTHIAS

Eh oui, par Zeus, je veux être mort si jamais je suis venu ici ou si je t'ai volé la valeur d'un cheveu. Je veux avoir pour toi un geste tout à fait noble : Prends cet esclave, fais-le mettre à la question ; si tu me trouves coupable, traîne-moi au supplice.

EAQUE

Et comment le mettre à la question ?

XANTHIAS

De toute façon : attache-le à une échelle, suspends-le, fouette-le avec le fouet à pointes, écorche-le, tords-le ; bien plus, verse-lui du vinaigre dans le nez, applique-lui des briques, et tout le reste ; garde-toi seulement de le frapper avec des poireaux ou de l'ail nouveau.

EAQUE

Tu dis juste ; et si je t'estropie ton garçon, en le battant, je te verserai l'argent ?

XANTHIAS

Pour sûr que non ! Emmène-le et mets-le à la question comme je t'ai dit.

EAQUE

Ici même, tu veux dire, pour qu'il s'explique sous tes yeux. Dépose vite tes paquets, toi, et tâche de ne rien dire ici de mensonger.

DIONYSOS

Je défends qu'on me mette à la question, en ma qualité d'immortel. Sans quoi tu n'auras qu'à t'incriminer toi-même.

ÉAQUE

Tu dis ?

DIONYSOS

Je déclare que je suis immortel, Dionysos de Zeus, et que l'esclave c'est lui.

ÉAQUE

Tu entends ?

XANTHIAS

Oui. Et il n'en mérite que davantage le fouet. S'il est dieu en effet, il ne le sentira pas.

DIONYSOS

Pourquoi alors, puisque tu prétends toi aussi être dieu, ne te fais-tu pas donner autant de coups que moi ?

XANTHIAS

C'est juste. Celui des deux que tu verras pleurer le premier, ou se montrer quelque peu sensible aux coups, dis-toi bien que celui-là n'est pas un dieu.

ÉAQUE

On ne peut pas ne pas reconnaître que tu es une nature généreuse ; tu vas droit dans le juste. Allons, déshabillez-vous.

XANTHIAS

Comment nous feras-tu subir la question équitablement ?

ÉAQUE

Facilement, en donnant un coup à chacun alternativement.

XANTHIAS

Belles paroles ! voici : regarde donc si tu me vois bouger.

ÉAQUE

T'ai-je déjà frappé ?

XANTHIAS

Non, par Zeus ; il ne me semble pas non plus.

ÉAQUE

Je m'en vais frapper celui-ci.

DIONYSOS

Quand ?

EAQUE

Ça y est, j'ai frappé.

DIONYSOS

Et comment se fait-il que je n'aie pas éternué ?

EAQUE

Je ne sais pas. Je vais recommencer sur celui-ci.

XANTHIAS

Veux-tu bien finir ? Aïe! aïe! aïe!

EAQUE

Pourquoi « aïe, aïe, aïe » ? T'ai-je fait mal par hasard ?

XANTHIAS

Non, par Zeus; je me suis demandé à quelle date on célébrait les fêtes d'Héraclès aux Diomées [169].

EAQUE

Saint homme! Il faut retourner à l'autre. (*Il frappe Dionysos.*)

DIONYSOS

Iou! iou!

EAQUE

Qu'y a-t-il ?

DIONYSOS

Je vois des cavaliers.

EAQUE

Pourquoi pleures-tu donc ?

DIONYSOS

Je flaire des oignons.

EAQUE

C'est bien plus sûr que tu ne fais cas de rien ?

DIONYSOS

Tout m'est indifférent.

EAQUE

Il faut donc revenir à celui-ci. (*Il bat Xanthias.*)

XANTHIAS

Aïe! aïe!

EAQUE

Qu'y a-t-il?

XANTHIAS

Ote-moi l'épine.

EAQUE

Qu'est-ce qui se passe ici ? Il faut revenir à l'autre.

DIONYSOS

Apollon! « Toi qui résides quelque part à Délos ou à Pytho. »

XANTHIAS

Il l'a senti passer; tu n'as pas entendu ?

DIONYSOS

Mais non, je me remémorais un iambe d'Hipponax.

XANTHIAS

Il faut dire que tu t'y prends mal; broie-lui plutôt les flancs.

EAQUE

Non, par Zeus! Présente le ventre à présent.

DIONYSOS

Posidon!...

XANTHIAS

Quelqu'un l'a senti passer.

DIONYSOS

« ... Qui règnes du fond de la mer
Sur le cap Egéen ou l'immensité bleue. »

EAQUE

Par Déméter, je ne puis pas encore démêler lequel de vous est dieu. Mais entrez. Le maître vous reconnaîtra lui-même, ainsi que Perséphone, étant dieux aussi.

DIONYSOS

Tu as raison. Mais je t'aurais voulu voir en décider ainsi avant que je n'eusse reçu les coups. *(Ils rentrent.)*

LE CHŒUR

Muse, préside aux chœurs sacrés; viens apporter à mon chant la note agréable et contempler cette foule énorme où sont assis des milliers de doctes à l'idéal plus

noble que celui de Cléophon dont les lèvres bavardes font
entendre l'étrange gazouillis d'une hirondelle de Thrace,
perchée sur un pétale barbare ; elle fredonne un air lamen-
table de rossignol et il se croit perdu, même à égalité
de suffrages.

LE CORYPHÉE

Il est juste que le chœur sacré donne les conseils et les
enseignements utiles à la cité. Nous estimons tout d'abord
qu'il faut établir l'égalité entre citoyens et bannir toute
crainte. Quelqu'un a-t-il, victime des manœuvres de
Phrynicos, commis une faute, je prétends qu'il faut donner
à ceux qui ont perdu pied alors la possibilité de se disculp-
per et de se laver de leurs fautes passées. Je déclare en
outre que personne ne doit être dépossédé de ses droits
à l'intérieur de la cité. Il est honteux, en effet, que des
gens qui n'ont combattu qu'une fois sur mer soient du
coup Platéens, et d'esclaves deviennent des maîtres. Ce
n'est pas que je puisse dire que cela n'est pas bien ; j'y
applaudis au contraire, car c'est la seule chose sensée que
vous ayez faite. Mais il est juste en outre qu'on pardonne
cette unique défaillance à ceux qui ont déjà maintes fois,
eux et leurs pères, combattu sur mer avec nous, qui sont
vos proches, et qui implorent votre pardon. Eh bien donc,
vous qui êtes la sagesse même, relâchez-vous de votre
colère ; travaillons à faire de tous les hommes qui auront
combattu sur mer avec nous, des parents ayant tout droit
aux honneurs, tous citoyens. Mais si nous montrons trop
de fierté et d'arrogance sur ce chapitre, et cela quand nous
sommes à la merci des flots, on nous accusera plus tard
de manquer de bon sens.

LE CHŒUR

Si je sais bien apprécier la vie et la conduite d'un homme
qui va bientôt gémir, ce singe non plus qui cause aujour-
d'hui tant de trouble, Cligène le minuscule, le patron de
bains le plus louche de tous ces rois de la lessive à base
de cendre et de faux natron, ces potentats de la terre de
Cimôlos, ne restera pas longtemps ici. Comme il s'en rend
bien compte, il ne peut se tenir en paix de peur qu'on ne
le dépouille un jour qu'il serait ivre et marcherait sans
bâton.

LE CORYPHÉE

Souvent il nous a semblé que cette ville procède avec
les bons et honnêtes citoyens comme avec l'ancienne et

la nouvelle monnaie. Nous ne nous servons pas pour notre usage des pièces anciennes, qui ne sont pas falsifiées et qui passent pour les meilleures, qui sont les seules d'une frappe réglementaire, rendant un son pur, chez tous les Hellènes et les Barbares, mais de ces méchantes pièces de cuivre, frappées hier et avant-hier d'une frappe de fort mauvaise qualité. Ainsi en va-t-il pour les citoyens : ceux que nous savons de bonne naissance, raisonnables, justes, probes et honnêtes, formés aux exercices de la palestre, aux chœurs et à la musique, ceux-là nous les outrageons et nous faisons servir à tous nos usages les pièces de cuivre, je veux dire des étrangers, des roux, des vauriens fils de vauriens, nouveaux venus dont la cité n'eût pas voulu facilement, sans contrôle, même pas comme victimes expiatoires. Eh bien donc, aujourd'hui du moins, ô insensés, changez votre façon d'agir, servez-vous de nouveau des serviteurs d'élite.

En cas de succès, on vous louera; en cas d'échec, vous aurez du moins peiné sur du bon bois, au jugement des connaisseurs, dût-il vous en coûter quelque mal.

XANTHIAS, UN SERVITEUR DE PLUTON

LE SERVITEUR DE PLUTON

Par Zeus sauveur, c'est un homme de cœur ton maître !

XANTHIAS

Comment ne serait-il pas un homme de cœur, lui qui ne sait que boire et faire l'amour ?

LE SERVITEUR

Dire qu'il ne t'a pas rossé après t'avoir ouvertement convaincu de mensonge toi qui, simple esclave, te donnais pour le maître !

XANTHIAS

Dans ce cas il en eût bavé !

LE SERVITEUR

Ce que tu as fait là est bien digne d'un esclave; c'est justement la conduite que j'aime avoir.

XANTHIAS

Que tu aimes ? Je t'en prie.

Le Serviteur

Mieux : je me crois aux anges quand je maudis le maître en cachette.

Xanthias

Et quand tu te diriges vers la porte, en murmurant, après avoir reçu une bonne volée ?

Le Serviteur

Alors aussi j'ai du plaisir.

Xanthias

Et quand tu mets la main à mille choses ?

Le Serviteur

Par Zeus, je ne connais rien de comparable !

Xanthias

Zeus protecteur de mes semblables ! Et quand tu prêtes une oreille indiscrète aux conversations des maîtres ?

Le Serviteur

Alors c'est plus que du délire.

Xanthias

Et quand tu vas colporter aux gens du dehors ces conversations ?

Le Serviteur

Moi ? Non, par Zeus, mais quand je le fais, je me mouille.

Xanthias

O Phoibos Apollon ! Donne-moi ta main, permets que je t'embrasse, et embrasse-moi aussi ; explique-moi, au nom de Zeus, patron de nous tous qu'on mène au fouet, quel est ce bruit à l'intérieur, ces cris, cette querelle ?

Le Serviteur

Ça vient d'Eschyle et d'Euripide.

Xanthias

Ah !

Le Serviteur

Une affaire, une affaire grosse, grosse affaire est déchaînée chez les morts : émeute très sérieuse.

XANTHIAS

A quel sujet ?

LE SERVITEUR

Une loi établie ici concernant les différentes branches des arts où s'exercent les grandes facultés de l'esprit, veut que le plus habile des gens de cette profession soit nourri au Prytanée et ait un trône à côté de Pluton.

XANTHIAS

Je comprends.

LE SERVITEUR

... Jusqu'à ce qu'un plus habile que lui survienne; auquel il lui faut céder la place.

XANTHIAS

En quoi cela a-t-il impressionné Eschyle ?

LE SERVITEUR

Il occupait le trône de la tragédie, comme étant le plus fort dans sa spécialité.

XANTHIAS

Et maintenant qui est-ce ?

LE SERVITEUR

Lorsque Euripide descendit, il donna des représentations aux détrousseurs, aux coupe-bourses, aux parricides, aux perceurs de murs, qui sont légion aux Enfers et eux, en entendant ses ripostes, ses contorsions, ses parades, en raffolèrent, et le tinrent pour le plus habile. Ainsi exalté, il s'empara du trône qu'occupait Eschyle.

XANTHIAS

Et on ne l'en chassait pas ?

LE SERVITEUR

Non, par Zeus, mais la foule demandait à grands cris que l'on décidât par un jugement lequel des deux réussissait le mieux dans son art.

XANTHIAS

La foule des sacripants ?

LE SERVITEUR

Ma foi oui! et bien fort!

Xanthias

Et n'y en avait-il pas qui prenaient parti pour Eschyle ?

Le Serviteur

Il y a peu de gens de bien; c'est comme ici. *(Il montre les spectateurs.)*

Xanthias

Et Pluton, que va-t-il faire ?

Le Serviteur

Instituer tout de suite un concours, une confrontation qui prouve l'habileté de chacun.

Xanthias

Et pourquoi Sophocle n'essayait-il pas aussi de s'emparer du trône ?

Le Serviteur

Non, par Zeus, lui pas du tout! Quand il est descendu ici, il a embrassé Eschyle, lui a tendu la main, et lui a cédé le trône. Mais maintenant, comme l'a dit Clidémidès, il est prêt à entrer en jeu comme « athlète de réserve » : si Eschyle est vainqueur, il garde son rang; sinon, il disputera, dit-il, le championnat de l'art à Euripide.

Xanthias

La chose arrivera donc?

Le Serviteur

Oui, par Zeus, et pas plus tard que cela. C'est ici même que vont commencer les hostilités! On va peser leur art sur les plateaux de la balance.

Xanthias

Eh quoi! On débitera la tragédie au poids le plus bas ?

Le Serviteur

Et l'on apportera des règles, des gabarits de vers, des mesures rectangulaires.

Xanthias

Ils feront donc des briques ?

Le Serviteur

... et des diamètres et des coins. Car Euripide affirme qu'il évaluera les tragédies vers par vers.

Xanthias

Eschyle à mon avis doit en avoir gros sur le cœur.

Le Serviteur

Ce qu'il y a de sûr, c'est qu'il a baissé la tête et jeté des regards de taureau.

Xanthias

Qui arbitrera le conflit ?

Le Serviteur

C'était le point difficile. Ils se sont aperçus qu'il y avait pénurie de compétences. Il faut dire aussi qu'entre les Athéniens et Eschyle ça n'allait pas.

Xanthias

Peut-être exagérait-il le nombre des perceurs de murailles.

Le Serviteur

...Tout le reste n'avait selon lui aucune qualité pour apprécier la valeur des poètes. Ils ont fini par s'en remettre à ton maître, pour sa compétence en matière d'art. Mais entrons ; car quand nos maîtres sont affolés, ce sont des pleurs pour nous.

Le Chœur

Terrible certes sera la colère du poète grandiloquent, à la vue de son adversaire au verbe acéré, aiguisant ses dents ; fou de rage, alors il en roulera des yeux ! Ce sera une bataille impétueuse à coups de discours aux crinières de cheval et d'audaces à l'emporte-pièce, lorsque le faiseur de ciselures se défendra contre l'homme à l'esprit inventif, au langage pompeux ; son épaisse chevelure hérissée telle une crinière sur son cou naturellement velu, le sourcil froncé à faire peur, il jettera d'une voix rugissante des paroles chevillées, qu'il arrachera comme des planches avec son souffle de géant. Mais alors une langue aiguisée, travailleuse de la bouche, éplucheuse de vers, secouant les freins de l'envie en se déroulant, découpant les mots, réfutera à coups de subtilités l'œuvre si pénible des poumons.

Euripide (à Dionysos)

Je ne saurais céder le trône ; ne me gronde pas ; je prétends lui être supérieur dans mon art.

DIONYSOS

Eschyle, pourquoi te tais-tu ? Tu entends bien ce qu'il dit.

EURIPIDE

Il fait d'abord le grand seigneur, comme chaque fois que dans ses tragédies il voulait donner le change.

DIONYSOS

Pas de si grands mots, que diable!

EURIPIDE

Je le connais, moi; je l'ai scruté depuis longtemps : c'est un faiseur de caractères farouches, au langage présomptueux, à la langue sans frein, sans mesure, que rien n'arrête, un bavard intrépide; un inventeur de mots pompeux et sonores.

ESCHYLE

« Vraiment! ô fils de la déesse champêtre [170] ? » C'est toi qui parles ainsi de moi, ô débitant de bavardages, faiseur de mendiants, rapetasseur de loques! Tu n'auras pas à te réjouir de telles paroles.

DIONYSOS

Cesse, Eschyle, « ne laisse pas ton cœur s'enflammer de colère ».

ESCHYLE

Non, pas avant d'avoir démontré clairement ce qu'il est, ce faiseur de boiteux, avec sa morgue.

DIONYSOS

Apportez un agneau, un agneau noir, les enfants; une tempête menace d'éclater.

ESCHYLE

O collectionneur de monodies crétoises, qui mets sur la scène des unions sacrilèges.

DIONYSOS

Assez! toi, très respectable Eschyle. Toi, pauvre Euripide, va-t'en vite te mettre à l'abri de la grêle, si tu as ton bon sens et si tu ne veux pas qu'il te porte de colère un... mot décisif à la tempe et n'en fasse jaillir ton Télèphe. Et toi, Eschyle, sans colère, mais avec douceur, contredis et laisse-toi contredire. Il ne convient pas que des poètes s'insultent comme des boulangères. Toi, tu crépites aussitôt comme une yeuse en flammes.

EURIPIDE

Moi, je suis prêt, sans reculer, à mordre et à me laisser mordre le premier, à son gré, sur les vers tragiques, sur les vers lyriques, nerfs de la tragédie, et, ma foi, sur Pelée, sur Eole, sur Méléagre, et encore sur Télèphe.

DIONYSOS

Et toi, que veux-tu faire, dis, Eschyle ?

ESCHYLE

J'aurais voulu éviter une altercation ici; car la partie n'est pas égale.

DIONYSOS

Pourquoi ?

ESCHYLE

Parce que ma poésie n'est pas morte avec moi; tandis que la sienne est morte avec lui de sorte qu'il aura de quoi parler. Néanmoins, puisque tu en décides ainsi, il faut s'exécuter.

DIONYSOS

Allons, qu'on me passe de l'encens et du feu; qu'avant ce tournoi d'éloquence je prie afin de pouvoir arbitrer ce débat en toute impartialité. Vous, chantez un cantique en l'honneur des Muses pour m'accompagner.

LE CHŒUR

O vous, les neuf filles de Zeus, saintes Muses, vous qui tenez vos regards sur ces fins parleurs, ces esprits compétents et sentencieux, quand ils s'affrontent en des luttes de paroles, rivalisant d'adresse et de souplesse, venez voir comme leurs bouches excellent à fournir les paroles et les vers à l'emporte-pièce. C'est maintenant que va se livrer le grand assaut de savoir.

DIONYSOS

Priez un peu vous aussi avant de réciter vos vers.

ESCHYLE

Déméter nourricière de mon esprit, rends-moi digne de tes mystères.

DIONYSOS

Prends, toi aussi, de l'encens et fais-le brûler.

EURIPIDE

Merci. Ce sont d'autres dieux que j'invoque.

DIONYSOS

Tu as des dieux à toi ? une monnaie nouvelle ?

EURIPIDE

Précisément.

DIONYSOS

Invoque donc tes dieux particuliers.

EURIPIDE

Ether, ma subsistance, pivot de la langue, et toi Compréhension, vous Narines subtiles, aidez-moi à réfuter selon les règles les raisonnements auxquels je m'attaquerai.

LE CHŒUR

Certes nous brûlons d'entendre de vous deux, hommes de talent, dans quels rudes sentiers d'éloquence vous allez vous lancer. Votre langue est exaspérée, votre volonté batailleuse à tous deux, votre esprit agressif. Il est donc naturel de s'attendre à ce que l'un dise quelque fine parole, bien limée, et que l'autre fonce, arrachant les mots du fond de sa poitrine, avec leurs racines, déroule les longs rubans de ses vers.

LE CORYPHÉE

Allons, il faut parler au plus vite, mais de telle façon que vous disiez des choses de bon ton, sans portraits, et sans ces banalités qu'un autre pourrait dire.

EURIPIDE

Eh bien, sur moi-même, sur la nature de ma poésie, je ne m'expliquerai que tout à la fin. Je prouverai tout d'abord que cet homme n'est qu'un vantard et un fourbe, en montrant par quel procédé il réussissait à tromper les spectateurs, qu'il prenait tout abêtis par l'école de Phrynichos.

Son premier procédé consistait à faire asseoir sur la scène un personnage, tête voilée, un Achille ou une Niobé, dont il ne montrait pas le visage, simple décor de tragédie, ne soufflant mot.

DIONYSOS

Non, par Zeus, non, certes.

EURIPIDE

Et le chœur nous assenait coup sur coup quatre séries de strophes sans désemparer, tandis qu'eux se taisaient.

DIONYSOS

Moi, je me réjouissais de leur silence qui me charmait bien plus que les radotages d'aujourd'hui.

EURIPIDE

C'est que tu étais un insensé, sache-le bien.

DIONYSOS

Il me semble aussi! Mais pourquoi en usait-il ainsi, l'individu?

EURIPIDE

Par gageure, pour que le spectateur restât assis en attendant le moment où sa Niobé articulerait un son. Et la pièce avançait.

DIONYSOS

O le fieffé fripon! Comme il me bernait! *(A Eschyle)* Qu'as-tu à t'agiter et à t'impatienter?

EURIPIDE

C'est parce que je le confonds. Quand il avait ainsi débité ces sottises et que la pièce en était déjà à son milieu, il disait quelque douze mots gros comme des bœufs, pourvus de sourcils et de panaches, à visage de croque-mitaine, inconnus aux spectateurs.

ESCHYLE

Ah! malheureux que je suis!

DIONYSOS

Silence!

EURIPIDE

Mais de parole claire, il n'en disait pas une!

DIONYSOS *(A Eschyle)*

Ne grince pas des dents.

EURIPIDE

...Si ce n'est des scamandres, des fossés, des aiglesgriffons en airain sur des boucliers, des termes haut perchés à cheval qu'il n'était pas facile d'identifier.

DIONYSOS

Oui, par les dieux; ce qu'il y a de sûr, c'est qu'il m'est déjà arrivé de « passer sans sommeil une longue partie de la nuit [171] » pour chercher quel oiseau est son hippalectryon [172] roux.

ESCHYLE

C'était, ô ignorantissime, un emblème gravé sur les vaisseaux.

DIONYSOS

Et moi je croyais que c'était le fils de Philoxénos, Erixis!

EURIPIDE

Avec ça était-il besoin d'aller jusqu'à représenter un coq dans les tragédies ?

ESCHYLE

Et toi, ennemi des dieux, quel genre de représentations faisais-tu ?

EURIPIDE

Je ne représentais pas comme toi des hippalectryons, non! par Zeus, ni des boucs-cerfs, que les Mèdes dessinent sur leurs tapisseries. Mais quand j'eus reçu de toi la tragédie avec son embonpoint maladif venant de discours emphatiques et de termes lourds, je la fis maigrir tout d'abord et lui fis perdre sa lourdeur par de petits vers, des digressions philosophiques et des bettes blanches, en lui administrant du suc de bavardages filtrés de ma bibliothèque. Ensuite je la remontais avec des monodies assaisonnées de Céphisophon [173]. Et puis je ne parlais pas au hasard, je ne me précipitais pas sur la scène en y semant le désordre; mais le premier de mes personnages qui sortait de la coulisse exposait aussitôt la genèse du drame.

DIONYSOS

Ça valait mieux pour toi que... la tienne propre.

EURIPIDE

Ensuite, dès les premiers vers, je ne laissais rien inactif : je donnais la parole à la femme, et à l'esclave aussi bien, au maître, à la jeune fille, et à la vieille au besoin.

ESCHYLE

Et après cela ne méritais-tu pas la mort, pour toutes ces audaces ?

EURIPIDE

Non, par Apollon; je ne faisais rien là que de démocratique.

DIONYSOS *(à Euripide)*

Laisse cela, mon bon, car ce n'est pas toi qui pourrais sur ce sujet faire une glorieuse digression.

EURIPIDE

Ensuite *(il montre les spectateurs)* j'ai appris à ces gens-là... le bavardage.

ESCHYLE

J'en conviens. Mais que n'es-tu crevé avant de le leur avoir appris !

EURIPIDE

... l'art de se servir des règles, des équerres à mesurer les vers, de réfléchir, de regarder, de comprendre, d'aimer les contorsions, d'intriguer, de soupçonner, de tout rouler dans son esprit.

ESCHYLE

J'en conviens.

EURIPIDE

... Mettant sur la scène des réalités domestiques auxquelles nous sommes habitués, avec lesquelles nous vivons, à propos desquelles j'aurais pu être confondu, car ces gens-là, les connaissant comme moi, auraient pu prendre en faute mon art. Mais je ne les entraînais pas hors du bon sens par d'emphatiques propos et je ne les déconcertais pas en représentant des Cycnos et de Memnons sur des chevaux aux harnais couverts de grelots. Et tu connaîtras ses disciples à lui et les miens; les siens, Phormisios, Mégénète le malchanceux, hommes à grandes barbes, munis de trompettes et de lances; les miens : Clitophon et Théramène l'élégant.

DIONYSOS

Théramène ? oui, un homme habile et extraordinaire pour tout; un homme qui, s'il tombe dans un malheur et se trouve sur le point de succomber, se tire hors du danger, d'un coup, non de chi...en [174], mais de Céien.

EURIPIDE

De telles méthodes de pensée, c'est moi qui les ai enseignées à ces gens-là *(il désigne les spectateurs)*, en mettant dans mon art le raisonnement et l'esprit critique. Aussi, ont-ils maintenant des notions de tout, des précisions sur tout et savent-ils mieux notamment tenir leur ménage et examiner en détail : « Comment marche cette affaire ? où en suis-je de ceci ? qui m'a pris cela ? »

DIONYSOS

Oui, par les dieux, ce qu'il y a de sûr c'est que maintenant n'importe quel Athénien, en rentrant chez lui, crie après les domestiques et demande : « Où est la marmite ? Qui a mangé la tête de l'anchois ? C'en est fait de mon plat de l'année dernière! Où est l'ail d'hier ? Qui a grignoté l'olive ? » Auparavant, sots à l'excès, la bouche ouverte, pendus aux robes de leurs mères, ils restaient plantés comme des niais.

LE CHŒUR

« Tu vois cela, brillant Achille [175] ? » Et toi, voyons, que répondras-tu à cela ? Tâche seulement de ne pas te laisser saisir par le courroux et emporter hors des oliviers; car il a asséné des coups terribles. Mais veille, ô homme généreux, à ne pas répondre sous le coup de la colère; songe à replier tes voiles, à ne te servir que de leurs bords, puis à pousser de plus en plus, et à épier le moment où tu recevras une brise douce et égale.

LE CORYPHÉE

Allons, toi qui le premier des Hellènes construisis comme des tours des locutions augustes, et portas à sa perfection le jargon tragique, en toute confiance, lâche le flot.

ESCHYLE

Je suis fâché de la rencontre, et mes entrailles bouillonnent à la pensée qu'il me faut réfuter un tel homme; mais pour qu'il ne prétende pas que je suis pris au dépourvu *(se tournant vers Euripide)*, réponds-moi, pour quelle raison faut-il admirer un poète ?

EURIPIDE

Pour son habileté et ses enseignements et parce que nous rendons les hommes meilleurs dans les villes.

ESCHYLE

Si donc, au lieu de cela, tu en as fait, d'honnêtes et généreux qu'ils étaient, des vauriens de la pire espèce, quel châtiment diras-tu que tu mérites ?

DIONYSOS

La mort. Ne demande pas ça à lui!

ESCHYLE

Regarde donc comme il les a reçus de moi d'abord! C'étaient des gens valeureux, de quatre coudées, et non pas des citoyens cherchant à échapper à leurs devoirs, ni des habitués de l'Agora, ni des fourbes, comme aujourd'hui, ni des meneurs; non, ils ne respiraient que javelots et lances, casques à panache blanc, heaume à panache flottant, cnémides, cœurs à sept peaux de bœuf [176].

EURIPIDE

Ah! voici venir l'orage! s'il débite des casques, il me fera succomber encore.

DIONYSOS

Et qu'as-tu fait pour les rendre par tes leçons si valeureux ? Parle, Eschyle; ne prends pas ces grands airs dédaigneux et courroucés.

ESCHYLE

J'ai composé un drame plein de Mars.

DIONYSOS

Lequel ?

ESCHYLE

Les « Sept contre Thèbes », qu'il suffisait d'avoir vu pour brûler d'être en pleine mêlée.

DIONYSOS

Mais c'est mal, ce que tu as fait là. Tu as fait des Thébains de plus vaillants guerriers. Tu mérites des coups pour cela. (Il fait le geste de frapper Eschyle.)

ESCHYLE

Mais il ne tenait qu'à vous de vous exercer à la guerre, seulement vous ne vous êtes pas tournés de ce côté-là. Ensuite, avec ma représentation des Perses, je leur appris à désirer toujours la victoire sur l'ennemi, en célébrant une action d'éclat.

DIONYSOS

En tout cas je fus fort aise quand tu gémis sur Darius mort, et aussitôt voilà le chœur qui se mit à frapper des mains et à crier : « ohé, oh! »

ESCHYLE

C'est à cela que doivent s'exercer les poètes. Regarde combien ont été utiles à l'origine les poètes de valeur. Orphée nous a enseigné les mystères et appris à éviter les meurtres; Musée, l'art des guérisons complètes et les oracles; Hésiode, les travaux de la terre, les saisons des fruits et celles des labours. Et le divin Homère, comment a-t-il acquis honneur et gloire, si ce n'est en enseignant des choses utiles, plans de batailles, vertus militaires, armements des hommes ?

DIONYSOS

Ce n'est toujours pas Pantaclès, le grand maladroit, qu'il a fait profiter de son enseignement. Avant-hier, par exemple, quand il devait prendre part à la procession, il avait commencé par attacher son casque sur la tête et ce n'est qu'après qu'il songea à y fixer l'aigrette!

ESCHYLE

Mais il en a fait profiter beaucoup d'autres, et des braves, dont précisément le héros Lamachos; c'est d'après lui que mon génie a représenté maintes prouesses des Patrocles, des Teucers au cœur de lion, pour inspirer à tout citoyen le désir de s'égaler à eux au premier son de la trompette. Mais par Zeus, je ne créais point de Phèdres prostituées, ni de Sthénébées, et il n'est à la connaissance de personne que j'aie jamais représenté une femme amoureuse.

EURIPIDE

Non, par Zeus, car tu n'avais rien en toi d'Aphrodite.

ESCHYLE

Puissé-je n'en rien avoir! mais il y en avait beaucoup en toi et tu en étais si chargé qu'elle t'a terrassé.

DIONYSOS

Oui, par Zeus, c'est bien cela, car les vices que tu ima-

ginais chez les femmes des autres, tu en as été victime toi-
même.

 EURIPIDE

Et en quoi, misérable, mes Sthénébées nuisent-elles à
la cité ?

ESCHYLE

En ce que tu as déterminé des femmes honnêtes de
maris honnêtes à boire la ciguë après s'être déshonorées
à cause de tes Bellérophons.

EURIPIDE

Mais est-ce que par hasard elle n'est pas réelle l'histoire de Phèdre que j'ai composée ?

ESCHYLE

Non, par Zeus, elle est authentique. Mais le poëte a
le devoir de cacher le mal au lieu de l'étaler et de le
donner en spectacle. Les poëtes sont les éducateurs de
la jeunesse, tout comme le maître d'école est celui de
l'enfance. Nous sommes strictement tenus de parler un
langage élevé.

EURIPIDE

Quand donc tu emploies des mots grands comme le
Lycabettos ou le mont Parnasse, c'est là ce que tu appelles
avoir un langage élevé, toi qui devrais parler le langage
des hommes ?

ESCHYLE

Mais, malheureux, il est indispensable, pour exprimer
de grands jugements et de grandes maximes, d'émettre
aussi des mots à leur taille. Au reste, il est naturel que les
demi-dieux se servent de mots plus élevés; aussi bien ont-
ils des vêtements beaucoup plus somptueux que les nôtres.
Tu as dégradé le haut enseignement que j'avais donné.

EURIPIDE

Comment ?

ESCHYLE

D'abord en revêtant les rois de haillons, pour leur faire
inspirer aux hommes la pitié.

EURIPIDE

Quel mal ai-je donc fait en cela ?

ESCHYLE

C'est à cause de cela que pas un riche ne veut être trierarque ; enveloppé de haillons, chacun se lamente et crie misère.

DIONYSOS

Oui, par Déméter, mais en portant sous ces haillons une tunique de laine épaisse! Et ceux qui trompent avec ce langage, on les voit surgir au marché aux poissons.

ESCHYLE

Tu leur as aussi enseigné le radotage et le babillage, qui ont fait déserter les palestres, user le derrière des jeunes gens bavards, et amené les marins de la Paralienne à répondre à leurs chefs, alors que de mon temps, quand je vivais encore, ils ne savaient que réclamer leur pain et crier : « Ruppappaï. »

DIONYSOS

Oui, par Apollon, et péter en pleine bouche au rameur d'en dessous, salir le voisin et, après avoir mis pied à terre, détrousser quelqu'un. Aujourd'hui ils répondent, au lieu de manier la rame, et naviguent çà et là.

ESCHYLE

De quels maux n'est-il pas l'auteur ? N'a-t-il pas mis en scène des pourvoyeuses, des femmes qui accouchent dans les sanctuaires, qui s'unissent à leurs frères et prétendent que la vie ce n'est pas la vie ? Il est résulté de là que notre ville s'est remplie de sous-greffiers et de pitres qui amusent le peuple par leurs singeries, l'abusent sans cesse et qu'il n'y a plus personne, faute d'exercice, capable de porter une torche.

DIONYSOS

Non, par Zeus, non vraiment, au point que je me suis séché de rire aux Panathénées, en voyant courir, courbé, blême, gras, un petit homme qu'on avait laissé en arrière et qui se démenait péniblement. Les gens du Céramique, dès qu'il arrive aux portes, le frappent au ventre, aux côtes, aux reins, aux fesses, du plat de la main; les coups lui font lâcher de petits vents, il souffle sa torche et prend la fuite.

LE CHŒUR

C'est une grande affaire, un débat passionné, une

guerre acharnée en perspective. Il sera donc difficile de décider entre celui qui aura chargé avec force et celui qui aura su faire volte-face et opposer une vive résistance. Mais ne restez pas sur le même sujet : il y a bien des moyens différents de mettre en jeu votre adresse. Quoi que vous ayez à débattre, parlez, allez de l'avant, épluchez les œuvres anciennes et les récentes, et tentez de dire quelque chose de fin et de sensé.

Si vous redoutez qu'une certaine ignorance n'empêche les spectateurs de comprendre vos finesses, n'ayez point cette crainte, les choses n'en sont plus là. Ils sont rompus au métier des armes, et, un livre à la main, chacun apprend les subtilités ; ce sont d'ailleurs des natures supérieures et ils sont encore « aiguisés ». Ne craignez donc rien, abordez tous les sujets et dites-vous bien que vous avez affaire à des spectateurs éclairés.

EURIPIDE *(à Eschyle)*

Je veux donc m'attaquer d'abord à tes prologues mêmes, apprécier en tout premier lieu cette partie initiale de la tragédie, chez ce docte. Il manquait de clarté dans l'exposé des faits.

DIONYSOS

Et lequel apprécieras-tu ?

EURIPIDE

Un très grand nombre. Récite-moi d'abord celui de l'Orestie.

DIONYSOS

Voyons, que chacun se taise. Parle, Eschyle.

ESCHYLE

« *Hermès sous-terrien, veillant sur les Etats paternels,*
Sois mon sauveur et mon allié, je t'en conjure.
J'arrive en ce pays où je rentre. »

DIONYSOS

As-tu là quelque chose à reprendre ?

EURIPIDE

Plus de douze fautes.

DIONYSOS

Mais le tout ne fait que trois vers.

EURIPIDE

Mais chacun contient vingt fautes.

DIONYSOS

Eschyle, je te conseille de te taire; sinon, en plus des trois vers iambiques, il résultera que tu es encore redevable.

ESCHYLE

Moi, me taire devant cet homme!

DIONYSOS

Si tu m'en crois du moins.

EURIPIDE

Il a commencé par une faute grande comme le ciel.

ESCHYLE

Tu vois que tu divagues.

EURIPIDE

Je m'en moque.

ESCHYLE

Quelle faute prétends-tu que j'ai faite ?

EURIPIDE

Répète depuis le début.

ESCHYLE

« *Hermès sous-terrien, veillant sur les Etats paternels.* »

EURIPIDE

Oreste ne dit-il pas cela sur le tombeau de son père mort ?

ESCHYLE

Je n'y contredis pas...

EURIPIDE

A-t-il voulu dire qu'Hermès, à la mort de son père abattu par la main criminelle d'une femme dans un mystérieux guet-apens, « *veillait* » sur cela ?

ESCHYLE

Il n'a pas voulu parler de cet Hermès-là, mais du bien-faisant, qu'il nomme sous-terrien, parce qu'il tient de son père, comme il le démontre, cette fonction sous-terrienne.

 EURIPIDE

La faute est encore plus grande que je ne l'affirmais.
Car s'il tient de son père cette fonction sous-terrienne...

DIONYSOS

Il serait alors, du fait de son père, violateur de tombeau.

ESCHYLE

Dionysos, tu bois un vin qui n'a pas de bouquet.

DIONYSOS

Répète-lui un autre vers. Toi, épie la faute.

ESCHYLE

« *Sois mon sauveur et mon allié, je t'en conjure, j'arrive
en ce pays où je reviens.* »

EURIPIDE

Il nous a dit deux fois la même chose, l'ingénieux
Eschyle.

DIONYSOS

Comment deux fois ?

EURIPIDE

Examine la phrase ; je vais te le montrer : « J'arrive
en ce pays » dit-il « où je reviens. » « Arriver » signifie ici
la même chose que « revenir ».

DIONYSOS

Oui, par Zeus ; oui, c'est comme si on disait à son
voisin : « Prête-moi ton pétrin, ou si tu veux ta huche ! »

ESCHYLE

Mais ce n'est pas la même chose du tout, incorrigible
bavard ! c'est un vers parfait.

EURIPIDE

Comment donc ? Explique-moi comment tu l'entends.

ESCHYLE

Arriver dans son pays, c'est pour quiconque a une
patrie ; il arrive sans avoir eu du mal ; mais un exilé
« arrive et revient ».

DIONYSOS

Bien, par Apollon. Que dis-tu, Euripide ?

EURIPIDE

Je prétends qu'Oreste n'est pas revenu chez lui; car il y est venu en cachette sans avoir été appelé par les chefs.

DIONYSOS

Bien, par Hermès!... Mais je ne comprends pas ce que tu veux dire.

EURIPIDE *(à Eschyle)*

Continue donc par un autre.

DIONYSOS

Allons, continue, toi, Eschyle, vite; *(à Euripide)* Et toi fais attention aux fautes.

ESCHYLE

Sur ce tombeau « *j'implore mon père pour qu'il m'écoute et m'entende* ».

EURIPIDE

Encore une répétition : « *Ecouter, entendre* », c'est de toute évidence la même chose.

ESCHYLE

C'est qu'il parlait à des morts, mauvais drôle, eux que nous n'atteignons même pas en répétant trois fois. Mais toi, comment faisais-tu tes prologues ?

EURIPIDE

Je vais te l'expliquer; et si je me répète en quelque endroit, ou si tu vois du remplissage, conspue-moi.

DIONYSOS

Allons, récite; moi je n'ai qu'à écouter tes prologues pour voir si les vers en sont corrects.

EURIPIDE

« *Œdipe tout d'abord était un homme heureux* [177]. »

DIONYSOS

Non, par Zeus, non; il était voué au malheur, puisque, avant qu'il naquît, Apollon avait prédit qu'il tuerait son père, avant même d'être au monde. Comment pouvait-il être d'abord un homme favorisé du sort ?

EURIPIDE

« *Puis il devint le plus infortuné des hommes.* »

ESCHYLE

Non, par Zeus, non certes; dis plutôt qu'il ne cessa
pas de l'être. Comment donc ? A peine venu au monde,
en hiver, on l'exposa dans une coquille de terre cuite
de peur que si on l'élevait il ne devînt le meurtrier de
son père; ensuite il se traîna chez Polybe, les pieds enflés;
puis, jeune homme, il épousa une vieille femme, et qui,
de plus, est sa propre mère; après quoi, il se creva les
yeux.

DIONYSOS

C'eût été un bonheur pour lui, alors, d'être stratège
avec Erasinidès !

EURIPIDE

Tu radotes; moi, mes prologues, je les fais selon les
règles.

ESCHYLE

Je ne fouillerai toujours pas, par Zeus, vers par vers
chaque locution; avec l'aide des dieux, je les réduirai à
rien, tes prologues, au moyen d'une petite fiole.

EURIPIDE

Au moyen d'une petite fiole, toi, mes prologues ?

ESCHYLE

D'une seule ! Car tu composes de telle manière que
tout s'y adapte, à tes iambiques : une petite toison, une
petite fiole, un petit sac. Je te le démontrerai tout de
suite.

EURIPIDE

Voyez-vous ça ! Tu me le montreras ?

ESCHYLE

Je l'affirme.

DIONYSOS *(à Euripide)*

Eh bien, il faut réciter.

EURIPIDE

« *Egyptos, — et ce bruit est le plus répandu —*
Avec cinquante fils sur un vaisseau à rames »,
En atteignant Argos... »

ESCHYLE

... perdit une petite fiole.

DIONYSOS

Qu'était-ce que cette fiole ? Malheur à lui! *(A Euripide.)* Récite-lui un autre prologue, que je me rende compte une seconde fois.

EURIPIDE

« *Dionysos portant le thyrse et revêtu*
De peau de faon, parmi les torches, au Parnasse
Mène en dansant, le chœur... »

ESCHYLE

... Perdit une petite fiole.

DIONYSOS

Hélas! On nous assomme encore avec la fiole.

EURIPIDE

Mais rien n'y fera, car il ne pourra pas appliquer de fiole à ce prologue-ci :
« *Il n'existe point d'homme heureux en toutes choses,*
Tel a de la naissance et n'a pas de quoi vivre,
Tel autre, roturier [178]... »

ESCHYLE

... Perdit une fiole.

DIONYSOS

Euripide.

EURIPIDE

Qu'est-ce que c'est ?

DIONYSOS

Je crois qu'il faut replier les voiles, car la petite fiole en question soufflera fort.

EURIPIDE

Non, par Déméter, je ne saurais m'en soucier, car je m'en vais la lui faire lâcher.

DIONYSOS

Eh bien, récites-en un autre, mais prends garde à la fiole.

EURIPIDE

« *Cadmos, fils d'Agénor, ayant un jour quitté*
La ville de Sidon... »

ESCHYLE

Perdit une petite fiole.

DIONYSOS

Excellent homme, achète la fiole, pour l'empêcher de
mettre en pièces nos prologues.

EURIPIDE

Quoi ? que j'achète à celui-ci....

DIONYSOS

Du moins si tu m'en crois.

EURIPIDE

Non, certes; puisque je pourrai réciter quantité de
prologues où il ne pourra pas ajuster de fiole :
    « *Pélops fils de Tantale en se rendant à Pise*
    Sur de vifs coursiers. »

ESCHYLE

Perdit une petite fiole.

DIONYSOS

Tu vois, il a encore ajusté la fiole. Allons, mon bon,
vas-y maintenant encore de ta poche : tu en auras une,
pour une obole, tout à fait belle et de bonne qualité.

EURIPIDE

Non, par Zeus, pas encore; j'en ai encore des tas.
    « *Œnée jadis aux champs...* »

ESCHYLE

Perdit une petite fiole.

EURIPIDE

Laisse-moi dire d'abord le vers tout entier.
    « *Œnée, jadis aux champs après ample récolte*
    Faisant l'offrande des prémices.... »

ESCHYLE

Perdit une petite fiole.

DIONYSOS

Au cours d'un sacrifice ? Et qui la lui souffla ?

EURIPIDE

Laisse, mon ami; qu'il la fourre dans celui-ci :
« *Zeus, — et c'est proclamé par la vérité même.* »

DIONYSOS

Il te perdra; car il va dire : « Perdit une petite fiole. »
La petite fiole en question est collée à tes prologues
comme le fic aux yeux, mais, au nom des dieux, examine
maintenant ses chants lyriques.

EURIPIDE

J'ai sûrement de quoi prouver qu'il est un méchant
poète lyrique et qu'il ne fait que se répéter sans cesse.

LE CHŒUR

Comment la chose va-t-elle tourner ? J'en suis bien à
me demander quelle critique il présentera à un homme
qui a composé les chants les plus nombreux et les plus
beaux qu'on ait vus jusqu'à présent. [Je suis curieux
de savoir ce qu'il reprochera à ce champion de Bacchos,
et j'ai peur pour lui.]

EURIPIDE

Oui, des chants étonnants! C'est justement ce qu'on
va voir à l'instant. Je vais résumer tous ses chants en
un seul.

DIONYSOS

Et moi je les dénombrerai avec des cailloux.

EURIPIDE

« *Achille de Phtie, pourquoi donc, à la nouvelle du
massacre, ah! que ne voles-tu pas au secours ? Pour nous,
riverains de ce lac, nous honorons Hermès, notre ancêtre,
père de notre race. Ah! coup du sort! Pourquoi ne voles-tu
pas au secours ?* »

DIONYSOS

Deux coups pour toi, Eschyle, que ceux-là!

EURIPIDE

« *Le plus vaillant des Achéens, roi du peuple puissant,
ô fils d'Atrée, apprends de moi... Ah! coup du sort! que
ne voles-tu au secours ?* »

DIONYSOS

Un troisième coup pour toi, Eschyle, celui-là!

EURIPIDE

Faites silence! les prêtresses sont sur le point d'ouvrir le temple d'Artémis. Ah! coup du sort! que ne voles-tu au secours. Il est en mon pouvoir de célébrer une force de bon augure pour la marche des guerriers. Ah! coup du sort, que ne voles-tu au secours?

DIONYSOS

O Zeus souverain, que de coups! J'ai bien envie d'aller au bain, car avec tous ces coups j'ai l'aine tout enflée!

EURIPIDE

Non, pas avant d'avoir entendu aussi une autre stance composée sur un air de cithare.

DIONYSOS

Finis-en, mais pas de « coup » supplémentaire!

EURIPIDE

Comment la puissance à deux trônes des Achéens, de la jeunesse hellénique, tophlattothrat, tophlattothrat, envoie le sphinx, ce chien prytane des mauvais jours, tophlattothrat, tophlattothrat, avec une lance et d'un bras vengeur l'oiseau impétueux, tophlattothrat, tophlattothrat, qui fit rencontre avec les chiennes impudentes errant dans l'espace, tophlattothrat, tophlattothrat, et la menace qui tombe sur Ajax, tophlattothrat, tophlattothrat.

DIONYSOS

Que signifie ce « tophlattothrat »? Est-ce à Marathon, ou bien d'où est-ce que tu as tiré ce chant de tireur de corde à puits?

ESCHYLE

Ce qu'il y a de sûr, c'est que j'ai transformé en une belle chose une belle chose, pour ne pas avoir l'air de moissonner les mêmes fleurs que Phrynichos dans la prairie des muses. Lui, il pille tout, les chansons des prostituées, comme les scolies de Mélétos, les airs de flûte des Cariens, les lamentations, les chants des chœurs. On va le démontrer à l'instant. Qu'on m'apporte ma petite lyre. Mais au fait, à quoi bon une lyre pour cela? Où est la joueuse de castagnettes ? Ici, muse d'Euripide, à laquelle il est tout indiqué qu'on chante ces vers.

DIONYSOS

Cette muse-là n'avait rien de lesbien, non.

ESCHYLE

Alcyons, qui sur les flots éternels de la mer gazouillez, humectant de gouttelettes la surface de vos ailes humides de rosée; et vous, qui dans les recoins des maisons en-en-en-en-en-enroulez avec vos pattes, vos trames tendues, œuvre de la navette qui chante; là où le dauphin ami de la flûte brandissait pour les proues au noir éperon des oracles en franchissant les stades. Orgueil de la vigne qui bourgeonne, vrille qui fais cesser les peines de la grappe, entoure-moi, mon fils de tes bras. (A Dionysos) Tu vois ce pied ?

DIONYSOS

Je vois.

ESCHYLE *(à Euripide)*

Eh bien, tu le vois ?

EURIPIDE

Je le vois.

ESCHYLE

C'est en faisant de tels vers que tu oses critiquer mes chants, toi qui composes les tiens d'après les douze positions de Cyrène ? Voilà quels sont tes chants; mais je veux encore éprouver la qualité de tes monodies. « *O ténèbres épaisses de la nuit, quel affreux songe m'envoies-tu, des avenues du sombre Hadès, avec une âme sans âme, fils de la nuit noire, fantôme horrible à voir, enveloppé d'un linceul noir, au regard meurtrier, aux longues griffes! Allons, servantes, allumez-moi une lampe, puisez avec vos cruches la rosée des fleuves, et chauffez de l'eau, afin qu'en me lavant j'efface ce divin songe. Ah! Divinité marine! C'est cela... O vous qui habitez sous mon toit, contemplez ces prodiges! Elle a volé mon coq et s'est sauvée, Glyca. Nymphes nées sur les monts!... O Mania, saisis-la!... Et moi, la malheureuse, je me trouvais tout occupée à mes travaux, en-en-enroulant de mes mains mon fuseau garni de lin, faisant une pelote pour la porter au point du jour au marché, la vendre. Mais il s'est envolé, envolé dans l'éther sur ses ailes très légères, et m'a laissé des chagrins, des chagrins, et des larmes, des larmes de mes yeux ont jailli, ont jailli, la malheureuse!*

« *Mais ô Crétois, fils de l'Ida, prenez vos arcs et secourez-moi, dégourdissez vos membres et investissez la maison. Et qu'en même temps la jeune Dictynna, la belle Artémis, avec ses petites chiennes, fouille tous les recoins de la maison. Et toi, fille de Zeus, prends dans tes mains deux torches à la vive lumière, Hécate, éclaire-moi jusque chez Glycé, où je veux faire une perquisition.* »

DIONYSOS

En voilà assez avec vos chants.

ESCHYLE

Pour moi aussi, ça suffit. Je veux le pousser maintenant sur la balance qui, à elle seule, évaluera notre poésie à tous les deux, en déterminant le poids de nos locutions.

DIONYSOS

Venez donc ici, puisque me voilà obligé de détailler en marchand de fromage l'art des poètes.

LE CHŒUR

Ils sont laborieux, les gens d'esprit. Voici en effet une merveille, une nouveauté tout à fait étrange. A quel autre l'idée eût-elle pu en venir ? Non, le premier venu m'en avait parlé, je ne l'eusse pas cru ; j'aurais pensé qu'il me débitait là des sornettes.

DIONYSOS

Allons, placez-vous près des plateaux de la balance.

ESCHYLE ET EURIPIDE

Ça y est.

DIONYSOS

Récitez chacun votre vers, en les tenant, et ne lâchez pas avant que j'aie crié « coucou ».

ESCHYLE ET EURIPIDE

Nous les tenons.

DIONYSOS

Récitez à présent le vers sur la balance.

EURIPIDE

« *Plût au ciel que jamais Argo n'eût survolé* [179]. »

ESCHYLE

« *Fleuve Sperchios et vous, pâturages de bœufs.* »

DIONYSOS

Coucou.

ESCHYLE ET EURIPIDE

C'est lâché.

DIONYSOS

Oui, ça descend bien plus bas de ce côté-ci.

EURIPIDE

Et quelle en est la cause ?

DIONYSOS

La cause ? c'est qu'il a placé un fleuve, mouillant ainsi son vers comme les marchands de laine la laine, et toi tu y as déposé un vers ailé.

EURIPIDE

Qu'il en dise un autre et me fasse contrepoids.

DIONYSOS

Reprenez.

ESCHYLE ET EURIPIDE

Vois plutôt.

DIONYSOS

Récite.

EURIPIDE

« *Il n'est de sanctuaire autre que la parole
Pour la Persuasion* [180]. »

ESCHYLE

« *Seule des dieux la Mort n'aime pas les présents.* »

DIONYSOS

Lâchez.

ESCHYLE ET EURIPIDE

C'est lâché.

DIONYSOS

C'est encore le vers de celui-ci qui fait baisser ! car il y a mis la Mort, mal extrêmement lourd.

EURIPIDE

Et moi Persuasion ; mon vers est excellent.

DIONYSOS

Mais Persuasion est chose légère et sans gravité. Cherches-en plutôt un autre des plus pesants, qui fasse pour toi pencher la balance, un vers robuste et puissant.

EURIPIDE

Voyons, où en ai-je dans ce format-là ? Où ?

DIONYSOS

Je te le dirai :
« *Achille a jeté « deux » et « quatre » et fait coup d'as.* »
Récitez, il ne vous reste plus que cette pesée!

EURIPIDE

« *De sa droite il saisit un bois lourd comme fer.* »

ESCHYLE

« *Et l'on vit char sur char, cadavre sur cadavre.* »

DIONYSOS

Il t'a encore eu!

EURIPIDE

De quelle manière ?

DIONYSOS

Il y a traîné deux chars et deux cadavres, que ne pourraient soulever cent Egyptiens.

ESCHYLE

Qu'il ne s'oppose plus à moi vers par vers, mais qu'il monte sur la balance, lui, ses enfants, sa femme, Céphisophon, qu'il s'y installe, avec tous ses livres, je ne dirai que deux vers des miens.

DIONYSOS *(à Pluton)*

Ces hommes sont des amis et je ne déciderai pas entre eux. Je ne veux ni de l'un ni de l'autre me faire un ennemi; je reconnais à l'un du talent, et l'autre me charme.

PLUTON

Tu ne feras donc rien de ce que tu es venu faire ?

DIONYSOS

Et si je décide en faveur de l'un ?

PLUTON

Emmène celui en faveur de qui tu auras décidé; il ne faut pas que tu sois venu pour rien.

DIONYSOS

Je te souhaite du bonheur. *(A Eschyle et à Euripide)* Voyons, écoutez-moi ceci. Je suis descendu chercher un poète.

EURIPIDE

Dans quel but ?

DIONYSOS

Pour que la ville, une fois rétablie, rétablisse ses chœurs! Celui qui saura donner à la ville un avis profitable, celui-là, c'est décidé, je l'emmène. Tout d'abord, quelle est votre opinion sur Alcibiade [181] ? Car la cité a l'accouchement difficile.

EURIPIDE

Quelle est son opinion sur lui ?

DIONYSOS

Quelle ? « Elle l'aime et le hait, et désire l'avoir. » Mais dites ce que vous pensez de lui tous les deux.

EURIPIDE

Je hais un citoyen qui se montre lent à servir sa patrie, mais prompt à lui causer de grands dommages, industrieux pour lui, et privé de moyens quand il s'agit de la cité.

DIONYSOS

Fort bien, ô Posidon. Et toi, que penses-tu ?

ESCHYLE

D'abord, ne pas élever un lion dans une cité; car, quand on en a élevé un, il faut se plier à ses caprices.

DIONYSOS

Par Zeus sauveur, je suis dans le doute, car l'un a parlé sagement et l'autre clairement. Mais donnez-moi encore l'un et l'autre, une bonne fois, votre opinion sur les moyens de sauver la cité.

EURIPIDE

Ce serait d'accoler Cinésias [182] à Cléorite, en guise

d'ailes, de manière que le vent les emporte au-dessus de la mer.

DIONYSOS

Le spectacle ferait rire. Mais qu'est-ce que cela veut dire ?

EURIPIDE

En cas de combat naval, ils auraient des flacons de vinaigre qu'ils jetteraient dans les yeux des ennemis. J'ai mon idée et je veux m'expliquer.

DIONYSOS

Parle.

EURIPIDE

Si nous retirions notre confiance aux citoyens qui l'ont maintenant, et si nous employions ceux qui sont sans emploi, nous pourrions être sauvés. Puisque nous échouons avec nos méthodes présentes, comment ne serions-nous pas sauvés par les méthodes contraires ?

DIONYSOS

Fort bien, ô Palamède! ô nature très avisée! Est-ce toi qui as trouvé ça, ou Céphisophon ?

EURIPIDE

Moi seul. Mais les flacons c'est Céphisophon.

DIONYSOS

Et toi ? Que dis-tu ?

ESCHYLE

Mais la cité, dis-moi, de qui se sert-elle maintenant ? Est-ce des gens honnêtes ?

DIONYSOS

Comment ? Elle les hait comme la peste, et se laisse charmer par les méchants.

ESCHYLE

Non, pas elle; elle est plutôt contrainte à s'en servir. Comment donc pourrait-on sauver une telle cité, qui ne peut s'affubler ni d'un manteau de laine, ni d'une simple peau ?

DIONYSOS

Trouve, par Zeus, si tu veux toutefois remonter sur terre.

ESCHYLE

Là je m'expliquerais volontiers, ici je n'y tiens pas.

DIONYSOS

Non, envoie-les d'ici tes bons avis.

ESCHYLE

Ils doivent regarder le pays ennemi comme le leur, le leur comme celui de l'ennemi; leur flotte comme leur force, et leur force comme leur faiblesse.

DIONYSOS

Oui, sauf que le juge à lui seul engloutit tout cela.

PLUTON

Tu peux prononcer.

DIONYSOS

Ma sentence sera celle-ci : « Je choisirai celui que mon âme désire. »

EURIPIDE

Souviens-toi donc des dieux par lesquels tu as juré que tu me reconduirais chez moi, et choisis tes amis.

DIONYSOS

« La langue a juré », mais je choisirai Eschyle.

EURIPIDE

Qu'as-tu fait, le plus misérable des hommes ?

DIONYSOS

Moi ? J'ai décidé que la victoire est à Eschyle. Et pourquoi pas ?

EURIPIDE

Après une conduite aussi honteuse, tu me regardes en face ?

DIONYSOS

Quelle honte y a-t-il, si tel n'est pas l'avis des spectateurs ?

EURIPIDE

Misérable, tu me laisseras donc mort ?

DIONYSOS

« Et qui sait si vivre n'est pas être mort ? Si respirer n'est pas manger, si dormir n'est pas une toison ? »

PLUTON

Avancez, Dionysos, entrez.

DIONYSOS

Pourquoi donc ?

PLUTON

Pour que je vous régale tous deux avant de prendre le large.

DIONYSOS

Fort bien parlé, par Zeus. Je n'en suis pas fâché.

LE CHŒUR

Heureux l'homme doué d'une intelligence affinée. On peut l'apprendre de bien des façons. Celui-ci, par exemple, ayant fait preuve de bon sens, rentrera de nouveau chez lui, pour le bien de ses concitoyens, pour le bien de ses proches et de ses amis, grâce à son intelligence.

C'est donc une bonne chose de ne pas s'installer aux côtés de Socrate pour bavarder, négligeant les muses, délaissant les parties fondamentales de l'art tragique. Mais perdre son temps sur des discours emphatiques et des bagatelles inconsistantes, c'est le fait d'un homme qui a perdu la raison.

PLUTON *(revenant avec Dionysos et Eschyle)*

Allons, Eschyle, pars content, et sauve notre cité par de sages avis; fais l'éducation des sots : ils sont légion. Prends ceci, donne-le à Cléophon [183], ceci aux pourvoyeurs du trésor, à Myrmex ainsi qu'à Nicomachos, et ceci à Archénomos; dis-leur de venir vite ici, chez moi, et sans retard. S'ils n'arrivent pas vite, par Apollon, marqués au fer rouge et les pieds et les mains ligotés, j'aurai vite fait de les envoyer sous terre, avec Adimante, fils de Leucolophas.

ESCHYLE

Ainsi ferai-je. Et toi, cède mon siège à Sophocle, qu'il le garde et le conserve, au cas où je reviendrais un jour ici. J'estime que pour l'habileté il est le second. Souviens-toi de veiller à ce que cet homme, capable de tout, ce menteur, ce pitre, ne s'installe jamais à ma place, même sans le vouloir.

PLUTON *(au chœur)*

Allumez donc, vous, les torches sacrées pour cet homme,

escortez-le, en faisant en son honneur retentir ses chants
et ses airs de danse.

Le Coryphée

D'abord faites faire un bon voyage à ce poète qui s'en
va et monte vers la lumière, divinités infernales; quant à
notre cité, inspirez-lui de sages résolutions, source de
grandeurs et de prospérités. Nous ferions ainsi définiti-
vement cesser nos grandes souffrances, et ces atroces
courses aux armes. Que Cléophon se batte avec un tel
autre amateur de ces choses-là, sur le sol de sa patrie.

L'ASSEMBLÉE DES FEMMES

NOTICE
SUR
L'ASSEMBLÉE DES FEMMES

Cette comédie fut vraisemblablement représentée en
~ 392 (février) sous l'archontat de Démostratos. On ignore
quel accueil lui fut fait. C'est une satire spirituelle et
amusante des théories communistes que certains philo-
sophes prônaient sans doute à cette époque-là, mais sur
lesquelles nous sommes mal renseignés et qu'Aristophane
d'ailleurs prend peu au sérieux.

Sous la conduite de l'intrépide et éloquente Praxagora,
dont la figure rappelle celle de Lysistrata, les femmes
athéniennes ont décidé de s'emparer du pouvoir. Elles
établissent alors une nouvelle constitution qui a pour base
la communauté des biens. Ce sera, expose Praxagora, la
fin du paupérisme. S'inspirant des principes qui les
guident dans la direction du ménage, les femmes admi-
nistreront la cité comme leur propre maison, à la grande
satisfaction de tous. Plus de riches ni de pauvres désormais. Athènes sera comme une unique habitation où chacun pourra puiser, dans le fonds commun, ce qui est
nécessaire à sa subsistance. Communauté des biens,
communauté des femmes (avec droit de priorité pour les
plus laides et les plus vieilles), voilà les deux réformes
essentielles dont les conséquences absurdes donnent lieu
à des tableaux des plus animés.

Ainsi on assiste à un dialogue très amusant entre deux
citoyens dont l'un, Chrémès, est tout disposé à mettre
tous ses biens en commun, et l'autre, sans rien porter à
la communauté, voudrait participer aux mêmes avantages
que les autres.

Une autre scène fort piquante est celle où l'on voit un
jeune homme sollicité, en vertu de la loi sur la communauté des femmes, par trois mégères qui invoquent
leur droit de priorité et l'empêchent ainsi d'accorder

d'abord ses faveurs à la jeune fille de son choix.

Fort agréable à lire, bien qu'elle manque parfois de suite et de gradation, malgré quelques jolies scènes, cette comédie est sensiblement inférieure aux précédentes. Aristophane avait composé son dernier chef-d'œuvre treize ans auparavant, en ~ 406, en écrivant *les Grenouilles*.

L'ASSEMBLÉE DES FEMMES

PERSONNAGES

PRAXAGORA.
PLUSIEURS FEMMES.
LE CHŒUR DES FEMMES.
BLÉPYROS, mari de PRAXAGORA.
CHRÉMÈS.
UN HOMME.
UNE CRIEUSE PUBLIQUE.
TROIS VIEILLES.
UNE JEUNE FILLE.
UN JEUNE HOMME.
LA SERVANTE DE PRAXAGORA.

La scène représente une place d'Athènes, la maison de Praxagora, et deux autres maisons. Praxagora sort de chez elle déguisée en homme et agitant une lampe.

PRAXAGORA *(agitant une lampe et déclamant)*

O ma lampe ouvragée à l'œil étincelant,
Qui rayonne si bien sur les objets visibles,
Nous allons dire et ta naissance et ton métier;
Façonnée sur le tour agile du potier,
Du soleil tes narines ont les fonctions brillantes...

Lance de ta flamme les signaux convenus. A toi seule nous faisons des confidences; avec raison, puisque, lorsque nous nous livrons dans nos petites chambres, aux ébats d'Aphrodite, tu te tiens près de nous, et que personne ne chasse de sa maison ton œil qui préside aux gymnastiques amoureuses; seules tu jettes ta clarté sur les recoins les plus reculés de nos cuisses, flambant notre poil [184] en pleine floraison; et tu te tiens à nos côtés pour nous aider, quand nous ouvrons à la dérobée les celliers remplis de fruits et de la liqueur de Bacchos; complice de ces actes, tu n'en radotes pas avec les voisines. C'est pourquoi tu seras aussi au fait de nos secrets desseins présents, de toutes les décisions prises aux Scires par mes amies. Mais aucune n'est là, de celles qui devaient venir. Nous sommes pourtant sur le point du jour, et l'assemblée va avoir lieu tout à l'instant; or il nous faut nous emparer des sièges, des « hétaïres », comme dit un jour Phyromachos [185], et nous y installer en cachette. Que pourrait-il donc y avoir ? N'ontelles pas fini de coudre leurs barbes, qu'il a été décidé de porter ? ou est-ce qu'elles ont eu des difficultés à s'emparer des vêtements de leurs maris ? Mais je vois cette lumière qui approche. Voyons, que je rebrousse chemin, de peur que celui qui s'avance ne se trouve être un homme.

PRAXAGORA, PLUSIEURS FEMMES

PREMIÈRE FEMME

Il est temps de se mettre en marche; le héraut, tout à l'heure, quand nous sortions, a crié « Coucou » pour la seconde fois.

PRAXAGORA

Et moi j'ai veillé toute la nuit à vous attendre; mais voyons que j'appelle cette voisine en grattant à sa porte. Il ne faut pas que son mari s'en aperçoive.

SECONDE FEMME

J'ai entendu, en me levant, le frottement de tes doigts, puisque je ne dormais pas. Mon mari, ma très chère — c'est d'un Salaminien [186] que je suis la conjointe — m'a harcelée toute la nuit sous les couvertures, et je n'ai pu qu'à l'instant même lui prendre ce manteau que voici.

PREMIÈRE FEMME

Ah voilà, j'aperçois et Clinarétê et Sostratê qui s'avancent avec Philénétê.

PRAXAGORA

Voulez-vous vous hâter ? Glycé a juré que la dernière arrivée payerait une amende de trois conges de vin et d'un chénice de pois chiches.

PREMIÈRE FEMME

Ne vois-tu pas Mélistichè de Smicythion accourant vite dans ses grosses chaussures ? Elle m'a l'air d'être la seule qui soit sortie tout à son aise au su de son mari.

DEUXIÈME FEMME

Et celle du cabaretier, Gueusistratê, ne la vois-tu pas avec sa torche dans sa main droite ? Et celle de Philodo-rétos ?
Et celle de Chérétadès ?

PRAXAGORA

Je vois venir d'autres femmes aussi, en foule, ce qu'il y a de mieux dans la cité.

TROISIÈME FEMME

Moi, ma très chère, j'ai eu bien du mal à m'évader et

disparaître, car mon mari a toussé toute la nuit, s'étant gorgé de sardines hier soir.

PRAXAGORA

Asseyez-vous donc, que je vous demande, puisque je vous vois réunies, si vous avez exécuté toutes les décisions prises aux Scires.

QUATRIÈME FEMME

Moi, oui. D'abord j'ai les aisselles velues : c'est pire qu'une forêt, comme il était convenu entre nous. Puis, toutes les fois que mon mari se rendait à l'agora, je m'oignais tout mon corps et me chauffais toute la journée debout, en plein soleil.

CINQUIÈME FEMME

Moi aussi. J'ai d'abord jeté hors de la maison mon rasoir, afin de devenir toute velue et de ne plus ressembler du tout à une femme.

PRAXAGORA

Et avez-vous vos barbes qu'il était convenu qu'on aurait toutes à la réunion !

QUATRIÈME FEMME

Oui, par Hécate, moi j'ai la belle barbe que voici.

CINQUIÈME FEMME

Et moi, une bien plus belle que celle d'Epicratès [187].

PRAXAGORA

Et vous, que dites-vous ?

QUATRIÈME FEMME

Elles font signe que oui, de la tête.

PRAXAGORA

Pour le reste certes, je vois que c'est fait. Vous avez des chaussures laconiennes, des bâtons, et les manteaux de vos maris comme nous l'avions dit.

SIXIÈME FEMME

Pour moi, j'ai dérobé à Lamias [188] ce bâton-ci que j'ai emporté quand il dormait.

PRAXAGORA

C'est un de ces bâtons sur lesquels il s'appuie pour péter.

SIXIÈME FEMME

Oui, par Zeus Sauveur, s'il endossait la peau de celui qui voit tout [189], il serait, comme pas un, capable de mener paître... le bourreau [190].

PRAXAGORA

Allons, songeons à arrêter ce qui nous reste à faire, tandis qu'il y a encore des étoiles au ciel. L'Assemblée à laquelle nous nous sommes préparées à nous rendre s'ouvrira dès l'aurore.

PREMIÈRE FEMME

Oui, par Zeus, aussi faut-il que tu te places au pied de la tribune, face aux prytanes.

SEPTIÈME FEMME

Voyez donc par Zeus ce que j'ai apporté pour carder en attendant que l'Assemblée soit au complet.

PRAXAGORA

Au complet ? Malheureuse...

SEPTIÈME FEMME

Oui, par Athémis, oui. N'entendrai-je pas tout aussi bien en cardant ? Et mes petits sont nus.

PRAXAGORA

Voyez un peu, carder! Quand il ne faudrait rien montrer de notre corps aux spectateurs! Ne nous en arriverait-il pas de belles si, dans l'Assemblée au complet, quelqu'une, en sautant par-dessus les banquettes, soulevait sa robe et faisait voir son... Phormisios [191] ? Mais si nous prenons place les premières on ne s'apercevra pas que nous nous sommes affublées de ces manteaux. Et quand nous aurons déployé les barbes que nous nous attacherons, qui ne nous prendrait pas, là-bas, pour des hommes, en nous voyant ? Agyrrhios [192] portait bien la barbe de Pronomos sans qu'on s'en doutât. Il était pourtant femme auparavant. Et maintenant, vois-tu, il occupe les plus hautes dignités dans la cité. Aussi, ma parole, par le jour qu'approche, osons, par un tel trait d'audace, essayer de mettre la main sur les affaires de la cité pour lui faire ainsi un peu de bien. Car, présentement, nous n'avançons ni à la voile, ni à la rame.

SEPTIÈME FEMME

Et comment une assemblée de femmes avec des sentiments féminins haranguera-t-elle la masse ?

PRAXAGORA

De la manière la plus habile, tu peux dire. On dit que les petits jeunes gens qui se font le plus travailler sont aussi les plus habiles parleurs; or nous avons cette ressource-là par bonheur.

SEPTIÈME FEMME

Je ne sais pas; c'est une mauvaise chose que l'inexpérience. C'est précisément pour cela que nous nous sommes rassemblées ici, afin de nous exercer d'avance à répéter ce que nous devons dire là-bas. Ne pourrais-tu pas te dépêcher d'attacher ta barbe toi, et toutes celles qui sont déjà exercées à parler ?

HUITIÈME FEMME

Mais, ma chère, laquelle de nous ne sait pas parler ?

PRAXAGORA

Allons, toi, attache ta barbe et sois vite un homme. Moi, je dépose ces couronnes pour mettre la mienne moi aussi, avec vous, pour le cas où je jugerais à propos de parler.

SECONDE FEMME

Ici, ma très douce Praxagora; regarde, malheureuse, comme cela paraît ridicule.

PRAXAGORA

Comment ridicule ?

SECONDE FEMME

C'est comme si l'on avait mis des barbes à des seiches grillées.

PRAXAGORA

Purificateur, fais le tour avec la belette; rangez-vous sur le devant. Ariphradès [193], cesse ton babil. Ote-toi de devant et assieds-toi. Qui demande la parole ?

HUITIÈME FEMME

Moi.

PRAXAGORA

Mets-toi la couronne alors, et bonne chance.

HUITIÈME FEMME

Voilà.

PRAXAGORA

Tu peux parler.

HUITIÈME FEMME

Et dois-je parler avant de boire ?

PRAXAGORA

Voyez-moi ça... boire !

HUITIÈME FEMME

Qu'avais-je donc besoin, ma chère, de mettre une couronne ?

PRAXAGORA

Va-t'en d'ici, tu nous aurais joué le même tour là-bas.

HUITIÈME FEMME

Eh quoi ? Ne boivent-ils pas, eux, même à l'Assemblée ?

PRAXAGORA

Voyez-vous ça... Pour toi, oui, ils boivent.

HUITIÈME FEMME

Oui, par Artémis, et qui plus est, du pur. Ce qu'il y a de sûr, c'est que tous leurs décrets, pour ceux qui réfléchissent à tout ce qu'ils ont fait, portent la marque de la démence... comme les actes des gens ivres. En outre, par Zeus, ils font des libations. Ou alors pourquoi feraient-ils tant de prières si le vin n'y figurait pas ? De plus, ils s'injurient comme des gens qui ont bu tout leur saoul, et des archers traînent alors celui qui, pris de boisson, se tient mal.

PRAXAGORA

Toi, va-t'en t'asseoir, tu n'es bonne à rien.

HUITIÈME FEMME

Oui, par Zeus, mieux eût valu pour moi n'avoir pas de barbe, car, à ce que je vois, je vais mourir de soif.

PRAXAGORA

En est-il une autre qui veuille parler ?

PREMIÈRE FEMME

Moi.

PRAXAGORA

Eh bien, couronne-toi, car la chose presse. Tâche de parler virilement, comme il faut, bien appuyée sur le bâton.

PREMIÈRE FEMME

J'aurais voulu qu'un autre que moi, un de ceux qui ont l'habitude de parler devant vous, exprimât l'opinion la plus opportune, pour pouvoir rester tranquillement assis. Mais à présent, je ne permettrai pas, pour parler selon mon sentiment, à aucune cabaretière d'installer dans les débits de vin... des réservoirs d'eau. Moi, cela ne me plaît pas, non, par les deux déesses.

PRAXAGORA

Non, par les deux déesses ? Malheureuse, où as-tu l'esprit ?

PREMIÈRE FEMME

Qu'y a-t-il ? Je ne t'ai pas encore demandé à boire.

PRAXAGORA

Non, par Zeus, mais tu as juré par les deux déesses [194], toi qui es un homme à présent, et cependant tu avais parlé fort habilement.

PREMIÈRE FEMME

O, par Apollon...

PRAXAGORA

Cesse donc ; car je ne ferai pas un pas pour me rendre à l'assemblée, tant que tout cela ne sera pas réglé dans le détail.

PREMIÈRE FEMME

Apporte la couronne ; je veux recommencer à parler. Il me semble qu'à présent je suis exercée comme il faut. Pour moi donc, ô femmes, assises...

PRAXAGORA

Voici encore que tu te trompes, malheureuse, appelant « femmes » les hommes.

PREMIÈRE FEMME

C'est à cause d'Epigonos [195] ; ayant regardé là-bas, je me figurais parler à des femmes.

PRAXAGORA

Va-t'en toi aussi, et assieds-toi là-bas. C'est moi, je le vois,
qui aurai à plaider pour vous, après avoir pris cette couronne. Je prie les dieux de faire réussir nos projets. Sans
doute, j'ai dans ce pays les mêmes intérêts que vous. Je
suis affligé et peiné par le désordre des affaires de la cité.
Je vois qu'en fait de chefs, elle choisit successivement
ce qu'il y a de mauvais ; s'il en est un qui soit honnête durant
une seule journée, il est mauvais dix jours. S'est-on
tourné vers un autre ? Il fera encore plus de dégâts. Il
est difficile de faire la leçon à des hommes d'humeur
difficile, comme vous, qui craignez ceux qui veulent vous
aimer, et ceux qui ne le veulent pas, vous les implorez
à chaque occasion. Il fut un temps où nous ne fréquentions
pas les assemblées, pas une seule ; mais nous tenions du
moins Agyrrhios pour une fripouille. Maintenant que
nous les fréquentons, celui qui a reçu de l'argent ne tarit
pas d'éloges sur lui, celui qui n'en a pas reçu déclare
dignes de mort ceux qui cherchent à se procurer des
revenus au moyen de l'assemblée.

PREMIÈRE FEMME

Oui, par Aphrodite, c'est bien parler.

PRAXAGORA

Malheureuse, tu as nommé Aphrodite ! tu aurais fait du
joli si tu avais dit cela à l'assemblée.

PREMIÈRE FEMME

Mais je ne l'aurais pas dit.

PRAXAGORA

Ne prends pas non plus l'habitude de le dire. « Quand
nous délibérions d'autre part sur l'alliance [196], on préten-
dait que si elle ne se concluait pas, la cité était perdue ;
lorsqu'elle fut conclue, on s'en affligea, et celui des orateurs
qui l'avait prêchée prit aussitôt la fuite et décampa. Il
faut lancer des vaisseaux, le pauvre est de cet avis, mais
les riches et les laboureurs ne le sont pas. Vous étiez
fâchés avec les Corinthiens ; ils l'étaient contre toi, ô
Peuple ; maintenant ils sont accommodants, sois-le aussi.
L'Argien est un imbécile [197], mais Hiéronymos est un
habile. Une chance de salut s'est présentée, mais Thrasyboulos est courroucé : on n'a pas fait appel à sa personnalité. »

PREMIÈRE FEMME

Quel homme intelligent!

PRAXAGORA

Cette fois, tu m'as louée, comme il convient. « C'est donc vous, ô Peuple, qui êtes la cause de ses maux. Les deniers publics sont une source de revenus pour vous. Chacun se soucie de son intérêt particulier et du gain à réaliser; l'État se traîne péniblement comme Ésimos [198]. Si donc vous m'écoutez, vous serez sauvés une fois de plus. Je déclare qu'il faut livrer aux femmes la cité. Et en effet, dans nos maisons, ce sont elles que nous employons comme surveillantes et gouvernantes.

DEUXIÈME FEMME

Fort bien, fort bien, par Zeus, fort bien. Parle, parle, mon bon.

PRAXAGORA

Et qu'elles nous sont supérieures quant aux mœurs, je vais vous l'apprendre. D'abord elles trempent les laines dans l'eau chaude, selon l'antique usage, toutes sans exception, et l'on ne saurait les voir chercher à innover. Et la cité d'Athènes, quand même elle s'en trouverait fort bien, ne se croirait pas sauvée si elle ne recherchait avec trop de soin la nouveauté. Quand elles font des grillades, elles restent assises comme autrefois; elles font cuire les gâteaux au four comme autrefois; elles épuisent leurs maris comme autrefois; elles ont des amants chez elles comme autrefois; elles font des provisions en cachette pour elles-mêmes, comme autrefois; elles aiment le vin pur, comme autrefois; elles font l'amour avec plaisir, comme autrefois. Livrons-leur donc, messieurs, la Cité sans bavardages inutiles, et sans nous demander ce qu'elles pourront bien faire. Laissons-les simplement gouverner, et ne voyons qu'une chose c'est qu'étant mères elles auront d'abord à cœur de sauver les soldats. Ensuite, qui leur enverrait les vivres plus vite qu'une mère? Pour se procurer des ressources, c'est très ingénieux, une femme; et au pouvoir, elles ne seraient jamais trompées, car elles ont elles-mêmes l'habitude de tromper. Pour le reste, je passe; mais si sur ce point vous m'écoutez, vous coulerez votre vie dans le bonheur. »

PREMIÈRE FEMME

Bravo, ma très douce Praxagora; voilà qui est habile, mais où as-tu si bien appris ces choses-là ?

PRAXAGORA

Pendant les prescriptions j'ai habité avec mon mari la Pnyx, et c'est là que je me suis instruite en écoutant les orateurs.

PREMIÈRE FEMME

Ce n'est pas sans raison, ma bonne, à ce que je vois, que tu es merveilleusement habile; et nous te choisissons sur-le-champ, nous, les femmes, comme stratège, pour que tu exécutes ton programme. Mais, j'y pense, si Céphalos [199] te tombe dessus, et te couvre d'injures, comment lui répondras-tu à l'Assemblée ?

PRAXAGORA

Je dirai qu'il déraisonne.

PREMIÈRE FEMME

Mais cela, tous le savent.

PRAXAGORA

Et aussi qu'il a la bile noire.

PREMIÈRE FEMME

Cela aussi, on le sait.

PRAXAGORA

Et aussi qu'il façonne mal ses pots, mais bien comme il faut la Cité.

PREMIÈRE FEMME

Et si c'est Néoclidès [200], le chassieux, qui t'injurie ?

PRAXAGORA

A celui-là, je lui dirai de regarder le derrière d'un chien.

PREMIÈRE FEMME

Et s'ils te cul...butent [201] ?

PRAXAGORA

Je les culbuterai à mon tour, attendu que je connais bien des manières de culbuter.

PREMIÈRE FEMME

Un seul point n'a pas été prévu. Si des archers te traînent, que feras-tu ?

PRAXAGORA

Je mettrai les poings sur les hanches, comme ceci; ainsi je ne serai jamais prise par la taille.

PREMIÈRE FEMME

Et nous, s'ils t'enlèvent, nous les sommerons de te relâcher.

SECONDE FEMME

Voilà qui est bien imaginé; mais une chose à laquelle nous n'avons pas réfléchi, c'est de savoir comment nous nous souviendrons de lever les mains alors, car nous avons l'habitude de lever les jambes.

PRAXAGORA

La chose est difficile; il faut pourtant voter à main levée en découvrant le bras jusqu'à l'épaule. Allons donc, relevez vos petites tuniques, chaussez au plus vite vos grosses chaussures laconiennes, comme vous le voyez faire à vos maris, lorsqu'ils doivent se rendre à l'Assemblée, ou qu'ils sortent. Puis, une fois tout cela au point, attachez-vous vos barbes. Et quand vous les aurez savamment adaptées, jetez aussi sur vos épaules les manteaux volés à vos maris, puis, appuyées sur vos bâtons, marchez en chantant quelque vieille chanson, à la manière des gens de la campagne.

SECONDE FEMME

Tu parles bien; nous, précédons-les. Car j'imagine que d'autres femmes viendront des champs à la Pnyx, tout droit.

PRAXAGORA

Allons, pressez-vous, car l'usage là-bas veut que les personnes non présentes dès le point du jour à la Pnyx, décampent sans avoir reçu un clou.

LE CORYPHÉE

Il est temps d'avancer, messieurs. Nous devons nous rappeler de le répéter sans cesse ce mot-ci de peur de l'oublier. Le danger n'est pas petit, si nous sommes surprises à combiner dans l'ombre un si grand coup d'audace.

LE CHŒUR

Allons à l'Assemblée, messieurs; le thesmothète a
menacé de refuser le triobole à quiconque ne sera pas
arrivé de bon matin, couvert de poussière, content d'un
brouet de saumure à l'ail, le regard farouche. Allons, Chari-
timidès, et Smicythos et Dracès, suivez d'un pas pressé,
et veillez à ne pas vous tromper de corde en jouant le
rôle dont vous devez vous acquitter. Tâchons, une fois en
possession de notre jeton, de nous asseoir les uns près des
autres afin de voter à mains levées tous les points que
doivent voter nos amies... Mais que dis-je, c'est nos amis,
qu'il fallait dire. Vois à refouler ces gens qui arrivent de
la ville, tous tant qu'ils sont, qui auparavant, quand il
n'y avait qu'une obole à prendre, restaient assis à bavarder
sur les marchés aux couronnes. Ils sont trop gênants
maintenant. Ah non! sous l'archontat du généreux Myronidès, personne n'eût osé administrer les affaires de la
cité pour de l'argent. Chacun arrivait portant dans une
petite outre de quoi boire, et avec du pain, deux oignons,
et trois olives, le cas échéant. Aujourd'hui, on cherche à
toucher le triobole, quand on fait quelque chose pour
l'Etat, comme les manœuvres qui portent le mortier.

BLÉPYROS (*sur le seuil de sa porte, chaussé de persiques, et
revêtu de la robe de sa femme*)

Que se passe-t-il? Où ma femme peut-elle être partie?
C'est presque l'aurore, et elle n'apparaît pas. Et moi,
couché, pris d'une forte envie de me soulager, je cherche à
saisir mes souliers dans l'obscurité, et mon manteau.
Voyant que je n'arrivais pas à les trouver en tâtonnant et
Merdicos (*il montre son ventre*) étant déjà là qui frappait
à la porte, je prends cette jaquette de ma femme et je me
passe ses persiques. Mais où, où pourrait-on trouver un
coin de libre pour se soulager? Au fait, n'est-on pas partout à son aise, la nuit? Personne à cette heure-ci ne me
verra en train de faire ça. Ah! malheureux que je suis
d'avoir pris femme étant si âgé... Que de coups je mérite
de recevoir! Car elle n'est certainement pas sortie pour
faire quoi que ce soit de bien. Quoi qu'il en soit, il faut aller
à la selle.

BLÉPYROS, UN HOMME

UN HOMME

Qui est-ce? N'est-ce pas Blérypos mon voisin? Oui,

par Zeus, c'est lui-même. Dis-moi, que signifie ce marron [202] ? Ce n'est pas, je suppose, Cinésias [203] qui t'a
embrené ?

BLÉPYROS

Non, mais je suis sorti revêtu de la petite jaquette de
ma femme, celle qu'elle porte ordinairement.

L'HOMME

Et ton manteau à toi, où est-il ?

BLÉPYROS

Je suis incapable de le dire; je l'ai cherché parmi les
couvertures et je ne l'ai pas trouvé.

L'HOMME

Et tu n'as même pas sommé ta femme de te l'indiquer ?

BLÉPYROS

Non, par Zeus, elle ne se trouve pas au logis. Elle s'en
est esquivée sans que je m'en sois aperçu. C'est pourquoi
je crains même qu'elle ne fasse quelque mauvais coup.

L'HOMME

Oui, par Posidon, il t'arrive exactement la même chose
qu'à moi. Ma compagne en effet a disparu avec le manteau
que je portais d'ordinaire. Et ce n'est pas cela qui m'afflige,
mais elle a encore pris mes chaussures de marche. Je
n'ai pu les dénicher nulle part.

BLÉPYROS

Par Dionysos, ni moi donc mes grosses chaussures laconiennes; et comme je me trouvais pris d'un besoin pressant,
je file après avoir fourré mes pieds dans ses cothurnes [204],
pour ne pas lâcher sur la couverture qui est propre.

L'HOMME

Que peut-il donc bien se passer ? Une femme de ses
amies l'aurait-elle par hasard invitée à déjeuner ?

BLÉPYROS

C'est du moins mon avis, car elle n'est pas perverse,
que je sache.

L'HOMME

Mais c'est une corde que tu fais...! Moi, il est temps

que j'aille à l'Assemblée, voir si je puis prendre mon manteau, le seul que j'avais.

BLÉPYROS

Moi aussi, quand j'aurai fini. Pour le moment quelque
poire sauvage bouche le passage et retient les matières.

L'HOMME

Serait-ce par hasard celle dont Thrasyboulos [205] parla
aux Laconiens ?

BLÉPYROS

Oui, par Dionysos, ce qu'il y a de sûr, c'est qu'elle se
cramponne ferme. Mais, que puis-je faire ? Car ce n'est
pas non plus là mon seul tourment ; quand j'aurai mangé,
par où pourra bien passer à l'avenir la fiente ? Voici en
effet qu'il a verrouillé la porte, quel qu'il soit, ce « Poirotin [206] ». Qui pourrait donc me quérir un médecin, et
lequel ? Lequel parmi les spécialistes du fondement connaît à fond son métier ? Amynon [207] le connaît, mais peut-
être refusera-t-il... Qu'on appelle donc Antisthènes [208],
coûte que coûte ; il a assez gémi pour savoir ce que veut
un homme qui a envie de chier. Sainte Patronne des
Accouchements, ne me laisse pas crever ainsi verrouillé ;
fais que je ne devienne pas un pot de chambre de comédie.
(*Arrive Chrémès, venant de l'Assemblée.*)

CHRÉMÈS

Hé ! l'homme ! que fais-tu, tu n'es pas en train de chier,
je pense ?

BLÉPYROS

Moi, non certes, j'ai fini, par Zeus, je me relève.

CHRÉMÈS

Et tu portes la petite jaquette de ta femme ?

BLÉPYROS

Oui, car je me trouvais dans l'obscurité, à la maison,
quand je l'ai prise. Mais d'où viens-tu, dis ?

CHRÉMÈS

De l'Assemblée.

BLÉPYROS

Elle est donc déjà dissoute ?

CHRÉMÈS

Ma foi, oui, depuis l'aurore, tu peux dire. Et, Zeus très bon, le vermillon qu'on versait sur le pourtour a bien fait rire.

BLÉPYROS

Et tu as au moins reçu le triobole ?

CHRÉMÈS

Plût au Ciel que oui, mais je suis arrivé trop tard, et je suis tout honteux car, non, par Zeus, je n'ai palpé cette fois que ma... bourse *(Il fait un geste obscène.)*

BLÉPYROS

Et la raison ?

CHRÉMÈS

Il y avait une foule considérable, dense comme il n'en était jamais venu à la Pnyx. Et en vérité, à les voir, on les prenait tous pour des cordonniers [209]. Ce n'était pas ça, mais c'est extraordinaire comme l'Assemblée paraissait pleine de gens au teint blanc. Ainsi, je n'ai pas touché, ni moi, ni quantité d'autres.

BLÉPYROS

Je ne toucherais donc pas non plus, si j'y allais maintenant ?

CHRÉMÈS

Comment ? Non, par Zeus, pas même si tu y avais été au second chant du coq.

BLÉPYROS

Ah, infortuné !...

« *Antilochos, plains-moi plus que le triobole* [210],
Car je survis, alors que pour moi rien n'est plus. »

Mais qu'est-ce qui faisait qu'une si grande foule s'était réunie de si bon matin ?

CHRÉMÈS

Quoi d'autre si ce n'est que les prytanes avaient décidé d'émettre des avis sur le salut de la cité ? Néoclidès le chassieux de ramper aussitôt le premier à la tribune. Le peuple, alors, de protester à grands cris, et tu penses avec quelle force... N'était-il pas indigne qu'un tel homme osât parler au peuple, surtout quand la question du salut public était sur le tapis, puisque lui-même n'avait pu assurer le salut de ses cils ?... Et lui, ayant poussé une clameur, et promené le regard autour de lui, s'écria : « Que faudrait-il donc que je fasse ? »

BLÉPYROS

« Broie ensemble de l'ail et du silphium, mets-y de l'euphorbe de Laconie, enduis-toi le bord des paupières le soir », lui aurais-je dit si je m'étais trouvé là.

CHRÉMÈS

Après lui, se présenta Evéon le très habile, à moitié nu comme il semblait à la majorité, bien qu'il prétendît avoir un manteau. Après quoi il prononça un discours tout à fait démocratique. « Vous voyez bien, dit-il, qu'il me manque à moi-même quatre statères pour être sauvé; néanmoins, je vous dirai comment, vous, vous sauverez la cité et les citoyens. Si les foulons fournissent des manteaux de laine à ceux qui n'en ont pas, quand le soleil sera moins ardent, jamais pleurite ne s'attaquera à aucun de nous. Et ceux qui n'ont ni lit, ni couvertures, qu'ils aillent dormir, après s'être bien lavés, chez les corroyeurs; si quelqu'un leur ferme la porte en plein hiver, qu'il soit condamné à fournir trois peaux. »

BLÉPYROS

Oui, par Dionysos, c'est parfait. Et personne n'eût voté contre s'il eût encore proposé ceci : « Les marchands de farine fourniront à tous les indigents trois chenices pour le dîner ou gare à eux! » C'eût été autant de pris sur Nausicydès.

CHRÉMÈS

Après cela un élégant jeune homme au teint blanc bondit à la tribune pareil à Nicias, pour haranguer, et entreprit de dire qu'il faut livrer aux femmes la cité. Alors la foule des cordonniers battit des mains, et cria qu'il parlait bien; mais les gens de la campagne élevèrent des murmures de protestation.

BLÉPYROS

C'est qu'ils avaient du bon sens, par Zeus!

CHRÉMÈS

Mais ils étaient la minorité, et lui n'arrêtait pas de crier, disant beaucoup de bien des femmes, et beaucoup de mal de toi.

BLÉPYROS

Et qu'a-t-il dit ?

CHRÉMÈS

D'abord que tu es un mauvais drôle.

BLÉPYROS

Et toi ?

CHRÉMÈS

Ne me le demande pas encore... Et un voleur.

BLÉPYROS

Moi seulement ?

CHRÉMÈS

Et aussi, par Zeus, un sycophante.

BLÉPYROS

Moi seul ?

CHRÉMÈS

Et aussi, par Zeus, tous ces gens-là *(Il désigne les spectateurs.)*

BLÉPYROS

Et qui dit le contraire ?

CHRÉMÈS

Par contre, il disait que la femme est une créature pleine d'esprit, qui procure de l'argent; elle ne divulgue pas, disait-il, les secrètes pratiques des Thesmophories, alors que toi et moi, nous le faisons chaque fois au sortir d'une délibération.

BLÉPYROS

En cela, par Hermès, il n'a pas menti.

CHRÉMÈS

Puis elles échangent entre elles, disait-il, des manteaux, des bijoux d'or, de l'argent, des tasses, seules à seules, non devant témoins, et elles rendent tous les objets, au lieu de les détourner comme font la plupart d'entre nous, qu'il disait.

BLÉPYROS

Oui, par Posidon, et devant témoins.

CHRÉMÈS

Elles ne font pas le métier de sycophante, pas de poursuites en justice, pas de complots contre la démocratie; au contraire, il trouvait aux femmes quantité de bonnes qualités et les louait sur bien d'autres points.

BLÉPYROS

Qu'a-t-on donc décidé?

CHRÉMÈS

Eh bien, de leur confier la direction des affaires; c'était, semblait-il, la seule chose qui ne s'était jamais faite dans la cité.

BLÉPYROS

Et ç'a été décrété?

CHRÉMÈS

Oui.

BLÉPYROS

Tout ce qui était confié aux citoyens est entre leurs mains?

CHRÉMÈS

Il en est ainsi.

BLÉPYROS

Et je n'irai plus au tribunal alors? Ce sera ma femme?

CHRÉMÈS

Et ce ne sera plus toi qui nourriras tes enfants, mais ta femme.

BLÉPYROS

Et ce ne sera plus à moi de gémir dès la pointe du jour?

CHRÉMÈS

Non, par Zeus, désormais ce sera l'affaire des femmes; toi, sans gémir, tu resteras à la maison à péter.

BLÉPYROS

Ce qu'il y a à craindre pour ceux de notre âge, c'est qu'une fois qu'elles auront en main les rênes de l'État, elles ne nous forcent par la violence.

CHRÉMÈS

A quoi faire?

BLÉPYROS

A les baiser.

CHRÉMÈS

Et si nous ne pouvons pas?

BLÉPYROS

Elles ne nous donneront pas notre déjeuner.

CHRÉMÈS

Eh bien, par Zeus, fais-le, de façon à déjeuner et à baiser tout à la fois.

BLÉPYROS

Le faire à contrecœur est chose très pénible.

CHRÉMÈS

Mais si cela doit profiter à l'État, il faut que chaque homme le fasse. Il y a un proverbe ancien qui dit : « Toutes les décisions insensées et folles que nous prenons tournent au mieux pour nous. » Puissent-elles ainsi tourner, oui, ô Pallas auguste, et les dieux! Mais je m'en vais, porte-toi bien.

BLÉPYROS

Et toi aussi, Chrémès.

LE CHŒUR

Va de l'avant. Marche. Y a-t-il quelque homme qui nous suit ? Retourne-toi, scrute, prends garde à toi, sans défaillance, car les intrigants sont légion, de peur que quelqu'un par-derrière n'épie notre tenue. Marche en frappant le sol, de tes deux pieds, le plus que tu peux. Nous serions toutes déshonorées aux yeux des hommes si cette affaire était dévoilée. Drape-toi bien, regarde autour de toi, à gauche, à droite, de peur que l'affaire ne tourne à la ruine. Mais pressons-nous. Nous voici près de l'endroit d'où nous sommes parties pour nous rendre à l'Assemblée; et l'on peut voir la maison de notre stratège, de l'auteur du projet approuvé par les citoyens. Il est bon de ne pas lanterner ici, sur place, avec nos barbes attachées, de peur que quelqu'un ne nous voie et peut-être ne nous dénonce. Allons, viens ici, à l'ombre, contre ce petit mur, regarde du coin de l'œil, change de costume et redeviens celle que tu étais. Et ne traîne pas, car nous voyons justement notre stratège revenant de l'Assemblée. Allons, hâtez-vous toutes et ne souffrez plus d'avoir une barbe touffue aux mâchoires (montrant Praxagora et les autres femmes) surtout qu'elles sont déjà là celles-ci, avec leur tenue ordinaire.

LES MÊMES, PRAXAGORA

PRAXAGORA

Tout ce que nous avions projeté, femmes, nous a réussi à souhait. Mais au plus vite, avant qu'aucun homme ne nous voie, rejetez ces manteaux, débarrassez-vous de ces grosses chaussures. Toi, dénoue ces lacets laconiens ; jetez les bâtons. Toi cependant, fais mettre celles-ci en ordre ; quant à moi, je veux me glisser chez moi, avant que mon mari m'ait vue, déposer ce manteau là où je l'avais pris, ainsi que les autres objets que j'avais emportés.

LE CHŒUR

Voici remis en place tous les objets que tu as dit. A toi de nous donner les instructions supplémentaires, de nous dire ce que nous pouvons faire pour nous rendre utiles à tes yeux, en exécutant à la lettre tes volontés. Car jamais, je le sais, je ne me suis trouvée en rapport avec une femme plus compétente.

PRAXAGORA

Attendez donc pour que je prenne vos avis à toutes dans l'exercice du pouvoir qu'on m'a tantôt confié, à main levée. Car là-bas, au milieu du vacarme et des difficultés, vous avez fait preuve, à mes yeux, d'une virilité extrême *(Elle rentre à la maison.)*

BLÉPYROS *(sortant de chez lui)*

Hé ! toi ! d'où viens-tu, Praxagora ?

PRAXAGORA

Que t'importe, mon bon ?

BLÉPYROS

Que m'importe ? La sotte question !...

PRAXAGORA

Tu ne diras pas, je suppose, que je viens de chez un amant.

BLÉPYROS

Peut-être pas de chez un seul, en effet.

PRAXAGORA

Eh bien, tu peux t'en rendre compte.

BLÉPYROS

Comment ?

PRAXAGORA

Vois si ma tête sent le safran.

BLÉPYROS

Eh quoi! une femme ne fait pas l'amour sans safran?

PRAXAGORA

Pas moi, toujours, la malheureuse...

BLÉPYROS

Comment se fait-il alors que tu sois partie au point du jour, en silence, avec mon manteau?

PRAXAGORA

Une femme, une compagne et amie, qui se trouvait dans les douleurs de l'enfantement, m'a fait appeler cette nuit.

BLÉPYROS

Et tu ne pouvais pas me le dire avant de partir?

PRAXAGORA

Sans m'inquiéter de la femme en couches, en cet état-là, mon homme?

BLÉPYROS

Tu aurais pu du moins me le dire. Il y a là-dessous du louche.

PRAXAGORA

Non, par les deux déesses, je suis partie comme je me trouvais, celle qui était venue me quérir me priant de sortir d'urgence.

BLÉPYROS

Mais n'aurais-tu pas dû prendre ton manteau à toi? Tu as pris au contraire mes affaires à moi, tu as jeté sur moi ton encycle et tu es partie en me laissant gisant comme un mort, à ceci près que tu ne m'as pas couronné et que tu n'as pas posé près de moi une lampe.

PRAXAGORA

C'est qu'il faisait froid, et je suis frêle et faible; alors pour être au chaud j'ai revêtu ton manteau, et toi, je

t'ai laissé fourré bien au chaud sous les couvertures, mon
mari.

BLÉPYROS

Et mes laconiennes pourquoi ont-elles fait route avec
toi ? De même que mon bâton ?

PRAXAGORA

Pour sauver ton manteau [211] j'ai changé de chaussures,
marquant comme toi le pas, et heurtant les pierres avec
mon bâton...

BLÉPYROS

Sais-tu que tu as perdu un setier de blé, que j'aurais
dû rapporter de l'Assemblée ?

PRAXAGORA

Ne t'inquiète pas, elle a mis au monde un petit garçon.

BLÉPYROS

L'Assemblée ?

PRAXAGORA

Non, par Zeus, celle chez qui je suis allée. Mais, j'y
pense, a-t-elle eu lieu ?

BLÉPYROS

Oui, par Zeus, tu ne sais pas que je te l'ai dit hier ?

PRAXAGORA

Oui, maintenant je me rappelle.

BLÉPYROS

Et tu ne sais pas alors ce qu'on y a décidé ?

PRAXAGORA

Ma foi, non.

BLÉPYROS

Alors tu peux rester assise en mâchant des seiches,
car on vous a, dit-on, confié le pouvoir.

PRAXAGORA

Pour quoi faire ? Pour tisser ?

BLÉPYROS

Non, par Zeus, mais pour gouverner.

PRAXAGORA

Quoi ?

BLÉPYROS

Toutes les affaires de la Cité, sans exception.

PRAXAGORA

Par Aphrodite, heureuse donc sera la Cité à l'avenir !

BLÉPYROS

Pourquoi ?

PRAXAGORA

Pour bien des raisons. Il ne sera plus donné désormais aux audacieux de la déshonorer, ou de servir comme témoins ou d'être sycophante.

BLÉPYROS

Ne fais pas cela au nom des dieux, et ne va pas me couper les vivres [212].

CHRÉMÈS

Diantre d'homme ! Laisse parler ta femme !

PRAXAGORA

Il ne sera plus permis à personne de détrousser, ni de jalouser son voisin, ni d'aller nu, ni d'être pauvre, ni d'injurier, ni d'emporter un objet donné en gage ?

CHRÉMÈS

Oui, par Posidon, de grandes choses en vérité, pourvu que ce ne soient pas des mensonges.

PRAXAGORA

Je le montrerai bien ; aussi tu me serviras de témoin, et lui (désignant son mari) n'aura rien à redire.

LE CHŒUR

Te voici maintenant dans l'obligation d'avoir une volonté réfléchie, une pensée philanthropique en éveil, et qui sache défendre tes amies. C'est au bien commun que concourt ton esprit inventif, qui doit réjouir le peuple-citoyen en le comblant des mille avantages de la vie, et montrer de quoi il est capable. C'est le moment ; car notre Cité a besoin de quelque combinaison ingénieuse. Allons, poursuis la réalisation de ce qui n'a pas encore été fait ni dit. On déteste avoir souvent sous les yeux les choses anciennes. Mais ne tarde pas, il faut t'appliquer sur l'heure à tes desseins, car l'empressement est ce qui gagne le plus la faveur du public.

PRAXAGORA

Sûrement, j'enseignerai des choses utiles, c'est ma conviction. Quant aux spectateurs, je me demande s'ils voudront tailler du nouveau et ne pas trop se confiner dans les vieilles coutumes; c'est là ma plus grande peur.

BLÉPYROS

Pour ce qui est de tailler du nouveau, tranquillise-toi : faire cela, au mépris des vieilles coutumes, c'est la règle unique chez nous.

PRAXAGORA *(s'adressant aux spectateurs)*

Qu'aucun de vous ne me contredise et ne m'interpelle avant de savoir mon projet et d'en avoir entendu l'exposé. Je dirai qu'il faut que tous mettent en commun leurs biens, aient part à ceux de tous et vivent du même fonds commun; qu'il ne faut pas que l'un soit riche, l'autre malheureux; que celui-ci exploite de grandes terres, et celui-là n'ait même pas où être enterré; ni que l'un ait à son service quantité d'esclaves, et l'autre pas même un suivant. Non, j'institue un seul genre de vie commune, la même pour tous.

BLÉPYROS

Comment sera-t-elle commune à tous ?

PRAXAGORA *(dans un mouvement d'impatience)*

Tu mangeras de la crotte avant moi [213].

BLÉPYROS

Nous aurons la crotte aussi en commun ?

PRAXAGORA

Non, par Zeus, mais tu m'as trop vite coupé la parole. Voici ce que je voulais dire : je mettrai tout d'abord la terre en commun, et l'argent et tous les biens de chaque particulier. Puis, avec tous ces biens communs, nous vous nourrirons, nous qui en serons les gérantes économes et attentives.

BLÉPYROS

Et celui qui ne possède point de terre, mais de l'argent et des dariques, richesses qu'on ne voit pas ?

PRAXAGORA

Il les apportera au dépôt, à défaut de quoi il sera parjure.

BLÉPYROS

Il faut dire que c'est grâce à cela qu'il les a acquises.

PRAXAGORA

Mais elles ne lui serviront à rien en aucune façon.

BLÉPYROS

Pourquoi donc ?

PRAXAGORA

Personne ne fera plus rien par pauvreté ; tous auront tout : pain, salaisons, gâteaux, manteaux, vin, couronnes, pois chiches. Aussi, que gagnera-t-on à ne pas mettre tout en commun ? Trouve le moyen de me le prouver.

BLÉPYROS

Mais, même aujourd'hui, ne sont-ce pas ceux qui ont tout cela qui volent le plus ?

PRAXAGORA

Auparavant oui, mon ami, quand nous vivions sous l'ancien régime ; mais maintenant que l'on vivra du fonds commun, que gagnera-t-on à ne pas mettre tout en commun ?

BLÉPYROS

Quand on aura vu une jeune fille, qu'on la désirera et qu'on voudra la... fouiller, on pourra prendre de quoi lui offrir un cadeau et on aura sa part du fonds commun, si l'on a couché avec elle.

PRAXAGORA

Mais on pourra coucher avec elle gratis ! Car les femmes aussi, je les mets en commun, de façon qu'elles puissent coucher avec les hommes et faire des enfants avec n'importe qui.

BLÉPYROS

Comment cela se pourra-t-il, si tous vont à la plus belle d'entre elles, et cherchent à la posséder ?

PRAXAGORA

Les vilaines et les camardes seront assises à côté des belles, et qui désirera celle-là, éprouvera d'abord la vilaine.

BLÉPYROS

Et le moyen, pour nous autres vieux, si nous faisons
l'amour avec les vilaines, de ne pas flancher avant d'avoir
atteint le point que tu dis ?

PRAXAGORA

Elles ne s'acharneront pas.

BLÉPYROS

Sur quoi ?

PRAXAGORA

Sois tranquille; ne crains rien; elles ne s'acharneront
pas.

BLÉPYROS

Sur quoi ?

PRAXAGORA

Sur toi, si tu ne veux pas coucher avec elles. Pour toi,
il en va ainsi.

BLÉPYROS

En ce qui vous concerne, c'est bien imaginé : on s'est
arrangé pour qu'il n'y ait pas un seul trou vide. Mais
le... truc des hommes, que fera-t-il ? Car elles fuiront les
laids et rechercheront les beaux.

PRAXAGORA

Les laids surveilleront les beaux quand ils sortiront,
après souper, les épieront dans les endroits publics, et
il ne sera pas permis aux femmes de coucher avec les
beaux, avant de s'être prêtées aux laids et aux petits.

BLÉPYROS

Alors, le nez de Lysicratès s'enorgueillira comme celui
des beaux garçons ?

PRAXAGORA

Oui, par Apollon; le décret est bien démocratique et
l'on pourra tourner en dérision les gens fiers et les porteurs de bagues, lorsque quelqu'un, chaussé d'embades,
dira : « Tu es le premier, cède-moi la place et épie le
moment où j'aurai fini, pour me succéder au second tour. »

BLÉPYROS

Comment donc, si nous vivons ainsi, chacun sera-t-il
à même de reconnaître ses propres enfants ?

PRAXAGORA

Et à quoi bon ? Ils regarderont comme leur père tous les hommes d'un âge avancé.

BLÉPYROS

Dans ce cas, ils étoufferont bel et bien chaque vieillard successivement, grâce à cette ignorance, puisque même maintenant, bien qu'ils sachent qui est leur père, ils l'étouffent. A plus forte raison, quand il sera inconnu, comment alors ne l'embrèneront-ils pas ?

PRAXAGORA

Mais si quelqu'un se trouve là, il ne laissera pas faire! Autrefois ils ne se souciaient guère du père des autres, si on le battait; mais aujourd'hui, si quelqu'un apprend qu'on bat un vieillard, il foncera sur les coupables, de peur que ce ne soit son propre père qui est battu.

BLÉPYROS

Tout ce que tu dis là n'est pas mal trouvé. Mais si Epicouros ou Leucolophos s'avançaient en m'appelant « papa », ce serait terrible à entendre.

PRAXAGORA

Une chose encore plus terrible serait...

BLÉPYROS

Laquelle ?

PRAXAGORA

Qu'Aristyllos t'embrassât prétendant que tu es son père.

BLÉPYROS

Il lui en cuirait, ma foi, et il gémirait.

PRAXAGORA

Mais toi, tu sentirais le calament. Seulement il est venu au monde avant notre décret, de sorte qu'il n'y a pas danger qu'il t'embrasse.

BLÉPYROS

J'en eusse été terriblement fâché. Mais la terre, qui la cultivera ?

PRAXAGORA

Les esclaves. Pour toi, tu n'auras pas à te préoccuper

d'autre chose, quand l'ombre sera de dix pieds au cadran, que de t'en aller dîner, bien pommadé et parfumé.

BLÉPYROS

Et les vêtements, quel moyen aura-t-on de s'en procurer ? Il est bien juste qu'on te pose la question.

PRAXAGORA

Vous vous servirez d'abord de ceux que vous avez déjà ; nous vous en tisserons d'autres par la suite.

BLÉPYROS

Encore une question : si quelqu'un est condamné par les magistrats à une amende, où prendra-t-il de quoi payer ? Il n'est pas juste que se soit sur le fonds commun.

PRAXAGORA

Mais il n'y aura même plus de procès.

BLÉPYROS

Que de gens cela va ruiner!

PRAXAGORA

C'est aussi une décision que j'ai prise. Car pourquoi, misérable, y en aurait-il ?

BLÉPYROS

Pour mille raisons, par Apollon ; et d'abord, pour celle-ci : si un débiteur niait sa dette.

PRAXAGORA

Mais le prêteur où a-t-il pris l'argent qu'il a prêté, puisque tout est en commun ? Il a volé ; c'est très clair, je suppose.

BLÉPYROS

Oui, par Déméter, tu expliques bien. *(Se tournant sans doute vers Chrémès)* Qu'elle me dise donc ceci : avec quoi payeront-ils l'amende pour voies de fait, ceux qui se seront livrés à des violences après un bon repas ? Voilà qui va, je crois, t'embarrasser.

PRAXAGORA

Avec le gâteau dont il se nourrit. Quand il aura prélevé sur celui-ci, il ne se livrera plus facilement à de nouvelles violences, châtié par le ventre.

BLÉPYROS

Il n'y aura plus de voleurs non plus ?

PRAXAGORA

Comment voler ce dont on a sa part ?

BLÉPYROS

Et l'on ne détroussera plus la nuit ?

PRAXAGORA

Non, si tu dors chez toi ; ni même dehors, comme auparavant, car tous auront de quoi vivre. Quand on sera
détroussé, on se laissera faire. A quoi bon lutter ? On ira
prendre autre chose dans le fonds commun, quelque
chose de meilleur.

BLÉPYROS

Et les hommes, ne joueront-ils plus aux dés ?

PRAXAGORA

Non, car que pourraient-ils jouer ?

BLÉPYROS

Et quel genre de vie organiseras-tu ?

PRAXAGORA

Le même pour tous. Je prétends faire de notre ville
une seule habitation, en renversant toutes les séparations
jusqu'à la dernière, de façon qu'on puisse se rendre les
uns chez les autres.

BLÉPYROS

Et le dîner, où le serviras-tu ?

PRAXAGORA

Je ferai de tous les tribunaux et de tous les portiques
des salles à manger.

BLÉPYROS

Et la tribune, à quoi servira-t-elle ?

PRAXAGORA

J'y déposerai les cratères et les cruches à eau ; les
petits enfants pourront y célébrer par des chants les
héros de la guerre, et flétrir les lâches pour que la honte
les empêche de manger.

BLÉPYROS

Oui, par Apollon, c'est plaisant! Et les petites urnes pour le tirage au sort, où les caseras-tu ?

PRAXAGORA

Je les déposerai dans l'agora. Puis, ayant placé tous les gens près d'Harmodios [214], je tirerai au sort, jusqu'à ce que chacun s'en aille content, sachant à quel service il sera inscrit pour le dîner. Le héraut invitera ceux de la lettre bêta à s'en aller dîner au portique Basileion, ceux du thêta au portique voisin, et ceux de kappa au portique du marché aux farines.

BLÉPYROS

Pour y happer ?

PRAXAGORA

Non, par Zeus, mais pour y dîner.

BLÉPYROS

Et s'il y en a qui n'ont pas tiré de lettre pour le dîner, ceux-là tout le monde les chassera ?

PRAXAGORA

Cela ne se produira pas chez nous. Nous fournirons à tous abondamment de tout; chacun s'en ira ivre, avec sa couronne et sa torche. Et les femmes, aux carrefours, tomberont sur ceux qui sortent de dîner et leur diront : « Ici, chez nous, il y a une jolie fille ». « Chez moi aussi », lancera une autre du premier étage, « une toute belle et toute blanche ». Mais il faudra que tu couches d'abord avec moi. Les laids suivront les beaux hommes et les jeunes gens et leur diront : « Hé toi! où cours-tu ? Tu ne feras absolument rien en arrivant. C'est aux camus et aux laids à baiser les premiers, selon le décret; vous, pendant ce temps, il vous faudra prendre des feuilles de figuier double, et dans le vestibule vous faire... des caresses. Voyons, dis-moi, cela vous plaît-il à tous les deux ?

BLÉPYROS

Tout à fait.

PRAXAGORA

Moi, il faut que je me rende à l'agora, pour y recevoir les biens qu'on déposera, et que je prenne avec moi une crieuse publique à la belle voix. Force m'est de faire cela,

puisque j'ai été choisie pour gouverner, et organiser les
repas en commun, afin que votre premier banquet ait lieu
aujourd'hui.

BLÉPYROS

Nous allons banqueter dès aujourd'hui ?

PRAXAGORA

Oui, vous dis-je. Ensuite je veux que toutes les courtisanes cessent tout trafic, toutes sans exception.

BLÉPYROS

Dans quel but ?

CHRÉMÈS

Ça c'est clair. *(Elle se tourne vers les femmes du chœur.)*
C'est pour que celles-ci aient la fleur des jeunes gens.

PRAXAGORA

Et les esclaves, il ne faut pas qu'elles se mettent en
frais de toilette et accaparent les jouissances des femmes
libres; elles ne pourront coucher qu'avec des esclaves, et
s'épiler les parties pour un cotillon.

BLÉPYROS

Allons, que je marche tout près de toi, pour attirer
les regards et faire dire aux gens : vous n'admirez pas
le mari que voici de notre générale ?

CHRÉMÈS

Et moi, pour porter mon mobilier à l'agora, je vais
d'abord prendre en main mon avoir et en dresser l'inven-
taire. *(S'adressant successivement à chaque objet.)* Viens ici,
toi, mon tamis joli, sors, mon tout joli, le premier de mes
biens, afin de faire figure de canéphore, fardé à force de
m'avoir retourné des sacs. Où est celle qui porte le siège ?
— La marmite, amène-toi; par Zeus, tu es bien noire,
comme si tu avais servi à cuire la drogue avec laquelle
Lysicratès [215] se noircit. Mets-toi ici près d'elle; viens,
la coiffeuse! — Apporte ici cette cruche, ô porteuse d'eau;
là. — Et toi, ici, ma citharède, sors, toi qui m'as souvent fait lever, pour aller à l'Assemblée, à une heure
indue de la nuit, avec ton chant matinal. — Que celui
qui a pris la cuvette s'avance. Amène les rayons de miel,
dépose tout près les rameaux d'olivier. Sors aussi les deux
trépieds et le lécythe. Laisse, maintenant, les petites
terrines et les objets sans valeur.

Un Homme

Que je dépose mes affaires, moi ? Je serai alors un homme bien mal inspiré et de peu de cervelle ! Non, par Posidon, jamais ! Je vais tout d'abord bien réfléchir à ça, et je verrai. Je ne veux nullement me défaire si sottement, à la première sommation, du produit de ma sueur et de mon épargne, avant de m'être bien informé de ce qu'il en est de tout cela. Hé toi ! que signifient ces petits meubles-là ? Les as-tu portés dehors pour déménager ou vas-tu les déposer comme gages ?

Chrémès

Nullement.

L'Homme

Pourquoi donc sont-ils ainsi en ordre ? Vous ne faites pas, je pense, un cortège à Hiéron, le crieur public ?

Chrémès

Non, par Zeus ; je dois les transférer à l'agora pour les céder à la ville, en vertu des lois votées.

L'Homme

Tu dois les transférer ?

Chrémès

Parfaitement.

L'Homme

Tu es bien mal inspiré alors, par Zeus sauveur !

Chrémès

Comment ?

L'Homme

Comment ? C'est facile à comprendre.

Chrémès

Eh quoi ? Ne dois-je pas obéir aux lois ?

L'Homme

Auxquelles, malheureux ?

Chrémès

Aux lois votées.

L'Homme

Votées ? Ce que tu es bête, alors !

CHRÉMÈS

Bête ?

L'HOMME

N'est-ce pas ? Le plus sot de tous, tu veux dire!

CHRÉMÈS

Parce que je fais ce qui est prescrit ?

L'HOMME

Est-ce à l'homme sensé de faire ce qui est prescrit ?

CHRÉMÈS

Plus qu'à tous!

L'HOMME

A l'insensé, tu veux dire!

CHRÉMÈS

Et toi, tu ne comptes pas déposer ?

L'HOMME

Je n'aurai garde de le faire, avant d'avoir vu ce que fait la multitude.

CHRÉMÈS

Mais n'est-elle pas prête à porter ses biens ?

L'HOMME

Je le croirais, si je l'avais vu.

CHRÉMÈS

Ce qu'il y a de sûr, c'est qu'on le dit dans les rues.

L'HOMME

Pour ce qui est de le dire, ils le diront!

CHRÉMÈS

Et ils déclarent qu'ils les porteront sur leurs épaules.

L'HOMME

Pour ça, ils le déclareront!

CHRÉMÈS

Tu vas me tuer, toi qui te défies de tout!

L'HOMME

Pour ça, ils se défieront.

CHRÉMÈS

Que Zeus te détruise!

L'HOMME

Bien sûr, ils détruiront. — Tu crois qu'il livrera son
avoir, celui qui a du bon sens ? Cela n'est pas dans la
tradition, qui veut qu'on prenne seulement, par Zeus!
C'est bien ce que font les dieux. Tu t'en rendras compte
d'après les mains des statues : quand nous implorons
leurs bienfaits, elles se tiennent, la main tendue, non pas
comme pour donner quelque chose, mais comme pour
recevoir.

CHRÉMÈS

Diantre d'homme! laisse-moi faire un peu de ce que
j'ai à faire. Il me faut attacher tout cela ensemble. Où
est ma courroie ?

L'HOMME

Vraiment, tu veux les porter ?

CHRÉMÈS

Oui, par Zeus! Et vois plutôt, j'attache ensemble ces
deux trépieds.

L'HOMME

Quelle folie! Sans même attendre ce que feront les
autres, et juste à ce moment-là...

CHRÉMÈS

Quoi faire ?

L'HOMME

Attendre, puis différer encore.

CHRÉMÈS

Dans quel but ?

L'HOMME

Si, comme il arrive souvent, il se produisait un trem-
blement de terre, ou un incendie défavorable, ou si une
belette [216] venait à passer, on cesserait de déposer, insensé
que tu es!

CHRÉMÈS

Ce serait drôle pour moi, si je n'avais pas un endroit
où déposer.

L'HOMME

Si c'était pour prendre, il n'y a pas danger en effet que

tu le puisses, mais déposer, sois tranquille, tu le pourras,
même après-demain.

CHRÉMÈS

Comment ?

L'HOMME

Je les connais, ces gens-là; ils votent vite, mais
reviennent aussitôt sur leurs décisions.

CHRÉMÈS

Ils porteront, mon cher!

L'HOMME

Et s'ils ne portent pas, qu'arrivera-t-il ?

CHRÉMÈS

Ne t'inquiète pas : ils porteront.

L'HOMME

Et s'ils ne portent pas, qu'arrivera-t-il ?

CHRÉMÈS

Nous leur livrerons bataille.

L'HOMME

Et s'ils ont le dessus, que feras-tu ?

CHRÉMÈS

Puisses-tu crever!

L'HOMME

Et si je crève, qu'arrivera-t-il ?

CHRÉMÈS

Tu feras bien.

L'HOMME

Et toi, tu t'obstines à vouloir déposer ?

CHRÉMÈS

Moi, oui; car je vois mes voisins qui apportent.

L'HOMME

Ah! certes, oui, dans ces conditions c'est Antisthènes [217]
qui pourrait apporter du sien! Lui qui trouverait beaucoup plus seyant d'...aller à la selle plus de trente jours.

CHRÉMÈS

Gare à toi!

L'HOMME

Et Callimachos [218], le directeur des chœurs, leur apportera-t-il quelque chose ?

CHRÉMÈS

Plus que Callias [219].

L'HOMME

Cet homme va perdre son bien.

CHRÉMÈS

Tu dis des paroles bien dures !

L'HOMME

Pourquoi dures ? Comme si je ne voyais pas tous les jours des décrets de ce genre ! Ne te rappelles-tu pas celui qui fut voté sur le sel ?

CHRÉMÈS

Oui.

L'HOMME

Et celui sur les monnaies de cuivre, ne te le rappelles-tu pas ?

CHRÉMÈS

Ce fut même un désastre pour moi, que cette monnaie ! Car, un jour que je revenais de vendre des raisins, je m'en retournai la bouche toute pleine de pièces de cuivre, puis je m'en fus à l'agora pour acheter de la farine ; comme je présentais mon sac, le héraut cria : « Défense à quiconque d'accepter à l'avenir aucune pièce de cuivre ; l'argent seul aura cours. »

L'HOMME

Eh quoi ? Ne jurions-nous pas dernièrement que le gouvernement retirerait cinq cents talents du quarantième imaginé par Euripide [220] ? Et aussitôt chacun couvre d'or Euripide ! Mais quand on vit, en y regardant de près, que c'était le « Corinthos, fils de Zeus [221] », et que l'opération n'avait pas suffi, chacun recouvrit de poix, cette fois, Euripide.

CHRÉMÈS

Ce n'est pas la même chose, mon bon. Alors c'était nous qui gouvernions ; maintenant ce sont les femmes.

L'Homme

Celles-là, je les aurai à l'œil, par Posidon, pour qu'elles ne me pissent pas dessus.

Chrémès

Je ne sais pas ce que tu radotes — Toi, petit, apporte la fourche !

LES MÊMES, LA CRIEUSE PUBLIQUE

La Crieuse Publique

Vous tous, citoyens — car il en va maintenant ainsi — en route, rendez-vous tout droit chez la stratège, afin que la fortune vous fasse connaître, par tirage au sort, où vous dînerez. Les tables sont chargées de toutes sortes de bonnes choses et toutes prêtes ; les lits sont recouverts de peaux et de couvertures à profusion ; on fait dans les cratères des mélanges ; les parfumeuses sont alignées ; les tranches de poissons grillent sur le feu que l'on souffle ; les viandes de lièvre sont à la broche ; les galettes cuisent au four ; on tresse les couronnes, on fait griller les friandises ; les toutes jeunes filles font cuire des marmites de purée de légumes. Sméos, au milieu d'elles, dans une tenue de cavalier, nettoie les assiettes des femmes. Géron [222] s'avance, revêtu d'un manteau de laine et chaussé de sandales, riant aux éclats, en compagnie d'un jeune homme. Ses grosses chaussures gisent à terre et son gros manteau est délaissé. Avancez donc, car celui qui porte le pain d'orge est à son poste. Allons, ouvrez les mâchoires.

L'Homme

J'irai donc. Car pourquoi rester là à ne rien faire, quand la cité en décide ainsi ?

Chrémès

Et où iras-tu ? puisque tu n'as pas déposé ton avoir ?

L'Homme

Dîner.

Chrémès

Non certes, si elles ont de la jugeote ; pas avant que tu ne l'aies apporté.

L'Homme

Mais je l'apporterai !

CHRÉMÈS

Quand ?

L'HOMME

Ce n'est pas moi qui causerai du retard.

CHRÉMÈS

Comment donc ?

L'HOMME

Je dis que d'autres apporteront encore plus tard que moi.

CHRÉMÈS

Tu iras quand même pour le dîner?

L'HOMME

Que faut-il donc que je fasse ? Les gens sensés doivent prêter leur concours à l'État dans la mesure du possible.

CHRÉMÈS

Et si elles t'en empêchent, que feras-tu ?

L'HOMME

J'irai à l'assaut, tête baissée.

CHRÉMÈS

Et si elles te fouettent, que feras-tu ?

L'HOMME

Nous les citerons en justice.

CHRÉMÈS

Et si elles s'en moquent, que feras-tu ?

L'HOMME

Me tenant à la porte...

CHRÉMÈS

Que feras-tu ? dis-moi ?

L'HOMME

J'arracherai les provisions [223] à ceux qui les apporteront.

CHRÉMÈS

Marche derrière moi. Toi, Sicon (il s'adresse à ses domestiques), et toi, Parménon, prenez toute ma richesse.

L'Homme

Voyons, que je t'aide à la porter.

Chrémès

Non, pas du tout! Car je crains qu'en présence de notre générale tu ne te fasses passer pour le propriétaire de mes meubles, quand je les aurai déposés.

L'Homme

Il faut pourtant, par Zeus, que je trouve un moyen pour garder à la fois les biens que je possède et partager avec ces gens-là ce qu'on fricasse en commun. Ah! une idée lumineuse! Il me faut y aller en même temps qu'eux, sans tarder. (*Danse du chœur. La scène représente deux maisons sur une place d'Athènes.*)

Une Vieille Femme (*à la fenêtre de sa maison*)

Pourquoi donc les hommes ne sont-ils pas encore là? C'était déjà l'heure il y a longtemps. Moi, je reste là à ne rien faire, fardée de blanc de céruse et vêtue de ma crocote, me fredonnant un air à moi-même, enjouée, afin de séduire quelqu'un d'eux au passage. O muses, descendez ici sur mes lèvres, et inspirez-moi quelque chansonnette sur le mode ionien.

Une Jeune Fille

(*se montrant à la fenêtre de l'autre maison*)

Cette fois, tu t'es penchée à la fenêtre avant moi, pourriture! Et tu t'imaginais que tu allais, parce que je n'étais pas sur les lieux, vendanger une vigne abandonnée et attirer quelqu'un avec ton chant! Mais moi, si tu fais cela, je chanterai de mon côté. Bien que ce soit fastidieux pour les spectateurs, cela a néanmoins quelque chose d'agréable et de comique.

La Première Vieille (*lui montrant son doigt*)

Abouche-toi avec celui-ci et va-t'en. Toi, mon petit amour de flûtiste, prends tes flûtes et joue un air digne de toi et de moi. (*Elle se met à chanter accompagnée du flûtiste.*)

Si l'on veut avoir du plaisir
C'est avec moi qu'il faut dormir;
L'art, voyez-vous, manque aux jeunes natures,
Mais est le fait des femmes mûres.

Aucune, plus que moi, sûrement
Ne voudrait chérir l'amant
Auquel elle s'unirait;
Mais vers un autre elle volerait.

La Jeune Fille

Ne jalouse pas les novices
Car la volupté naquit
Et se trouve en leurs tendres cuisses
Et sur leurs seins ronds fleurit.
Mais de toi, ô vieille, épilée
Et toute peinturlurée
De toi, c'est la mort qui prend soin.

La Vieille

Puisse ton fourreau s'affaisser,
Ton lit de repos s'effondrer,
Quand tu voudras qu'on te burine;
Et puisses-tu trouver sur ta couche un serpent,
L'attirer contre ta poitrine,
Quand tu veux embrasser ton amant.

La Jeune Fille

Que sera-t-il de moi, misère ?
Mon compagnon n'arrive pas.
Seule on me laisse ici; ma mère
Autre part a porté ses pas!
Mais le reste, à quoi bon le dire ?
Allons, grand-mère, je te prie,
Appelle donc Orthagoras [224]
Pour satisfaire ton envie,
Je t'en conjure, car déjà
Selon la mode d'Ionie
Ça te démange, pauvre amie.
Et tu me parais faire labda [225] à la façon des Lesbiens!
Mais tu ne saurais me ravir
Mes ébats, ni souffler mon heure,
Ni me supplanter jamais.

La Première Vieille

Chante tant que tu voudras, et penche-toi à la fenêtre comme une belette. Nul n'entrera chez toi avant d'être venu chez moi.

La Jeune Fille

Pas pour la levée du corps toujours! Ça c'est du nouveau! pourriture!

La Première Vieille

Point du tout! Car que pourrait-on dire de nouveau à une vieille ? Ma vieillesse ne t'affligera pas.

La Jeune Fille

Et quoi ? Sera-ce plutôt ton anchuse et ta céruse ?

La Première Vieille

Pourquoi me parles-tu ?

La Jeune Fille

Et toi, pourquoi te penches-tu à la fenêtre ?

La Première Vieille

Moi ? Je me fredonne à moi-même un air à la louange d'Epigénès, mon ami.

La Jeune Fille

As-tu donc un autre ami que Gérès [226] ?

La Première Vieille

Il va te le montrer à toi aussi, ma foi. Il viendra tantôt vers moi. Mais le voici, c'est lui.

La Jeune Fille

Il n'a nullement envie de toi, fléau!

La Première Vieille

Mais oui, par Zeus, petite peste!

La Jeune Fille

Il va le faire voir à l'instant, car je m'en vais.

La Première Vieille

Et moi aussi, pour t'apprendre que j'ai bien plus de bon sens que toi.

Un Jeune Homme

Que ne puis-je dormir avec l'adolescente,
Sans me voir obligé tout d'abord de bluter
Une camuse, ou quelque vieille repoussante!
C'est trop dur pour un homme aimant sa liberté!

La Première Vieille

A ton corps défendant, par Zeus, tu bluteras.
Ce ne sont point refrains du temps de Charixène,
De par la loi, vois-tu, ce faire il te faudra.
C'est justice, chez nous, démocrates d'Athènes.

Mais je m'en vais le surveiller pour voir ce qu'il peut bien faire.

Le Jeune Homme

Faites, ô Dieux, que je surprenne toute seule la belle pour laquelle, après avoir bien bu, je viens ici, et que je désire depuis longtemps.

La Jeune Fille

J'ai bien attrapé cette maudite petite vieille! Elle est partie en effet, persuadée que je resterais au logis. Mais le voici, celui-là même dont nous parlions. Ici, ici, mon amour, viens vers moi, viens partager ma couche cette nuit. Je suis follement éprise de tes boucles. Je suis sous le coup d'un désir violent qui me tourmente. Permets, Eros, je t'en supplie, et conduis-le dans ma couche.

Le Jeune Homme

Ici! oh! ici, toi aussi, descends vite m'ouvrir cette porte, ou je m'effondre à terre. Chérie, allons! je veux, blotti dans ton sein, m'ébattre avec tes fesses! Cypris, pourquoi me rends-tu fou d'elle? Permets, je t'en supplie, Eros, et conduis-la dans ma couche. Mais bien faibles sont mes paroles, dans un besoin comme le mien. O toi, ma toute chérie, ô je t'en supplie, ouvre, embrasse-moi, toi qui me fais endurer tant de peines. Objet de mes soucis, ô mon bijou d'or fin, rejeton de Cypris, petite abeille de la Muse, nourrisson des Charites, portrait de la volupté, ouvre, embrasse-moi, toi qui me fais endurer tant de peines!

La Première Vieille

Hé! l'homme! qu'as-tu à frapper? Serait-ce moi que tu cherches?

Le Jeune Homme

Comment?

La Première Vieille

Tu frappais bien à la porte!

Le Jeune Homme

Plutôt mourir!

La Première Vieille

Qu'es-tu donc venu quérir, avec ta torche ?

Le Jeune Homme

Quelqu'un du dème d'Ana *(1)*... phlyste [227].

La Première Vieille

Qui ?

Le Jeune Homme

Pas celui de Ça-Baise [228], que tu attends peut-être.

La Première Vieille

C'est toi que je veux, par Aphrodite, que tu le veuilles ou non !

Le Jeune Homme

Mais nous ne nous occupons pas aujourd'hui des « plus de soixante ans » ; nous les réservons pour plus tard ; nous liquidons l'affaire des « moins de vingt ans ».

La Première Vieille

Cela, c'est ce qui se faisait sous l'ancien régime, mon doux ; aujourd'hui la loi veut que l'on s'occupe de nous d'abord.

Le Jeune Homme

C'est à qui le désire, selon la règle du jeu de dés.

La Première Vieille

Mais tu ne dînes pas selon la règle du jeu de dés.

Le Jeune Homme

Je ne sais ce que tu veux dire ; c'est à cette porte-ci que je frapperai.

La Première Vieille

Quand tu auras du moins frappé à la mienne d'abord.

Le Jeune Homme

Mais ce n'est pas un tamis que nous demandons à présent.

La Première Vieille

Je sais que tu m'aimes ; et tu es maintenant tout étonné de m'avoir trouvée dehors. Allons, avance ta bouche.

Le Jeune Homme

Mais, ma pauvre, je crains ton amant.

LA PREMIÈRE VIEILLE

Lequel ?

LE JEUNE HOMME

Le meilleur des peintres!

LA PREMIÈRE VIEILLE

Et qui est-ce ?

LE JEUNE HOMME

Celui qui peint les lampes mortuaires. Mais va-t'en,
qu'il ne te voie pas sur le pas de la porte.

LA PREMIÈRE VIEILLE

Je sais, je sais ce que tu veux.

LE JEUNE HOMME

Et moi aussi je sais ce que tu veux, par Zeus.

LA PREMIÈRE VIEILLE

Non, par Aphrodite qui m'a tirée au sort, je ne te
lâcherai pas.

LE JEUNE HOMME

Tu divagues, petite vieille.

LA PREMIÈRE VIEILLE

Tu radotes; je te mènerai dans ma couche.

LE JEUNE HOMME

Qu'a-t-on besoin d'acheter des crochets pour tirer les
seaux des puits, quand on peut y plonger une petite vieille
comme celle-ci ?

LA PREMIÈRE VIEILLE

Ne te moque pas de moi, tu m'affliges, mais suis-moi
ici chez moi.

LE JEUNE HOMME

Mais rien ne m'y force, à moins que tu n'aies payé
pour moi à l'Etat l'impôt du cinq centième.

LA PREMIÈRE VIEILLE

Si, par Aphrodite, il le faut pourtant; car j'ai du plaisir,
moi, à coucher avec ceux de ton âge.

LE JEUNE HOMME

Et moi du dégoût avec tes pareilles, et je n'y saurais
jamais consentir.

La Première Vieille

Mais ceci, par Zeus, t'y forcera.

Le Jeune Homme

Ça ? Qu'est-ce ?

La Première Vieille

Un décret, en vertu duquel tu es tenu de venir chez moi.

Le Jeune Homme

Lis-le, pour voir ce que ça peut bien être.

La Première Vieille

Eh bien donc, je lis ! Les femmes ont décidé que :
« lorsqu'un homme désirera une jeune fille, il ne devra
pas avoir commerce avec elle avant d'avoir comblé la
vieille. S'il s'y refuse et s'il désire la jeune, les femmes âgées
pourront impunément entraîner le jeune homme en le
saisissant par le clou ».

Le Jeune Homme

Hélas ! je deviendrai aujourd'hui un second Procuste [229].

La Première Vieille

Il faut obéir à nos lois.

Le Jeune Homme

Mais si l'un de mes concitoyens de dème ou de mes amis
venait me délivrer ?

La Première Vieille

Mais aucun homme désormais n'a à sa disposition plus
d'un médimne.

Le Jeune Homme

Ne peut-on pas se tirer d'affaire en jurant ?

La Première Vieille

Non, pas de détours !

Le Jeune Homme

Mais je me donnerai pour un trafiquant.

La Première Vieille

A ton grand dommage !

Le Jeune Homme

Que faut-il donc faire ?

La Première Vieille

Me suivre ici, chez moi.

Le Jeune Homme

Y a-t-il pour moi obligation ?

La Première Vieille

Oui, obligation diomédéenne [230].

Le Jeune Homme

Etends donc d'abord de l'origan [231], casse quatre sarments et mets-les sous toi, ceins ton front de bandelettes, place à côté de toi les veilleuses et dépose devant la porte le vase d'eau lustrale.

La Première Vieille

Tu m'achèteras encore une couronne.

Le Jeune Homme

Oui, par Zeus, si tu en veux du moins une de cire, car je pense, qu'une fois dedans, tu vas t'effondrer aussitôt.

La Jeune Fille (accourant de chez elle)

Où traînes-tu cet homme ?

La Première Vieille

Je le conduis chez moi.

La Jeune Fille

Tu n'as pas ta raison! Car il n'est pas d'âge à coucher avec toi, il est trop jeune. Tu pourrais être plutôt sa mère que sa femme. Aussi, en imposant cette loi, vous remplirez la terre entière d'Œdipes!

La Première Vieille

O l'impudente! C'est la jalousie qui te fait parler ainsi. Mais je m'en vengerai.

Le Jeune Homme

Par Zeus Sauveur, tu m'as fait bien plaisir, ma toute douce, en me débarrassant de la vieille. Aussi, pour ces

bons services, te donnerai-je ce soir à mon tour une grande
et grosse preuve de ma reconnaissance.

LA SECONDE VIEILLE

Hé toi! Où entraînes-tu cet homme, au mépris de la
loi, puisque c'est avec moi, selon la lettre, qu'il doit
coucher d'abord.

LE JEUNE HOMME

Ah! infortuné que je suis! D'où as-tu surgi, créature
de malheur ? C'est une peste encore plus terrible que l'autre.

LA SECONDE VIEILLE

Viens par ici.

LE JEUNE HOMME (*à la jeune fille*)

Ne laisse pas cette femme me traîner ainsi, je t'en adjure.

LA SECONDE VIEILLE

Mais ce n'est pas moi, c'est la loi qui t'entraîne.

LE JEUNE HOMME

Non, pas la loi, mais une Empuse toute couverte de
pustules de sang.

LA SECONDE VIEILLE

Suis par ici, petit douillet; vite et pas de babillage!

LE JEUNE HOMME

Va donc, laisse-moi tout d'abord aller... évacuer et me
remettre un peu d'aplomb; sinon, tu me verras faire ici
même à l'instant quelque chose de marron, sous le coup
de la peur.

LA SECONDE VIEILLE

Rassure-toi, marche; tu feras... chez moi.

LE JEUNE HOMME

Je crains aussi que je n'en fasse plus que je ne veux.
Mais je fournirai deux répondants sûrs.

LA SECONDE VIEILLE

Ne m'en fournis pas.

LA TROISIÈME VIEILLE

Où vas-tu, toi, avec cette femme ?

Le Jeune Homme

Je ne vais pas, on me traîne. Mais, qui que tu sois, puisses-tu être comblée de félicités, pour ne m'avoir pas laissé mettre à sac. O Héraclès! O Corybantes! O Dioscures! Voilà une peste encore plus terrible que l'autre! Au fait, quel être est-ce donc là, je vous prie? Est-ce une guenon barbouillée de céruse, ou une vieille revenant des légions infernales?

La Troisième Vieille

Pas de moqueries, suis-moi par ici.

La Seconde Vieille

Par ici, tu veux dire!

La Troisième Vieille

Dis-toi bien que je ne te lâcherai jamais.

La Seconde Vieille

Ni moi non plus.

Le Jeune Homme

Vous m'écartelez, engeance de malheur!

La Seconde Vieille

C'est moi que tu dois suivre, de par la loi.

La Troisième Vieille

Pas du tout, s'il apparaît une vieille femme plus laide encore.

Le Jeune Homme

Mais si vous me faites périr affreusement, voyons, comment arriverai-je près de la belle que voilà?

La Troisième Vieille

A toi de voir; mais il faut que tu fasses ce que je te dis.

Le Jeune Homme

Quelle est celle qu'il me faudra d'abord enfoncer pour être quitte?

La Troisième Vieille

Tu ne le sais pas? Viens ici!

LE JEUNE HOMME

Que celle-là me relâche.

LA SECONDE VIEILLE

Viens plutôt ici, chez moi.

LE JEUNE HOMME

Si celle-ci me relâche.

LA TROISIÈME VIEILLE

Mais je ne te relâcherai pas, par Zeus!

LA SECONDE VIEILLE

Ni moi certes.

LE JEUNE HOMME

Vous seriez, ma foi, de bien dures passeuses.

LA TROISIÈME VIEILLE

Pourquoi ?

LE JEUNE HOMME

Parce que vous arracheriez les membres aux passagers en les tiraillant.

LA SECONDE VIEILLE

Tais-toi et viens ici.

LA TROISIÈME VIEILLE

Non, par Zeus, mais chez moi.

LE JEUNE HOMME

Il faut que je me conforme au décret de Cannonos [232], c'est clair : que je me partage en deux pour baiser. Comment pourrai-je les manœuvrer toutes les deux comme deux avirons ?

LA TROISIÈME VIEILLE

Aisément, quand tu auras mangé une marmite d'oignons.

LE JEUNE HOMME

Malheur à moi! Me voici déjà traîné près de la porte.

LA SECONDE VIEILLE (à la troisième)

Mais tu n'en auras pas plus que moi; car je me jetterai dessus, avec toi.

Le Jeune Homme

Non! au nom des dieux! Il vaut mieux subir un mal que deux.

La Troisième Vieille

Par Hécate, oui! que tu le veuilles ou non.

Le Jeune Homme

O trois fois malheureux, s'il me faut baiser une vieille repoussante, une nuit entière, et tout un jour pour être encore obligé, après m'en être débarrassé, de recommencer avec Phryné qui a une lampe mortuaire contre les mâchoires. Ne suis-je pas un malheureux? Ecrasé sous le poids du malheur, veux-je dire, par Zeus sauveur, un être infortuné, pour être réduit à naviguer avec de tels monstres. Toutefois, s'il m'arrive, à cause de ces deux filles, un de ces accidents fréquents au cours de la traversée, qu'on m'enterre à l'embouchure même du détroit; celle-ci, qu'on la place sur mon tombeau, après l'avoir enduite toute vivante de poix, les pieds pris dans du plomb fondu, jusqu'aux chevilles, et debout, en guise d'urne funéraire.

(Pendant que le chœur danse, arrive une servante, à moitié ivre.)

La Servante

Heureux peuple! heureux pays! Bienheureuse ma maîtresse et vous toutes qui vous tenez à nos portes, et tous nos voisins et concitoyens de dème, et moi outre ces gens-là, moi, la servante, qui ai la tête parfumée d'essences précieuses, ô Zeus! Mais rien de tout cela ne vaut les petites amphores de vin de Thasos dont le bouquet se conserve longtemps dans ma tête, alors que tout le reste fleurit et s'évapore aussitôt. Aussi, sont-elles bien plus précieuses, oui, bien plus, ô Dieux! Verse du pur, il nous réjouira toute la nuit, si nous choisissons celui qui a le plus de bouquet. Allons, femmes, dites-moi où est mon maître, le mari de ma maîtresse?

Le Coryphée

Si tu restes ici, à notre avis tu le trouveras.

La Servante

Parfait. Car le voici qui arrive pour le dîner. Maître, ô bienheureux, ô trois fois heureux!

Le Maître

Moi ?

La Servante

Oui, toi, par Zeus, et comme pas un! Qui pourrait être en effet plus heureux, puisque d'un peuple de trente mille citoyens tu es le seul à n'avoir pas dîné?

Le Coryphée

Un heureux homme en vérité, c'est le mot!

La Servante

Où, où vas-tu ?

Le Maître

Je vais dîner.

La Servante

Oui, par Aphrodite, et tu es de beaucoup le plus en retard de tous. Cependant, ta femme m'a dit de te prendre et de t'amener ainsi que ces jeunes filles. Il reste encore beaucoup de vin de Chios et d'autres bonnes choses. En conséquence, ne traînez pas, et s'il se trouve parmi les spectateurs quelqu'un de bien disposé à notre égard, et parmi les juges quelqu'un qui ne regarde pas ailleurs, qu'ils se joignent à nous : nous leur fournirons tout.

Blépyros

Que n'invites-tu pas généreusement tout le monde, sans oublier personne ? Il faut carrément inviter vieillards, jeunes gens, petits enfants. Le repas est servi pour eux tous sans exception, s'ils s'en... vont à la maison [233]. Moi, je vais vite me rendre au dîner, avec ma torche que j'ai là, comme vous voyez, fort à propos. Mais qu'as-tu à lanterner, au lieu de prendre et d'emmener ces femmes ? Pendant que tu descendras en ville, je préluderai au banquet par un chant solennel.

La Coryphée

Je veux glisser aux juges une petite recommandation : que les sages m'accordent le prix en se souvenant de mes sages paroles; que ceux qui ont ri de bon cœur m'accordent le prix pour mes plaisanteries. C'est donc que je vous invite presque tous, c'est très clair, à m'accorder le prix. Et que le sort ne me devienne pas contraire après m'avoir donné la priorité. Il faut vous souvenir de ces raisons et ne pas manquer à votre serment; jugez les

chœurs impartialement, comme toujours, et n'imitez pas
la conduite de ces infâmes prostituées qui ne se souviennent
jamais que des derniers.

LA SERVANTE

Oh! oh! il est temps, chères femmes, si nous voulons
accomplir notre tâche, de se mettre en route pour le dîner.
Allons, bouge tes pieds, toi aussi, à la manière crétique.

BLÉPYROS

C'est ce que je fais.

LA SERVANTE

Et que celles-ci aussi, légères comme elles sont, dansent
sur leurs fines jambes en cadence, car on va servir tantôt :
patèles, salaisons, raies, mustèles, restes de cervelles assaisonnées de silphium et de fromage, grives arrosées de
miel, merles, pigeons ramiers, pigeons de roche, coqs,
fritures de mulets, chairs de lièvre arrosées de vin cuit,
croquettes en forme d'ailes! Et toi, qui m'as entendue,
vite et vitement prends un plat. Puis hâte-toi de te servir
de purée pour pouvoir dîner.

BLÉPYROS

Mais il y en a qui dévorent par là!

LE CHŒUR

Prenez votre élan, dansez! io! évoé! Nous dînerons,
évoé! évoé! évoé! Comme après la victoire! Evoé! Evoé!
évoé! évoé!

PLOUTOS

NOTICE
SUR
PLOUTOS

Ploutos appartient à la comédie dite moyenne, qui est une transition entre la comédie ancienne (satire personnelle et politique) et la nouvelle (comédie de mœurs). Elle fut représentée en ~ 388. On ignore quel rang elle obtint. Aristophane eut, en cette occasion, quatre concurrents : Nicocharès avec ses *Laconiens*, Aristomène avec *Admète*, Nicophon avec *Adonis*, Alcée avec *Pasiphaé*.

Le sujet de cette comédie est exclusivement moral. C'est l'éloge du travail et l'apologie de l'inégale et aveugle répartition des richesses. Chrémyle, un pauvre travailleur dont l'honnêteté n'est jamais récompensée par la fortune, s'en va consulter l'oracle d'Apollon, pour savoir s'il doit faire de son fils unique un coquin, puisque la fortune sourit aux scélérats. Le dieu lui répond de suivre le premier mortel qu'il verra au sortir du temple. Chrémyle rencontre un aveugle couvert de haillons, s'attache à lui et lui pose toutes sortes de questions. L'autre ne consent à répondre et à se faire connaître que sous les menaces. Il dit son nom : c'est Ploutos, que Zeus a rendu aveugle parce qu'il ne visite que les gens de bien.

Tout heureux de posséder Ploutos, il lui promet de le guérir de son infirmité, à condition qu'il le gardera chez lui. Ploutos hésitant d'abord, par peur de Zeus, accepte enfin.

Chrémyle fait appeler tous ses voisins qu'il veut faire participer aux faveurs de Ploutos. Tous ensemble, ils décident de mener celui-ci au temple d'Asclépios, où il devra coucher une nuit pour recouvrer la vue. A peine sont-ils partis qu'une femme les arrête : c'est la Pauvreté. Elle veut les dissuader de leur folle entreprise, leur démontrant que si tout le monde est riche il n'y aura plus ni artistes, ni artisans, ni domestiques et que, par consé-

quent, les richesses étant devenues inutiles, chacun sera
forcé de travailler. C'est elle, Pauvreté, qui procure aux
riches toutes leurs jouissances, en forçant l'ouvrier à travailler pour gagner sa vie. Chrémyle ne veut pas se
rendre : confondant la mendicité avec la pauvreté, il fait
un tableau saisissant d'une extrême misère. En vain pro-
teste-t-elle.

Elle est chassée, mais elle déclare en s'en allant qu'on
ne tardera pas à la rappeler.

Carion, l'esclave de Chrémyle, revient du temple et
raconte à Myrrhine, la femme de son maître, comment
Asclépios a guéri Ploutos de sa cécité. Ploutos arrive à
son tour : il adore le soleil qu'il n'avait pas vu depuis si
longtemps, salue Athènes, promet de ne plus favoriser
que les gens de bien et entre dans la maison de Chrémyle. Carion reparaît bientôt pour exprimer sa joie. Un
juste, que le dieu a enrichi, vient le remercier. Un sycophante ruiné vient se plaindre. Bafoué par Chrémyle,
dépouillé au profit de l'homme de bien et malmené par
Carion, il prend la fuite, après avoir donné l'occasion
d'une scène fort amusante.

Les dernières scènes sont plus licencieuses. Une vieille
femme se plaint de l'infidélité d'un jeune homme qu'elle
aimait et qu'elle a enrichi. C'est ensuite Mercure qui, ne
trouvant plus rien à gagner dans ses divers métiers, vient
s'installer chez Chrémyle, déclarant qu'il y fait meilleur
qu'auprès des dieux et que la « patrie est partout où l'on
vit heureux ». C'est enfin le grand prêtre de Zeus qui,
mourant de faim, demande à devenir le ministre de
Ploutos. Tous conduisent en grand cortège Ploutos à
l'Acropole, pour l'installer à la place qu'il occupait jadis,
comme gardien perpétuel de l'opisthodome de la déesse.

PLOUTOS

PERSONNAGES

CARION.
CHRÉMYLE.
PLOUTOS.
CHŒUR DE CAMPAGNARDS.
BLEPSIDÈME.
PAUVRETÉ.
LA FEMME DE CHRÉMYLE.
UN JUSTE.
UN SYCOPHANTE.
UNE VIEILLE.
UN JEUNE HOMME.
HERMÈS.
LE PRÊTRE DE ZEUS.

La scène représente une place publique au fond de laquelle se dresse la maison de Chrémyle. Celui-ci entre, suivi de Carion, par la parodos de gauche. Tous deux suivent Ploutos, aveugle.

CARION

Ah! qu'il est pénible, ô Zeus et tous les dieux, de devenir l'esclave d'un maître qui n'a pas sa raison! Arrive-t-il que le serviteur ait ouvert le meilleur avis, et que le patron n'ait pas daigné le suivre, il faut que le serviteur ait sa part de maux. Le sort ne permet pas qu'il dispose en maître de sa personne : elle appartient à l'acheteur. Eh bien, soit! mais à Loxias, « *qui du haut d'un trépied d'or rend ses oracles* », j'adresse le juste reproche que voici : médecin et devin, comme on dit, compétent, il a renvoyé, en proie à la démence, mon maître qui suit un homme aveugle et fait tout l'opposé de ce qu'il devrait faire. C'est à nous qui voyons à guider les aveugles. Et voilà qu'il les suit, qu'il m'entraîne de force sans même me répondre le moindre mot. Et moi, il n'y a plus moyen que je me taise, avant que tu ne m'aies expliqué, mon maître, pourquoi nous suivons cet homme. Je te créerai plutôt des ennuis, car tu ne me battras pas du moment que je porte une couronne [234].

CHRÉMYLE

Non, par Zeus! mais je t'enlèverai la couronne, si tu me fâches, et il t'en cuira davantage.

CARION

Radotage! Je n'aurai de cesse que tu ne m'aies expliqué

qui donc est cet homme; c'est parce que je te veux du bien que je te le demande avec tant d'insistance.

CHRÉMYLE

Eh bien, je ne te le cacherai pas, car je reconnais que tu es le plus loyal de tous mes domestiques, et le plus habile à... voler. Pieux et juste, je faisais mal mes affaires et j'étais pauvre...

CARION

Je le sais bien.

CHRÉMYLE

D'autres s'enrichissaient : sacrilèges, orateurs, délateurs, scélérats.

CARION

Je le crois.

CHRÉMYLE

Dans ces conditions, j'ai été consulter l'oracle, sachant bien que ma vie à moi, le malheureux, avait presque épuisé les traits de son carquois, mais voulant demander s'il fallait que mon fils, le seul que je me trouve avoir, devait changer de conduite, pour devenir fourbe, injuste, sans scrupules, car j'estime qu'il n'y a que ça qui importe dans la vie.

CARION

Quel oracle a sorti Phoibos de ses couronnes ?

CHRÉMYLE

Tu vas le savoir. Le dieu m'a clairement dit ceci : le premier homme que je rencontrerais à la sortie, il m'a ordonné de ne plus le quitter, mais de lui persuader de me suivre chez moi.

CARION

Et quel fut le premier que tu rencontras ?

CHRÉMYLE

Celui-là.

CARION

Et tu ne comprends pas la pensée du dieu, qui te dit en termes très clairs, ô le plus ignorant des hommes, d'élever ton fils à la mode du pays ?

CHRÉMYLE

Qui te fait juger de la sorte ?

CARION

Il est évident qu'un aveugle lui-même entendrait qu'il y a grand intérêt à ne s'exercer à aucune saine pratique à l'époque actuelle!

CHRÉMYLE

Il n'est pas possible que l'oracle penche dans ce sens; il a une autre signification, plus élevée. Si cet homme nous révélait qui il peut bien être, pourquoi il est venu ici parmi nous, nous saurions ce que notre oracle veut dire.

CARION

Voyons, toi, dis-nous, pour commencer, qui tu es, ou j'agis en conséquence. Il faut parler au plus vite.

PLOUTOS

Gare aux lamentations, voilà ce que je te dis.

CARION

Comprends-tu qui il dit qu'il est?

CHRÉMYLE

C'est à toi qu'il le dit, non à moi. C'est que tu lui poses des questions maladroites, durement (se tournant vers Ploutos) mais si les façons d'un homme de bonne foi t'agréent tant soit peu réponds-moi.

PLOUTOS

Gare aux larmes! voilà ce que je te dis.

CARION

Reçois l'homme et l'augure du dieu.

CHRÉMYLE

Par Déméter, tu ne riras plus.

CARION

Si tu ne réponds pas, tu feras, mauvais drôle, une mauvaise fin.

PLOUTOS

Mes bons amis, loin de moi tous les deux!

CHRÉMYLE

Point du tout!

CARION

Sûrement, maître, mon avis est le meilleur. Je ferai
périr de la pire façon ce drôle. Je le hisserai au bord de
quelque précipice, le laisserai et m'en irai, afin qu'il tombe
et se casse le cou.

CHRÉMYLE

Hisse-le, vite.

PLOUTOS

Ah! non!

CHRÉMYLE

Ne parleras-tu pas ?

PLOUTOS

Mais si vous apprenez qui je suis, je sais que vous me
ferez du mal et ne me lâcherez pas.

CHRÉMYLE

Nous, oui, par les dieux, si seulement tu y tiens.

PLOUTOS

Lâchez-moi d'abord.

CHRÉMYLE

Voici : nous te lâchons.

PLOUTOS

Eh bien, écoutez. Car il me faut, à ce qu'il semble,
dire des choses que j'étais résolu à tenir cachées : Je suis
Ploutos.

CHRÉMYLE

O le plus scélérat des hommes! Tu étais Ploutos et tu
te taisais ?

CARION

Toi Ploutos, dans un si misérable état ?

CHRÉMYLE

O Phoibos Apollon, ô dieux, ô Esprits, ô Zeus! que dis-
tu ? Tu es réellement celui-là ?

PLOUTOS

Oui.

CHRÉMYLE

Celui-là en personne ?

PLOUTOS

En personne au possible!

CHRÉMYLE

Et d'où sors-tu, pour être si sale?

PLOUTOS

Je viens de chez Patroclès [225], qui ne s'est pas lavé depuis le moment précis de sa naissance.

CHRÉMYLE

Et cette infirmité comment t'est-elle venue? Dis-moi!

PLOUTOS

C'est Zeus qui m'a fait ça, par jalousie pour les hommes: Quand j'étais jeune, en effet, je l'avais menacé de ne frayer qu'avec les gens justes, les sages, les gens honnêtes. Et lui me rendit aveugle pour que je ne reconnusse aucun d'entre eux, tant il est jaloux des gens vertueux.

CHRÉMYLE

Et pourtant c'est seulement grâce aux gens vertueux et aux justes qu'il est honoré.

PLOUTOS

Je suis d'accord avec toi.

CHRÉMYLE

Eh bien donc, si tu recouvrais la vue comme auparavant, fuirais-tu encore les méchants?

PLOUTOS

Assurément.

CHRÉMYLE

Et tu irais chez les justes?

PLOUTOS

Parfaitement; car il y a longtemps que je ne les ai pas vus!

CHRÉMYLE

Rien d'étonnant; moi non plus qui vois pourtant.

PLOUTOS

Lâchez-moi maintenant. Vous savez désormais tout ce qui a trait à moi.

CHRÉMYLE

Non, par Zeus, mais nous ne nous en cramponnerons
que plus à toi.

PLOUTOS

Ne disais-je pas que vous me procureriez des ennuis ?

CHRÉMYLE

Toi aussi, je t'en supplie, laisse-toi persuader et ne me
quitte pas. Tu auras beau chercher, tu ne trouveras pas
un homme de mœurs plus honnêtes que moi. Non, par
Zeus ; il n'y en a pas un autre comme moi.

PLOUTOS

Ils disent tous cela. Mais quand une fois ils me possèdent
pour de bon et qu'ils sont devenus riches, il n'y a absolument plus de bornes à leur méchanceté.

CHRÉMYLE

Il en est ainsi, mais ils ne sont pas tous mauvais.

PLOUTOS

Non, par Zeus, pas tous mais tous sans exception.

CARION

Ça va te coûter cher !

CHRÉMYLE

Quant à toi, si tu veux savoir tous les avantages dont
tu bénéficieras en restant auprès de nous, prête ton attention, tu vas l'apprendre. Je crois bien, je crois, avec
l'aide de Dieu veux-je dire, te guérir de cette maladie des
yeux en te faisant voir.

PLOUTOS

N'en fais rien. Je ne veux pas voir de nouveau.

CHRÉMYLE

Que dis-tu ?

CARION

Cet homme est né pour être malheureux.

PLOUTOS

Zeus, je le sais, s'il venait à connaître toutes les folies
de ces drôles-ci me perdrait sans ressource.

CHRÉMYLE

N'est-ce pas ce qu'il fait maintenant, en te laissant errer ainsi à tâtons ?

PLOUTOS

Je ne sais pas, mais j'ai de lui une peur affreuse.

CHRÉMYLE

Vraiment ? ô le plus poltron de tous les dieux! Crois-tu que tout l'empire de Zeus et tous ses tonnerres vaudraient seulement un triobole si tu recouvrais la vue, ne serait-ce qu'un moment ?

PLOUTOS

Ah! ne dis pas cela, malheureux!

CHRÉMYLE

Tiens-toi tranquille; je vais te prouver que tu es beaucoup plus puissant que Zeus.

PLOUTOS

Moi, dis-tu ?

CHRÉMYLE

Oui, par le ciel. Et d'abord, grâce à quoi Zeus règne-t-il sur les dieux ?

CARION

Grâce à l'argent; car il en a beaucoup.

CHRÉMYLE

Voyons, qui le lui procure ?

CARION

Celui-ci.

CHRÉMYLE

Et si on lui sacrifie, c'est grâce à qui ? N'est-ce pas grâce à celui-ci ?

CARION

Oui, par Zeus, et on le prie ouvertement pour s'enrichir.

CHRÉMYLE

N'est-ce pas lui qui en est cause, et ne mettrait-il pas fin aisément à cet état de choses, s'il voulait ?

PLOUTOS

Pourquoi cela ?

CHRÉMYLE

Parce que plus un seul homme ne sacrifierait ni bœufs ni gâteaux, ni quoi que ce soit d'autre, si tu ne voulais pas.

PLOUTOS

Comment ?

CHRÉMYLE

Comment ? Il n'y a pas moyen d'acheter en aucune façon, sans doute, si tu n'es pas là en personne pour fournir l'argent, en sorte que si Zeus te cause du chagrin, tu détruiras sa puissance à toi seul.

PLOUTOS

Que dis-tu ? C'est grâce à moi qu'on lui sacrifie ?

CHRÉMYLE

Je l'affirme. Et si, par Zeus, il y a quelque chose de brillant, de beau, d'agréable pour les hommes, c'est à toi qu'ils le doivent. Tout en effet est sous la dépendance de la richesse.

CARION

Moi, vois-tu, c'est pour une toute petite somme d'argent que je suis devenu esclave, parce que je n'étais pas suffisamment riche.

CHRÉMYLE

Et les femmes galantes de Corinthe [236], quand il se trouve que c'est un pauvre qui leur fait des avances, dit-on, elles n'y font même pas attention; mais si c'est un riche, elles lui présentent aussitôt leur derrière.

CARION

Et l'on dit que les jeunes garçons en font autant, et que ce n'est pas pour leurs amants, mais pour l'argent, qu'ils se donnent.

CHRÉMYLE

Non, pas les honnêtes, mais les débauchés; car les honnêtes ne réclament pas d'argent.

CARION

Quoi donc ?

CHRÉMYLE

L'un, un bon cheval, l'autre, des chiens de chasse.

CARION

Ne pouvant sans rougir demander de l'argent, ils camouflent sous un nom d'emprunt leur infamie.

CHRÉMYLE

Et c'est à toi que l'on doit tous les arts, tous les métiers inventés chez les hommes. L'un, assis, taille le cuir; l'autre est forgeron; un autre menuisier; celui-ci fond l'or qu'il a reçu de toi; celui-là vole des manteaux; cet autre perce des murailles. L'un est foulon, l'autre nettoie les peaux; celui-ci est tanneur; celui-là vend des oignons; et l'homme adultère qui se fait surprendre te doit, n'est-ce pas, d'être épilé.

PLOUTOS

Ah! malheur! voilà ce que j'ignorais depuis longtemps.

CARION

Et le Grand Roi, n'est-ce pas grâce à cet homme qu'il fait le fier ? Et l'assemblée, n'est-ce pas grâce à cet homme qu'elle a lieu ? Quoi ? Les trières, n'est-ce pas toi qui les équipes ? dis-moi. Et le contingent des mercenaires qui se trouve à Corinthe, n'est-ce pas lui qui pourvoit à son entretien ? Et Pamphilos [237], n'est-ce pas à cause de lui qu'il empochera... les coups ? Et le marchand d'aiguilles avec Pamphilos ? Et Agyrrhios [238], n'est-ce pas grâce à lui qu'il pétarade ? Et Philepsios, n'est-ce pas à cause de toi qu'il raconte des fables ? Et l'alliance avec les Egyptiens, n'est-ce pas pour toi qu'on l'a conclue ? N'est-ce pas pour toi que Laïs est amoureuse de Philonidès ? Et la tour de Timothée [239] ?...

CHRÉMYLE

Puisse-t-elle te tomber dessus! Et tout ce qui se fait, n'est-ce pas à cause de toi qu'on le fait ? Tu es seul, absolument seul la cause de tout, des maux comme des biens, sache-le bien.

CARION

Ce qu'il y a de sûr, c'est que même à la guerre, la victoire est chaque fois à ceux pour qui il fait pencher la balance, uniquement.

PLOUTOS

Quoi ! Je suis à moi seul capable de tant de choses ?

CHRÉMYLE

Oui. Et même bien davantage, par Zeus. Aussi, jamais personne ne s'est lassé de toi. On se lasse de tout le reste : d'amour...

CARION

De pain...

CHRÉMYLE

De musique...

CARION

De friandises...

CHRÉMYLE

D'honneur...

CARION

De gâteaux...

CHRÉMYLE

De bravoure...

CARION

De figues...

CHRÉMYLE

D'ambition...

CARION

De pain d'orge...

CHRÉMYLE

De commandement militaire...

CARION

De lentilles...

CHRÉMYLE

Mais de toi personne ne s'est jamais rassasié. A-t-on touché treize talents ? On n'en désire que plus ardemment d'en toucher seize. Les a-t-on dépensés, on en veut quarante ou bien on déclare que la vie ne vaut pas la peine d'être vécue.

PLOUTOS

Vous me paraissez tous deux fort bien dire; je n'ai qu'une crainte.

CHRÉMYLE

Laquelle ? dis.

PLOUTOS

Je me demande comment je pourrai devenir le maître de cette puissance que vous m'attribuez.

CHRÉMYLE

Oui, par Zeus; mais aussi, tout le monde dit que c'est une chose bien couarde que Ploutos!

PLOUTOS

Point du tout : c'est quelque perceur de murailles qui m'a ainsi calomnié. Sans doute qu'ayant un jour pénétré dans ma maison il n'y put rien prendre, tout étant sous clef; alors il a appelé couardise ma prévoyance.

CHRÉMYLE

Ne te mets donc nullement en peine. Dis-toi bien que si tu te montres personnellement empressé pour agir, je ferai en sorte que tu aies la vue plus perçante que Lyncée [240].

PLOUTOS

Comment donc pourras-tu faire cela, vu que tu es un mortel ?

CHRÉMYLE

J'ai quelque bon espoir d'après ce que m'a dit Phoibos en personne en agitant son laurier pythique.

PLOUTOS

Lui aussi est du secret ?

CHRÉMYLE

Oui, je te dis!

PLOUTOS

Prenez garde!

CHRÉMYLE

Ne t'inquiète de rien, mon bon. Car, sache bien ceci, dussé-je en mourir, j'en viendrai moi-même à bout.

CARION

Moi aussi, si tu veux.

CHRÉMYLE

Nous aurons aussi beaucoup d'alliés : tous les gens justes qui n'ont pas de pitance.

PLOUTOS

Peste! de piètres alliés que tu dis là!

CHRÉMYLE

Non pas, s'ils deviennent riches de nouveau. Mais va vite en courant...

CARION

Que veux-tu que je fasse ? dis !

CHRÉMYLE

Appelle nos compagnons laboureurs [241] ; tu les trouveras peut-être dans les champs à trimer ; que chacun se trouve ici pour prendre avec nous sa juste part du Ploutos ici présent.

CARION

Voilà ; j'y vais. — Mais ce petit morceau de viande, que quelqu'un le prenne et le rapporte chez moi.

CHRÉMYLE

C'est moi qui m'en chargerai. Mais cours vite. Et toi, Ploutos, de tous les dieux le plus puissant, entre ici avec moi. C'est ici la maison qu'il te faut aujourd'hui remplir de richesses, justement et injustement.

PLOUTOS

Mais il m'en coûte, par les dieux, d'entrer chaque fois dans une maison tout à fait étrangère, car jamais il ne m'y est arrivé rien de bon. Si par hasard j'entre chez un avare, il creuse aussitôt un trou sous terre et m'y plonge ; et si quelque honnête homme de ses amis vient lui demander la moindre petite somme d'argent, il nie m'avoir jamais vu. S'il m'arrive au contraire d'entrer chez quelque extravagant, devenu la proie des filles et des dés, je suis jeté aussitôt tout nu à la porte en un rien de temps.

CHRÉMYLE

C'est que jamais tu n'es tombé sur personne de modéré, comme je le suis toujours. J'aime économiser comme pas homme au monde, et dépenser aussi quand il le faut. Mais entrons, car je veux que tu voies et ma femme et mon fils unique que j'aime le plus, après toi.

PLOUTOS

Je te crois.

CHRÉMYLE

Pourquoi donc ne te dirait-on pas la vérité ? *(Ils entrent dans la maison de Chrémyle.)*

CARION

*(arrivant avec le chœur des laboureurs
et s'adressant à ceux-ci)*

O vous qui souvent déjà avez mangé du même oignon
que mon maître, mes amis, mes compagnons de dème,
amants du labeur, venez, hâtez-vous, accourez — ce n'est
pas le moment de lanterner — car vous arrivez juste à
point là où il faut pour nous prêter main-forte.

LE CORYPHÉE

Ne vois-tu pas que depuis longtemps nous pressons
vivement le pas, autant qu'il est possible à des hommes
affaiblis par l'âge ? Tu prétends peut-être que je doive
courir avant même que tu m'aies expliqué pourquoi ton
maître nous a convoqués ici ?

CARION

N'est-ce pas ce que je répète depuis longtemps ? C'est
toi qui n'écoutes pas. Mon maître déclare que vous allez
tous couler une vie agréable, débarrassés de cette existence dure et misérable d'à présent.

LE CORYPHÉE

Quelle est cette affaire dont il parle ?

CARION

Il est arrivé ici avec un vieillard, malheureux! un
homme sale, voûté, renfrogné, rugueux, chauve, édenté, et
je crois, par le ciel! qu'il est circoncis!

LE CORYPHÉE

O toi qui nous apportes une nouvelle d'or, comment
dis-tu ? Raconte-moi donc encore! Car tu nous donnes
clairement à entendre qu'il arrive avec un monceau d'or.

CARION

Avec un monceau d'infirmités séniles, tu veux dire!

LE CORYPHÉE

Crois-tu par hasard t'en tirer indemme, après nous
avoir dupés, surtout quand j'ai un bâton ?

CARION

De toute façon croyez-vous que je sois toujours un

homme de cette trempe et vous figurez-vous que je ne puisse rien dire qui vaille ?

Le Coryphée

Comme il est grave le pendard ! Mais tes jambes crient iou ! iou ! et réclament les lacets et les entraves.

Carion

Puisque la lettre que tu as tirée au sort te désigne pour juger au... cercueil, que n'y vas-tu ? Charon te donne le passeport.

Le Coryphée

Puisses-tu crever ! Que tu es importun et fourbe de nature, toi qui nous abuses de la sorte, et ne veux pas nous dire pourquoi ton maître m'a convoqué ici. Accablés de fatigue et sans avoir de loisir, nous nous sommes empressés de venir ici en passant par-dessus quantité d'oignons.

Carion

Mais je ne veux plus cacher la chose ! Mon maître, bonnes gens, est arrivé avec Ploutos, qui va vous enrichir.

Le Coryphée

Est-il vraiment possible que nous soyons tous riches ?

Carion

Oui, par les dieux ! et des Midas [242] encore ! si vous prenez des oreilles d'âne.

Le Coryphée

Ah ! que j'ai du plaisir ! Que je suis ravi ! et comme je veux danser d'allégresse, si réellement ce que tu dis là est vrai !

Carion

Toujours est-il que je veux, moi, — thréttanélo — imitant le Cyclope et de mes pieds frappant le sol comme ceci, vous mener. Allons, courage, mes enfants, chantez avec des bêlements de brebis et de chèvres sentant le bouc, suivez, le prépuce découvert ; vous vous régalerez comme des boucs.

Le Coryphée

Et nous aussi à notre tour nous chercherons — thréttanélo — en bêlant, quand nous aurons surpris le Cyclope, toi que voilà, couvert de crasse, portant une besace et des herbes des champs humides de rosée, cuvant son vin, menant son bétail et s'endormant n'importe où, nous chercherons à lui faire sauter l'œil avec un grand pieu enflammé.

CARION

Et moi j'imiterai en tous points Circé [243] qui, avec ses mixtures, persuada jadis aux compagnons de Philonidès, à Corinthe, comme s'ils étaient des pourceaux, de manger des matières fécales qu'elle leur pétrissait elle-même; vous donc, grognant de plaisir, suivez votre mère, petits... cochons.

LE CORYPHÉE

Mais nous, cette Circé que tu es, qui prépares tes mixtures, ensorcelles et souilles nos compagnons, nous te prendrons, dans notre joie, pour imiter le fils de Laërte, te suspendrons par les testicules et nous te frotterons d'ordures le nez, comme si c'était celui d'un bouc. Et toi, entrouvrant la bouche, comme Aristyllos tu diras : « Suivez votre mère, petits cochons. »

CARION

Allons, trêve de railleries maintenant! changez de tactique. Moi, je m'en vais de ce pas rentrer avec l'intention de prendre à l'insu de mon maître un pain et de la viande, et je me remettrai désormais ainsi à mon travail tout en mangeant.

(Danse du chœur.)

CHRÉMYLE *(sortant de chez lui)*

Vous dire « bonjour », concitoyens de mon dème, est suranné et hors d'usage. Je vous embrasse pour la promptitude avec laquelle vous êtes venus, d'un même élan, sans mollesse. Tâchez de vous tenir à mes côtés pour tout le reste aussi, et d'être les vrais sauveurs du dieu.

LE CORYPHÉE

Rassure-toi. Tu croirais voir en moi Arès en personne. Il serait absurde que dans nos assemblées nous nous bousculions chaque fois pour un triobole et que je laisse quelqu'un me ravir Ploutos en personne.

CHRÉMYLE

Mais je vois aussi Blepsidème qui s'avance. Il est clair, d'après sa démarche rapide, qu'il a eu vent de notre affaire *(Entre Blepsidème affairé.)*

BLEPSIDÈME

Quelle peut bien être cette affaire ? Comment, par quel moyen Chrémyle se trouve-t-il riche tout d'un coup ? Je n'en crois pas mes yeux. Pourtant, par Héraclès, on parlait beaucoup, parmi les gens assis chez les barbiers, d'un homme devenu riche tout d'un coup. Et je m'étonne précisément que dans son bonheur il fasse venir ses amis. Ce n'est pas conforme à l'usage du pays ce qu'il fait là.

CHRÉMYLE

Mais je veux parler sans rien cacher, par les dieux! Blepsidème, ça va mieux qu'hier, et tu auras ta part, car tu es de mes amis.

BLEPSIDÈME

Tu es devenu réellement riche comme on dit ?

CHRÉMYLE

Dis plutôt que je le serai tout à l'instant, si Dieu le veut. Car il y a, il y a que l'affaire ne va pas sans quelque difficulté.

BLEPSIDÈME

Laquelle ?

CHRÉMYLE

Par exemple...

BLEPSIDÈME

Dis vite ce que tu veux dire.

CHRÉMYLE

Si nous réussissons, c'est la fortune pour toujours. Si nous échouons, c'est le désastre complet.

BLEPSIDÈME

Ça m'a l'air plutôt mauvais, ta marchandise, et elle ne me plaît pas. Car être ainsi tout d'un coup excessivement riche, et avoir peur, est d'un homme qui n'a rien fait de bon.

CHRÉMYLE

Comment rien de bon ?

BLEPSIDÈME

Tu as peut-être dérobé là-bas, d'où tu viens, de l'or ou de l'argent au dieu et maintenant tu t'en repens.

CHRÉMYLE

O Apollon préservateur! Non, par Zeus, moi non!

BLEPSIDÈME

Assez de balivernes! mon bon! Je sais clairement.

CHRÉMYLE

Ne va rien supposer de pareil sur mon compte.

BLEPSIDÈME

Peuh! Il n'y a rien d'absolument sain chez personne; tous se laissent vaincre par l'attrait du gain.

CHRÉMYLE

Non, vois-tu, par Déméter, tu ne m'as pas l'air d'être sain d'esprit.

BLEPSIDÈME

Comme il s'est défait de ses anciennes habitudes!

CHRÉMYLE

Tu as des troubles, l'homme! oui, par le ciel!

BLEPSIDÈME

Son regard aussi est inquiet; il ne témoigne que trop clairement qu'il a fait quelque méchant coup.

CHRÉMYLE

Toi, je sais ce que tu croasses; comme si j'avais volé, tu cherches à avoir ta part.

BLEPSIDÈME

Je cherche à avoir ma part? De quoi?

CHRÉMYLE

Ce n'est rien de tel; c'est tout autre chose.

BLEPSIDÈME

Serait-ce que tu as non pas dérobé, mais pris de force?

CHRÉMYLE

Tu es atteint de démence.

BLEPSIDÈME

Alors tu n'as seulement pas dépouillé personne?

CHRÉMYLE

Non certes, moi non.

BLEPSIDÈME

O Héraclès! voyons, où se tourner ? Tu ne veux pas dire la vérité ?

CHRÉMYLE

Tu m'accuses avant de connaître mon affaire.

BLEPSIDÈME

Mon ami, je veux te tirer de cette affaire à très peu de frais, avant qu'on ne l'apprenne en ville, en fermant le bec à tous nos orateurs avec de petites pièces de monnaie.

CHRÉMYLE

Sûrement en bon ami, tu m'as tout l'air, par les dieux, de vouloir me compter douze mines pour cette affaire, quand tu en auras dépensé trois.

BLEPSIDÈME

J'en vois un qui va s'asseoir sur la marche, tenant à la main un rameau de suppliant, avec ses enfants et sa femme, et il ne différera absolument en rien des Héraclides de Pamphilos [244].

CHRÉMYLE

Non, malheureux; car je n'enrichirai dès maintenant que les gens honnêtes, les justes et les sages.

BLEPSIDÈME

Que dis-tu ? Tu as volé tant que ça ?

CHRÉMYLE

Ah! que de maux! Tu me perdras!

BLEPSIDÈME

C'est toi-même qui te perdras, à ce que je vois.

CHRÉMYLE

Pas du tout, puisque c'est Ploutos que j'ai chez moi, imbécile.

BLEPSIDÈME

Toi, Ploutos ? Lequel ?

CHRÉMYLE

Le dieu lui-même.

BLEPSIDÈME

Et où est-il ?

CHRÉMYLE

A l'intérieur.

BLEPSIDÈME

Où ?

CHRÉMYLE

Chez moi.

BLEPSIDÈME

Chez toi ?

CHRÉMYLE

Parfaitement.

BLEPSIDÈME

N'iras-tu pas aux corbeaux ? Ploutos chez toi ?

CHRÉMYLE

Oui, par les dieux.

BLEPSIDÈME

Tu dis vrai ?

CHRÉMYLE

Oui.

BLEPSIDÈME

Sur Hestia ?

CHRÉMYLE

Oui, par Posidon.

BLEPSIDÈME

Le dieu de la mer, veux-tu dire ?

CHRÉMYLE

S'il en existe un autre, par cet autre.

BLEPSIDÈME

Et tu ne l'invites pas, chez nous tes amis ?

CHRÉMYLE

Les affaires n'en sont pas encore là.

BLEPSIDÈME

Que dis-tu ? Ce n'est pas le moment de partager ?

CHRÉMYLE

Non, par Zeus. Car il faut d'abord...

BLEPSIDÈME

Quoi ?

CHRÉMYLE

Que tous deux nous lui rendions la vue.

BLEPSIDÈME

A qui, la vue ? Explique.

CHRÉMYLE

A Ploutos, comme avant, par n'importe quel moyen.

BLEPSIDÈME

Il est donc vraiment aveugle ?

CHRÉMYLE

Oui, par le ciel.

BLEPSIDÈME

Je m'explique bien alors qu'il ne soit jamais venu chez moi.

CHRÉMYLE

Mais s'il plaît aux dieux, il y viendra à présent.

BLEPSIDÈME

Ne faudrait-il pas faire venir un médecin ?

CHRÉMYLE

Quel médecin y a-t-il maintenant dans notre ville ? Il n'y a point de salaire, donc point d'art.

BLEPSIDÈME

Regardons *(Ils regardent dans l'amphithéâtre.)*

CHRÉMYLE

Mais il n'y en a pas.

BLEPSIDÈME

C'est ce qu'il me semble aussi.

CHRÉMYLE

Non, par Zeus ; mais comme j'en avais depuis longtemps le dessein, le mieux est de le faire coucher dans le temple d'Asclépios.

BLEPSIDÈME

Oh oui! par les dieux, de beaucoup! Ne lanterne donc pas, mais dépêche-toi de faire quelque chose.

CHRÉMYLE

Justement j'y vais.

BLEPSIDÈME

Hâte-toi donc.

CHRÉMYLE

C'est ce que je fais.

LES MÊMES, LA PAUVRETÉ

PAUVRETÉ

O vous qui osez commettre une action insensée, impie, inique, petits bouts d'hommes malintentionnés, où, où ? pourquoi fuyez-vous ? N'attendrez-vous pas ?

BLEPSIDÈME

Héraclès !

PAUVRETÉ

Je m'en vais vous perdre misérablement, misérables ! C'est un coup d'audace insupportable que vous osez là, et tel que personne, ni dieu ni homme, n'en osa jamais. Aussi, vous êtes perdus, tous deux !

CHRÉMYLE

Et toi qui es-tu ? Tu me parais bien pâle.

BLEPSIDÈME

C'est peut-être une Erinnye de tragédie ? Elle a un certain air égaré et tragique.

CHRÉMYLE

Mais elle n'a pas de torches.

BLEPSIDÈME

Alors gare à elle !

PAUVRETÉ

Qui croyez-vous que je suis ?

CHRÉMYLE

Une aubergiste ou une marchande de purée. Tu n'aurais pas, sans cela, crié si fort contre nous qui ne t'avons fait aucun mal.

PAUVRETÉ

Vraiment ? N'avez-vous pas commis le pire forfait en cherchant à me chasser de tout le pays ?

CHRÉMYLE

Ne te restera-t-il pas le barathre ? Mais tu aurais dû dire immédiatement qui tu es.

PAUVRETÉ

Celle qui vous punira aujourd'hui d'avoir cherché à me faire disparaître d'ici.

BLEPSIDÈME

N'est-ce pas la cabaretière du voisinage, celle qui me fraude à chaque coup avec ses cotyles ?

PAUVRETÉ

Dis plutôt Pauvreté, qui habite avec vous depuis bien des années.

BLEPSIDÈME

O seigneur Apollon, ô dieux! Où fuir ?

CHRÉMYLE

Hé toi! Que fais-tu ? O la couarde bête! Ne resteras-tu pas près de moi ?

BLEPSIDÈME

Pas le moins du monde.

CHRÉMYLE

Tu ne resteras pas ? Eh quoi! Deux hommes nous fuirons une seule femme ?

BLEPSIDÈME

Mais c'est Pauvreté, malheureux; il n'y a nulle part animal plus funeste.

CHRÉMYLE

Reste, je t'en conjure, reste.

BLEPSIDÈME

Non, par Zeus, moi non.

CHRÉMYLE

Pourtant, je te le répète, nous commettrons l'action de beaucoup la plus vile de toutes, si nous laissons le dieu seul et fuyons quelque part, par peur de celle-ci, sans combattre pied à pied.

BLEPSIDÈME

... Forts de quelles armes ou de quelle puissance ? car

quelle cuirasse, quel bouclier ne dépose-t-elle pas en gage [245], la scélérate ?

CHRÉMYLE

Aie confiance; car ce dieu à lui seul, je le sais, dresserait le trophée de la victoire sur les agissements de cette femme.

PAUVRETÉ

Vous osez encore susurrer, misérables, après avoir été surpris en train de commettre des indignités ?

CHRÉMYLE

Et toi, créature de malheur, pourquoi viens-tu nous injurier sans que nous te fassions le moindre tort ?

PAUVRETÉ

Croyez-vous donc, par les dieux, que vous ne me faites aucun tort en cherchant à faire recouvrer la vue à Ploutos ?

CHRÉMYLE

Quel tort te faisons-nous donc en cela ? Si nous procurons à tous les hommes du bien.

PAUVRETÉ

Et quel bien pourriez-vous trouver, vous ?

CHRÉMYLE

Lequel ? Ce serait d'abord de te chasser de l'Hellade.

PAUVRETÉ

Me chasser ? Et quel mal plus grand croyez-vous procurer aux hommes ?

CHRÉMYLE

Lequel ? D'oublier que nous devons faire cela.

PAUVRETÉ

Eh bien, sur cela même, je veux vous donner mes raisons. J'espère vous faire voir clairement que seule je suis la cause de toutes vos prospérités et que c'est grâce à moi que vous vivez; dans le cas contraire, faites désormais ce qui vous plaira.

CHRÉMYLE

Tu oses ainsi parler, maudite ?

PAUVRETÉ

Laisse-toi seulement faire la leçon. Je pense te prouver très facilement que tu te trompes totalement en te faisant fort d'enrichir les justes.

BLEPSIDÈME

O verges et carcans, ne me prêterez-vous pas main-forte ?

PAUVRETÉ

Il ne faut pas te plaindre ni crier avant de savoir.

BLEPSIDÈME

Et qui pourrait s'empêcher de crier aïe! aïe! en entendant de tels propos ?

PAUVRETÉ

Qui a du bon sens.

CHRÉMYLE

Quelle sanction pourrai-je requérir contre toi dans l'acte d'accusation, si tu perds ton procès ?

PAUVRETÉ

Celle qu'il te plaira.

CHRÉMYLE

Tu parles bien.

PAUVRETÉ

C'est la même sanction qu'il vous faudra subir tous deux, si vous perdez.

CHRÉMYLE

Penses-tu qu'il suffira de vingt morts ?

BLEPSIDÈME

Pour elle, oui; mais pour nous, deux seules suffiront.

PAUVRETÉ

Vous ne sauriez y échapper; car quel juste argument aurait-on encore contre moi ?

LE CORYPHÉE

Allons! Il serait temps que vous teniez quelque habile raisonnement qui vous donne gain de cause contre cette femme, dans vos discours contradictoires. Et ne vous abandonnez pas, en rien.

CHRÉMYLE

Il est juste, c'est clair pour tous également, selon moi, que les gens de bien soient heureux, et que les méchants et les athées aient le sort contraire; c'est évident. Désirant donc qu'il en soit ainsi, nous avons enfin trouvé; ainsi nous avons un beau, un noble projet, valable pour tout. Si Ploutos désormais recouvre la vue et cesse d'errer en aveugle, il visitera les hommes honnêtes et ne les abandonnera pas, tandis qu'il fuira les méchants et les athées. Ainsi il fera que tous soient honnêtes et riches, c'est évident, et respectueux des choses de la religion. Or, qui pourrait jamais trouver pour les hommes rien de meilleur ?

BLEPSIDÈME

Personne, je m'en porte garant.

CHRÉMYLE

Etant donné en effet la façon dont nous vivons maintenant nous, les hommes, qui ne dirait que c'est une folie, ou l'œuvre d'un mauvais démon bien plus encore ? Quantité de gens, quoique méchants, sont riches de richesses injustement acquises; quantité d'autres, parfaitement honnêtes, sont malheureux, souffrent la faim et te tiennent (se tournant vers Pauvreté) la plupart du temps compagnie. Par suite donc j'affirme que si Ploutos, recouvrant la vue, supprimait un jour celle-là, ce serait le meilleur moyen grâce auquel on pourrait procurer aux hommes de plus grands biens.

PAUVRETÉ

Mais, ô vous qui de tous les hommes vous laissez le plus aisément séduire par les idées malsaines, vous deux vieillards, compagnons de radotage et d'extravagance, s'il arrivait ce que vous désirez, je déclare que vous n'y trouveriez pas votre compte, tous les deux! Si en effet Ploutos y voyait de nouveau, et se répartissait également entre tous, il n'y aurait plus personne, parmi les hommes, pour se consacrer à l'art et à la science. Si ces deux choses disparaissent, qui voudra pour vous être forgeron, constructeur de vaisseaux, couturier, charron, cordonnier, briquetier, blanchisseur, tanneur ? Ou qui voudra, déchirant le sein de la terre avec le soc, recueillir les fruits de Déméter, puisqu'on pourra vivre oisifs, sans s'inquiéter de tout cela ?

CHRÉMYLE

Pur radotage! car toutes ces besognes que tu viens d'énumérer, ce sont les serviteurs qui les accompliront.

PAUVRETÉ

Où prendras-tu des serviteurs ?

CHRÉMYLE

Nous les achèterons à prix d'argent, c'est évident.

PAUVRETÉ

Et d'abord qui sera le vendeur, quand celui-ci aussi aura de l'argent ?

CHRÉMYLE

Quelque négociant désireux de gain, venant de Thessalie [246], pays de marchands insatiables d'esclaves.

PAUVRETÉ

Mais tout d'abord, il n'y aura plus un seul marchand d'esclaves, d'après ce que tu dis, c'est évident. Qui voudra en effet, étant riche, faire ce métier au péril de sa propre vie ? Ainsi, contraint de labourer toi-même, de bêcher la terre, de vaquer aux autres dures besognes, tu mèneras une vie beaucoup plus pénible que maintenant.

CHRÉMYLE

Que ces prédictions retombent sur ta tête!

PAUVRETÉ

De plus tu ne pourras pas dormir dans un lit, car il n'y en aura pas; ni sur des tapis car, qui voudra tisser, s'il a de l'or ? Vous n'aurez pas d'essences pour parfumer la jeune mariée quand vous la conduirez chez son mari, ni de robes de noces coûteuses aux teintes variées, pour la parer. Or quel avantage y a-t-il à être riche, quand on est privé de toutes ces choses-là ? Mais, grâce à moi, il y a en abondance tout ce dont vous avez besoin, car c'est moi qui, telle une maîtresse dans son siège, force l'ouvrier, besogneux et indigent, à chercher des moyens de vivre.

CHRÉMYLE

Toi, quels avantages pourrais-tu donc offrir, si ce n'est ces taches de rousseur qu'on rapporte des bains, des foules de gosses affamés et de vieilles femmes ? Une multitude de poux, de cousins, de puces, je ne saurais te dire, car ils sont légion, qui bourdonnent autour de nos têtes, nous maltraitent, nous réveillent et nous disent : « tu auras faim; allons, debout ». De plus, en guise de manteau avoir une loque; en guise de lit, une litière de joncs remplie de punaises, qui réveillent ceux qui ont envie de dormir; pour tapis, une natte pourrie; et pour oreiller une bonne grosse pierre sous la tête; en fait de pain de froment pour manger, des pousses de mauve, et en fait de pain d'orge, de vieilles épluchures de raves; et au lieu d'escabeau, une tête de cruche brisée; en fait de huche, un flanc de tonneau, brisé aussi celui-là!

Est-ce que vraiment je te montre clairement les nombreux bienfaits que tu procures à tous les hommes ?

PAUVRETÉ

Ce n'est pas ma vie à moi que tu as dit là; c'est à celle des mendiants que tu t'es attaqué.

CHRÉMYLE

Ne disons-nous pas, ce me semble, que la pauvreté est sœur de la mendicité ?

PAUVRETÉ

Oui, vous, les mêmes hommes qui dites aussi que Denys est semblable à Thrasybule, mais ma vie à moi n'est pas dans ce cas, et n'y sera pas. La vie de mendiant dont tu parles consiste à vivre sans rien posséder; mais celle du pauvre consiste à vivre d'épargne, à s'attacher à ses travaux, à ne rien avoir de superflu et à ne manquer pourtant de rien.

CHRÉMYLE

C'est d'une vie de bienheureux, par Déméter, que tu nous as parlé là, s'il faut qu'après avoir économisé et peiné dur on ne laisse même pas ce qu'il faut pour être enseveli!

PAUVRETÉ

Tu essaies de plaisanter et de me bafouer comme à la comédie, sans te préoccuper d'être sérieux, sans savoir que je rends les hommes meilleurs que ne le fait Ploutos, et pour l'esprit et pour le corps. En sa compagnie, ils sont podagres, ventrus, ont des jambes épaisses, et un embonpoint insolent; en la mienne au contraire ils sont sveltes, ont la taille fine, et sont assommants pour les ennemis.

CHRÉMYLE

C'est au moyen de la faim peut-être que tu leur fais la taille fine ?

PAUVRETÉ

Eh bien, passant maintenant à la tempérance, je vous enseignerai au rebours de vos préjugés que l'honnêteté habite avec moi, et qu'avec Ploutos habite l'insolence.

CHRÉMYLE

Ce qui est sûr, c'est qu'il est tout à fait honnête de voler et de percer les murailles.

BLEPSIDÈME

[Oui par Zeus, puisqu'il faut qu'on se cache, comment ne serait-ce pas décent ?]

PAUVRETÉ

Et maintenant regarde les orateurs, dans les villes : tant qu'ils sont pauvres, ils sont justes envers le peuple et la cité; se sont-ils une fois enrichis aux dépens des deniers publics, les voilà aussitôt devenus injustes et qui complotent contre le gouvernement démocratique.

CHRÉMYLE

Tu ne dis rien là de faux, toute médisante que tu es. Mais ne tire pas vanité de ce côté-là. Tu n'en seras pas moins malmenée pour vouloir nous persuader que la pauvreté vaut mieux que la richesse.

PAUVRETÉ

Et toi tu ne peux pas encore me convaincre sur ce point, mais tu radotes et tu bats des ailes.

CHRÉMYLE

Et comment se fait-il que tous te fuient ?

PAUVRETÉ

Parce que je les rends meilleurs. On peut surtout le remarquer chez les enfants : ils fuient leurs pères, qui sont animés des meilleures intentions pour eux. Tellement il est difficile de faire un juste discernement.

CHRÉMYLE

C'est Zeus, par conséquent dont tu diras qu'il ne sait

pas discerner ce qui est le meilleur; car il possède la richesse, celui-là aussi.

BLEPSIDÈME *(montrant Pauvreté)*

Et c'est celle-ci qu'il nous envoie à nous.

PAUVRETÉ

Mais, ô vous dont l'esprit est obscurci par des grains de chassie datant de Cronos, Zeus est pauvre, c'est évident, et je m'en vais à l'instant vous le faire voir clairement. S'il était riche en effet, comment, en organisant lui-même le concours olympique où il rassemble chaque fois l'Hellade entière, tous les quatre ans, couronnerait-il ceux qu'il proclame vainqueurs d'une couronne d'olivier sauvage ? Il faudrait plutôt une couronne d'or, s'il était riche.

CHRÉMYLE

Il fait voir ainsi, c'est évident [247], le prix qu'il attache à la richesse. Car, en l'épargnant, il se refuse à toute dépense, et en couronnant de babioles les vainqueurs, il la laisse chez lui.

PAUVRETÉ

C'est un défaut beaucoup plus honteux que la pauvreté que tu cherches à lui attribuer, si étant riche, il est si chiche et si âpre au gain.

CHRÉMYLE

Puisse Zeus te perdre, après t'avoir couronnée d'olivier sauvage !

PAUVRETÉ

Dire que vous osez soutenir contre moi que tous vos biens ne sont pas l'œuvre de la Pauvreté.

CHRÉMYLE

C'est à Hécate [248] qu'il faut demander s'il vaut mieux être riche ou pauvre. Elle dit en effet que ceux qui possèdent, les riches, lui envoient la valeur d'un dîner par mois, et les pauvres s'en saisissent avant même qu'il soit servi. Mais va-t'en à la male heure et ne souffle plus mot. Tu ne me persuaderas pas, quand même tu m'auras persuadé.

PAUVRETÉ

« *Cité d'Argos* [249], *entendez-vous ce qu'il dit !* »

CHRÉMYLE

Appelle Pauson ton commensal.

PAUVRETÉ

Que va-t-il m'arriver, malheureuse ?

CHRÉMYLE

Va-t'en aux corbeaux, plus vite, loin de nous.

PAUVRETÉ

En quel point de la terre irai-je ?

CHRÉMYLE

Au carcan. Mais il ne s'agit pas de différer, il faut te dépêcher.

PAUVRETÉ

Sachez bien que vous me rappellerez.

CHRÉMYLE

Alors tu reviendras. Maintenant au diable! Il vaut mieux pour moi que je sois riche, et que je te laisse gémir longuement en te frappant la tête.

BLEPSIDÈME

Oui, par Zeus, ce qui est sûr c'est que je veux être riche, faire bonne chère avec mes enfants et ma femme, et une fois lavé, bien propre, après le bain, péter au nez des artisans et de la Pauvreté.

CHRÉMYLE

Notre rouée s'en va enfin. Toi et moi, conduisons vite le dieu au temple d'Asclépios pour qu'il y couche.

BLEPSIDÈME

Oui, et ne tardons pas, de peur qu'il n'arrive encore quelqu'un pour nous empêcher de faire ce qu'il y a lieu de faire.

CHRÉMYLE

Holà, Carion, il faudrait que tu apportes les couvertures et conduises Ploutos lui-même, selon l'usage, ainsi que tout ce qui se trouve préparé au logis.

(*Danse du chœur.*)

CARION

O vous qui très souvent aux fêtes de Thésée avez mangé
de la soupe, vieillards réduits à une maigre pitance, que
vous êtes fortunés maintenant, que votre sort est heureux,
et celui aussi de tous les gens honnêtes!

LE CORYPHÉE

Qu'y a-t-il, mon brave, concernant tes propres amis?
Tu m'as l'air d'arriver avec une excellente nouvelle.

CARION

Mon maître est au comble de la fortune, et Ploutos lui,
encore davantage; car l'aveugle qu'il était a maintenant
le regard vif et brillant grâce aux soins dévoués d'Asclépios guérisseur.

LE CORYPHÉE

Tu parles d'une joie! Tu parles d'un cri de joie!

CARION

Il faut se réjouir, que vous le vouliez ou non.

LE CORYPHÉE

Je clamerai bien fort les louanges du père aux bons
enfants, d'Asclépios la grande lumière pour les mortels.

LA FEMME DE CHRÉMYLE *(sortant de chez elle)*

Que signifie cette clameur? Annonce-t-elle une bonne
nouvelle? Je la désire ardemment et je reste assise chez
moi à attendre cet homme.

CARION

Vite, vite, apporte du vin, maîtresse, afin de boire toi
aussi; tu aimes bien faire ça, du reste; car je t'apporte tous
les biens en bloc.

LA FEMME

Et où sont-ils?

CARION

Dans mes paroles; tu vas vite le savoir.

LA FEMME

Dépêche-toi de me dire ce que tu veux me dire.

CARION

Ecoute donc; je t'exposerai tous les faits des pieds à la
tête.

LA FEMME

Non! pas à la tête!

CARION

Tu ne veux pas des bonnes choses arrivées tantôt ?

LA FEMME

Pas les faits, en tout cas.

CARION

Aussitôt que nous fûmes arrivés près du dieu, avec cet être alors misérable au possible, et maintenant heureux et fortuné comme pas un, nous le conduisîmes d'abord à une source d'eau salée, où nous le baignâmes.

LA FEMME

Alors, par Zeus, le bonheur pour un vieillard est d'être trempé dans de l'eau salée froide ?

CARION

Ensuite nous nous en fûmes dans l'enclos du dieu, et après avoir sur l'autel consacré gâteaux et offrandes propitiatoires et les avoir fait consumer par le feu d'Héphaistos nous couchâmes Ploutos, comme il était naturel; et chacun de nous s'aménagea un lit d'herbes.

LA FEMME

Y en avait-il aussi quelques autres implorant le secours du dieu ?

CARION

Oui, dont l'un Néoclidès [250], quoique aveugle certes, surpassait ceux qui y voient en matière de vol! Et les autres, fort nombreux, souffraient d'infirmités de toutes sortes. Dès que le ministre du dieu nous eut invités à éteindre nos lampes et à nous endormir, en nous disant de nous taire si nous entendions du bruit, nous nous étendîmes tous en bon ordre. Moi, je ne pouvais pas m'endormir; une marmite de bouillie de gruau me mettait hors de moi, placée qu'elle était à peu de distance de la tête d'une petite vieille près de laquelle j'avais un diabolique désir de me glisser. Levant ensuite les yeux, j'aperçois le prêtre raflant les gâteaux ronds et les figues sèches sur la sainte table. Après quoi il alla d'autel en autel pour le cas où peut-être il y aurait quelque galette laissée de côté.

Il allait les consacrer au dieu en... mettant le tout dans un
sac! Et moi, persuadé qu'il était tout à fait conforme à la
loi divine d'agir ainsi, je me lève et vais m'emparer de la
marmite de bouillie.

LA FEMME

O le plus audacieux des hommes! Tu ne craignais pas
le dieu?

CARION

Si fait, par les dieux! J'avais peur qu'avec ses bandelettes il n'atteignît avant moi la marmite; car son prêtre
m'avait d'avance donné l'exemple. Cependant la petite
vieille, au bruit fait par moi, leva le bras; je sifflai aussitôt
et le saisis avec les dents, comme si j'étais le serpent jouf-
flu d'Asclépios! Elle retira promptement la main, s'en-
roula, et se tint tranquille, après avoir, de peur, lâché un
vent plus âcre que celui d'une belette. Pour le coup j'ab-
sorbai bruyamment une grande quantité de la bouillie, puis,
bien repu, je me recouchai.

LA FEMME

Et le dieu ne s'approchait pas de vous?

CARION

Pas encore. Et après cela, je fis quelque chose de bien
amusant aussi. Comme il s'avançait, je lâchai une pétarade très énergique, car j'avais le ventre gonflé.

LA FEMME

Il t'a eu aussitôt en horreur, je suppose?

CARION

Non, Iaso [251] qui le suivait rougit un peu et Panacéa
se détourna en se pinçant le nez; car je ne lâche pas de
l'encens!

LA FEMME

Et le dieu?

CARION

Par Zeus, il n'y prêta même pas attention!

LA FEMME

Tu veux dire que c'est un rustre, le dieu!

CARION

Non, par Zeus; mais un merdophage.

LA FEMME

Ah! misérable!

CARION

Après cela je me recouvris aussitôt, pris de peur, et lui allait d'un malade à l'autre, les examinant tous avec le plus grand soin. Ensuite un enfant mit à côté de lui un mortier en pierre, un pilon et un petit coffret [252].

LA FEMME

En pierre?

CARION

Non, par Zeus, pas le petit coffret.

LA FEMME

Mais comment as-tu vu, maudit coquin, puisque tu dis que tu étais recouvert?

CARION

A travers mon vêtement, qui a des trous, et en quantité, par Zeus! Il se mit tout d'abord à préparer comme remède pour Néoclidès un cataplasme dans lequel il ajouta trois têtes d'ail de Ténos [253] qu'il écrasa dans le mortier en y mêlant du suc de figuier et de l'oignon marin; puis, ayant délayé le tout avec du vinaigre de Sphettos, il en appliqua une couche sur les paupières, en les retournant afin que la douleur fût plus cuisante. L'autre crie et gémit, essaie de s'enfuir; mais le dieu, éclatant de rire, lui dit : « Reste assis là, maintenant, enduit comme tu l'es; je veux que tu en finisses de faire de l'opposition à l'assemblée! »

LA FEMME

Comme elle aime notre cité, cette divinité, et comme elle est sage!

CARION

Il s'assit ensuite auprès de Ploutos; commença par lui tâter la tête, puis, prenant un linge propre, il lui essuya le bord des paupières. Panacéa lui enveloppa la tête et tout le visage d'un voile de pourpre. Ensuite le dieu siffla, et il s'élança du fond du temple deux serpents [254] d'une grandeur démesurée.

LA FEMME

Ah! bons dieux!

CARION

Les deux serpents, s'étant tranquillement glissés sous le voile de pourpre, léchaient le bord des paupières, à ce qu'il me semblait du moins; et en moins de temps qu'il ne t'en faut pour ingurgiter complètement dix cotyles de vin, Ploutos, ô maîtresse, s'était levé et y voyait. Je battis des mains de plaisir et réveillai mon maître. Le dieu s'éclipsa aussitôt, ainsi que les serpents, dans le temple. Et ceux qui étaient couchés près de lui embrassèrent, oh, comment! Ploutos, et ils veillèrent toute la nuit jusqu'à la pointe du jour. Moi, j'applaudissais vigoureusement le dieu de ce qu'il avait vite fait recouvrer la vue à Ploutos et rendu Néoclidès plus aveugle!

La Femme

Quel pouvoir est le tien, seigneur et maître! Mais dis-moi, où est Ploutos?

Carion

Il vient. Mais une foule immense l'entourait. Ceux qui auparavant étaient justes et n'avaient que peu de moyens de vivre l'embrassaient ou le saluaient du geste, dans leur allégresse; les autres, riches et gens cossus, possédant des moyens d'existence injustement acquis, fronçaient le sourcil et lançaient de sombres regards. Les autres lui faisaient cortège, couronnés, riant, le bénissant, tandis que résonnait en heurtant le sol le pas des vieillards marchant en cadence. Mais allons, tous sans exception, d'un même élan, dansez, sautez, formez le chœur, car personne ne vous annoncera, quand vous serez rentrés chez vous, qu'il n'y a pas de farine dans le sac.

La Femme

Oui, par Hécate! Moi aussi je veux, pour ta bonne nouvelle, te couronner d'une couronne de petits pains cuits, toi qui m'as annoncé de telles choses.

Carion

Ne tarde donc plus, car voici déjà les gens près de la porte.

La Femme

Voyons, que j'entre chez moi m'occuper des offrandes de bienvenue à répandre pour les yeux, comme on fait sur la têtc des esclaves nouvellement achetés [255].

Carion

Et moi, je veux aller au-devant d'eux.

Danse du chœur. — Arrivée de Ploutos.

PLOUTOS

Avant toute chose, j'adore le soleil; ensuite l'illustre sol de la vénérable Pallas et tout le pays de Cécrops qui m'a reçu. Je rougis de mes infortunes, d'avoir ignoré avec quels hommes j'habitais, d'avoir fui ceux qui étaient dignes de ma fréquentation, sans m'en douter. Ah! malheureux! ni en cela ni en ceci je n'agissais bien. Mais faisant tout l'opposé désormais je montrerai à tous les hommes que c'est malgré moi que je me donnais aux méchants.

CHRÉMYLE

Va-t'en aux corbeaux! Que c'est pénible, les amis qui se font voir aussitôt qu'on est dans la prospérité! Ils vous poussent des coudes, vous abîment les jambes, chacun cherchant à vous témoigner sa bienveillance. Qui ne m'a pas fait son compliment ? Et quelle foule de vieillards n'est pas venue m'environner sur la place!

LA FEMME DE CHRÉMYLE *(A Chrémyle, puis à Ploutos)*

O le plus chéri des maris! Et toi aussi, toi aussi, je vous salue. Voyons, car c'est là l'usage, que je prenne ces offrandes et les verse sur toi en signe de bienvenue.

PLOUTOS

Nullement. Il ne convient pas qu'entrant dans ta maison pour la première fois depuis que j'ai recouvré la vue, j'emporte d'ici quoi que ce soit, mais plutôt que j'y apporte.

LA FEMME

Alors tu n'accepteras pas les offrandes de bienvenue ?

PLOUTOS

Oui, à l'intérieur, près du foyer, selon la coutume. Ainsi nous éviterons la moquerie; car il n'est pas séant qu'un poète comique lance aux spectateurs des petites figues sèches et des friandises pour les forcer à rire par ce moyen.

LA FEMME

Tu as parfaitement raison. Aussi bien, voilà que Dexinicos se levait déjà pour rafler les figues.

Danse du chœur.

CARION

Qu'il est doux, ô gens, de vivre heureux, surtout sans qu'il vous en coûte rien! Un monceau de biens vient de s'abattre sur notre maison sans que nous ayons commis la moindre injustice. C'est ainsi qu'il est agréable d'être riche. La huche est pleine de blanche farine et les amphores de vin rouge au bouquet agréable.

Tous nos meubles sont remplis d'argent et d'or, et c'est merveille. La citerne déborde d'huile, les fioles d'essence, le grenier, de figues sèches. Vinaigrier, écuelle, marmite, tout est d'airain ; nos vieux plateaux à poissons tout pourris on les voit en argent, et notre lanterne est devenue soudain d'ivoire ; c'est avec des statères d'or que nous autres serviteurs jouons à pair impair, et ce n'est plus avec des cailloux que nous nous torchons, mais avec des têtes d'ail, par raffinement. Et notre maître à présent immole chez lui un cochon, un bouc et un bélier, le front ceint d'une couronne ; la fumée m'a fait déguerpir ; je n'étais plus en état de tenir à l'intérieur ; ça me piquait aux paupières.
(Arrive un homme juste, suivi d'un petit garçon.)

LE JUSTE

Suis-moi, petit garçon, afin de nous rendre chez le dieu.

CHRÉMYLE

Hé ! Qui va là ?

LE JUSTE

Un homme jusqu'ici malheureux et maintenant fortuné.

CHRÉMYLE

Il est évident, à ce qu'il semble, que tu fais partie des gens honnêtes !

LE JUSTE

Précisément.

CHRÉMYLE

Et de quoi as-tu besoin ?

LE JUSTE

Je viens trouver le dieu, qui m'a procuré de grands biens. Ayant reçu de mon père un avoir suffisant je venais en aide à ceux de mes amis qui étaient besogneux, persuadé que c'était là quelque chose d'utile pour la vie.

CHRÉMYLE

Ton argent, si je ne me trompe, t'a vite abandonné !

LE JUSTE

Absolument, tu peux dire.

CHRÉMYLE

Après cela tu fus donc misérable ?

LE JUSTE

Absolument tu peux dire. Et moi, je me figurais que ceux à qui j'avais fait du bien quand ils étaient dans le besoin, seraient des amis vraiment sûrs si je tombais un jour dans le besoin ! mais ils se détournaient et faisaient semblant de ne plus me voir.

CHRÉMYLE

Et ils riaient sous cape, je le sais bien.

LE JUSTE

Absolument, tu peux dire. C'est l'indigence de mon mobilier qui m'a perdu.

CHRÉMYLE

Mais pas maintenant ?

LE JUSTE

C'est pour en rendre justement grâces au dieu que je suis ici.

CHRÉMYLE

Mais que veut dire, au nom du dieu, le méchant manteau que porte le gamin qui te suit ? Raconte.

LE JUSTE

Je viens le dédier au dieu.

CHRÉMYLE

Serait-ce couvert de ce manteau que tu as été initié aux grands mystères ?

LE JUSTE

Non, mais j'y ai grelotté durant treize ans.

CHRÉMYLE

Et les petites chaussures ?

LE JUSTE

Celles-là aussi ont subi avec moi les rigueurs de l'hiver.

CHRÉMYLE

Elles aussi tu les as apportées pour les dédier ?

LE JUSTE

Oui, par Zeus.

CHRÉMYLE

Ce sont des dons plaisants que tu apportes au dieu!

UN SYCOPHANTE, *avec son témoin*, CARION

LE SYCOPHANTE

Ah! Malheureux que je suis! C'en est fait de moi, infortuné, et trois fois malheureux et quatre fois, et cinq fois et dix mille fois. Iou! iou! Que de revers un dieu fait fondre sur ma tête!

CHRÉMYLE

Apollon préservateur, dieux amis, quel mal peut bien avoir cet homme?

LE SYCOPHANTE

N'est-ce pas un malheur inouï qui vient de m'arriver, puisque me voilà privé de tout ce que je possédais, à cause de ce dieu? Il sera de nouveau aveugle, ou c'en sera fait du procès!

LE JUSTE

Je crois, à peu de chose près, connaître l'affaire. C'est un homme en mauvaise posture, qui s'avance; et il a bien l'air d'être d'une mauvaise frappe.

CHRÉMYLE

Oui, par Zeus, il fait bien de se ruiner alors!

LE SYCOPHANTE

Où, où est celui qui nous a promis de nous rendre, à lui seul, tous riches promptement s'il y voyait de nouveau? Il a plutôt consommé la ruine de quelques-uns.

CHRÉMYLE

Et qui a-t-il donc mis si mal en point?

LE SYCOPHANTE

Moi que voici.

CHRÉMYLE

Fais-tu partie des gredins et des perceurs de murailles?

LE SYCOPHANTE

Non, par Zeus, dis plutôt que c'est vous qui jusqu'ici

n'inspirez rien qui vaille; il n'est pas possible que vous ne déteniez pas mon argent.

CARION

Quel insolent sycophante, ô Déméter, s'est introduit ici! Il est évident qu'il a la fringale!

LE SYCOPHANTE

Tu ne vas pas, toi, te dépêcher d'aller sur la place ? Là, tu devras, soumis au supplice de la roue, avouer tes crimes.

CARION

Toi, gare aux coups!

LE JUSTE

Oui, par Zeus Sauveur, il est bien méritant aux yeux de tous les Hellènes, ce dieu-là, s'il extermine ces misérables sycophantes, misérablement.

LE SYCOPHANTE

Ah! misère de moi! Est-ce que par hasard tu vas me tourner en dérision toi aussi, son complice ? Aussi bien d'où as-tu tiré ce manteau ? Hier je t'ai vu, tu en portais un tout fripé.

LE JUSTE

De toi, je n'ai cure! Je porte au doigt cette bague achetée une drachme à Eudémos [256].

CARION

Mais il n'en existe pas contre la morsure d'un sycophante.

LE SYCOPHANTE

N'est-ce pas là un terrible outrage ? Vous raillez, mais vous n'avez pas dit ce que vous faites ici. Vous n'y êtes pas pour y faire rien de bon.

CHRÉMYLE

Non, par Zeus, du moins pour toi, sache-le bien.

LE SYCOPHANTE

Vous dînerez en effet à mes dépens, par Zeus!

CHRÉMYLE

Puisses-tu, autant que cela est vrai, crever avec ton témoin, oui, le ventre creux.

Le Sycophante

Vous niez ? Il y a à l'intérieur, grands scélérats, une bonne provision de tranches de poissons et de viandes rôties, uh, hu, uh, hu, uh, hu, uh, hu, uh, hu!

Chrémyle

Misérable, tu flaires quelque chose ?

Le Juste

Le froid peut-être, drapé qu'il est dans un manteau tout râpé.

Le Sycophante

Peut-on supporter, ô Zeus, ô dieux! que ces individus m'outragent de la sorte! Ah! comme je suis affligé d'être si malmené, moi un honnnête homme, dévoué à la patrie.

Chrémyle

Toi, dévoué à la patrie et honnête ?

Le Sycophante

Oui, comme pas un.

Chrémyle

Eh bien, réponds à mes questions.

Le Sycophante

Qu'est-ce ?

Chrémyle

Es-tu laboureur ?

Le Sycophante

Crois-tu que je délire à ce point ?

Chrémyle

Négociant alors ?

Le Sycophante

Je fais semblant de l'être quand cela se trouve.

Chrémyle

Quoi donc ? As-tu appris un métier ?

Le Sycophante

Non, non, par Zeus!

CHRÉMYLE

Comment donc et de quoi pouvais-tu vivre sans rien faire ?

LE SYCOPHANTE

Je surveille les affaires de la cité et celles de tous les particuliers.

CHRÉMYLE

Toi ? Pourquoi ?

LE SYCOPHANTE

Parce que je le veux.

CHRÉMYLE

Comment donc pourrais-tu être honnête, ô perceur de murailles, si tu t'attires la haine générale en te mêlant de ce qui ne te regarde pas ?

LE SYCOPHANTE

Ça ne me regarde donc pas, de faire du bien à ma cité dans la mesure de mes moyens, buse que tu es ?

CHRÉMYLE

Est-ce faire du bien que d'être intrigant ?

LE SYCOPHANTE

De seconder plutôt les lois établies et de ne pas souffrir qu'on les transgresse.

CHRÉMYLE

Mais n'est-ce pas à dessein que la cité établit des juges revêtus de ce pouvoir ?

LE SYCOPHANTE

Et qui accuse ?

CHRÉMYLE

Qui veut.

LE SYCOPHANTE

Eh bien, je suis celui-là, moi, de sorte que c'est à moi qu'incombe la charge des affaires publiques.

CHRÉMYLE

Oui, par Zeus ! C'est un patron bien suspect qu'elles ont ! Mais ça ne te dirait rien de vivre tranquillement à ne rien faire ?

LE SYCOPHANTE

Mais c'est une vie bête que tu dis là, s'il faut la passer sans occupation.

CHRÉMYLE

Et tu ne voudrais pas qu'on t'enseigne d'autres spécialités ?

LE SYCOPHANTE

Non, quand tu me donnerais Ploutos en personne et le silphium de Battos [257].

CHRÉMYLE

Dépose vite ton manteau.

CARION

Hé! l'homme! c'est pour toi qu'il parle!

CHRÉMYLE

Puis déchausse-toi.

CARION

C'est à toi qu'il parle ainsi.

LE SYCOPHANTE

Eh bien, que l'un de vous approche ici, celui qui voudra.

CARION

Eh bien, je suis ton homme!

LE SYCOPHANTE

Pauvre de moi, on me dépouille en plein jour!

CARION

Ah! tu prétends t'engraisser en te mêlant des affaires d'autrui!

LE SYCOPHANTE *(à son témoin)*

Tu vois ce qu'il fait ? Je te prends à témoin.

CHRÉMYLE

Mais il est en fuite ton témoin.

LE SYCOPHANTE

Ah! Je reste bloqué, tout seul.

CARION

Tu cries maintenant ?

LE SYCOPHANTE

Malheur ! malheur encore !

CARION *(au Juste)*

Toi, passe-moi le manteau fripé que j'en revête ce sycophante.

LE JUSTE

Que non pas ! Il est depuis longtemps consacré à Ploutos.

CARION

Mais où sera-t-il mieux dédié que sur les épaules de ce maraud, de ce perceur de murailles ? A Ploutos, ce sont des vêtements augustes qu'il lui faut.

LE JUSTE

Et de ces petites chaussures, qu'en ferons-nous ? Dis-moi.

CARION

Celles-là, je vais à l'instant même les lui clouer sur le front comme à un olivier sauvage, à cet homme.

LE SYCOPHANTE

Je m'en vais. Je reconnais que je vous suis bien infé-rieur, mais si je rencontre un de mes compagnons, fût-il du bois des sycophantes, je ferai que ce puissant dieu soit puni aujourd'hui même, de ce qu'il détruit ouverte-ment, à lui tout seul, la démocratie, sans avoir pris l'avis ni du conseil des citoyens ni de l'Assemblée.

LE JUSTE

Eh bien, puisque te voilà revêtu de mes armes, cours à l'établissement de bains et là, te tenant au premier rang, chauffe-toi ; moi aussi, j'occupais cette place autrefois.

CHRÉMYLE

Mais le baigneur le traînera à la porte, en le tirant par la peau des bourses ; car en le voyant il le reconnaîtra comme étant de mauvaise frappe. Mais entrons, tous deux, pour que tu fasses tes prières au dieu.

DANSE DU CHŒUR, *une vieille femme,*
suivie de sa servante

LA VIEILLE FEMME

Vieillards amis, sommes-nous arrivés à la demeure de

ce nouveau dieu, ou nous sommes-nous complètement trompées de route ?

LE CORYPHÉE

Sache que tu es à sa porte même, fillette ; tu t'informes bien gentiment.

LA VIEILLE FEMME

Voyons, que j'appelle quelqu'un de l'intérieur.

CHRÉMYLE

Que non pas ! car j'en sors moi-même. Tu devrais dire plutôt ce qui t'a fait venir.

LA VIEILLE FEMME

J'en ai enduré de cruelles, d'iniques, mon très cher. Depuis que ce dieu a commencé à voir, il m'a rendu la vie impossible.

CHRÉMYLE

Qu'est-ce à dire ? Serait-ce que tu étais toi aussi sycophante parmi les femmes ?

LA VIEILLE FEMME

Non, par Zeus, non.

CHRÉMYLE

Serait-ce que tu buvais sans que le sort t'eût désignée ?

LA VIEILLE FEMME

Tu te moques ! Et moi, je suis toute déchirée, importunée.

CHRÉMYLE

Diras-tu vite quel est le mal qui te déchire ?

LA VIEILLE FEMME

Ecoute donc. J'aimais un petit jeune homme, pauvre, mais d'une figure agréable, beau et honnête. Avais-je besoin de quelque chose, il faisait tout pour moi de la meilleure grâce et correctement ; et moi, je le lui rendais bien.

CHRÉMYLE

Que te demandait-il, le plus, chaque fois ?

LA VIEILLE FEMME

Pas grand-chose. Il était d'une réserve extrême avec moi.

Il me demandait vingt drachmes d'argent pour un manteau, huit pour des souliers ; pour ses sœurs, il me priait
d'acheter une petite tunique, pour sa mère un petit
manteau ; et il me demandait à l'occasion quatre médimnes
de froment.

CHRÉMYLE

Pas grand-chose en effet, par Apollon, ce que tu dis là !
il est évident qu'il en usait avec réserve !

LA VIEILLE FEMME

Tout cela, il ne me le demandait pas par cupidité, qu'il
disait, mais par amitié ; il voulait, en portant ce manteau,
se souvenir de moi.

CHRÉMYLE

Tu parles d'un homme amoureux de toi à l'extrême !

LA VIEILLE FEMME

Mais il n'a plus pour moi les mêmes prévenances, le
perfide ! Il est tout à fait changé. Comme je lui avais
envoyé ce gâteau et d'autres friandises, plein cette assiette,
en lui suggérant que vers le soir je viendrais...

CHRÉMYLE

Qu'a-t-il fait ? dis-moi !

LA VIEILLE FEMME

Il nous a renvoyé le tout avec ce gâteau au lait, m'invi-
tant à ne jamais plus revenir là-bas, et ajoutant : « Les
Milésiens jadis furent des preux. »

CHRÉMYLE

Il est évident qu'il n'avait pas mauvais fond. Maintenant qu'il est riche, il n'aime plus les lentilles ; mais avant,
contraint par la pauvreté, il mangeait de tout.

LA VIEILLE FEMME

Pourtant, auparavant, il venait, par les deux déesses,
chaque jour à ma porte, à tout moment.

CHRÉMYLE

Pour la levée du corps ?

LA VIEILLE FEMME

Non, par Zeus, mais seulement pour entendre ma voix.

CHRÉMYLE

Pour recevoir plutôt ?

LA VIEILLE FEMME

Et lorsqu'il me voyait triste, il m'appelait tendrement :
Ma petite cane, ma petite colombe. »

CHRÉMYLE

Après quoi, il demandait peut-être pour des souliers ?

LA VIEILLE FEMME

Un jour aux grands mystères, comme j'étais sur mon
char, quelqu'un jeta le regard sur moi, et cela me valut
d'être battue toute une journée, tellement il était jaloux,
le petit jeune homme !

CHRÉMYLE

C'est qu'il aimait, semble-t-il, manger seul.

LA VIEILLE FEMME

Il disait que mes mains étaient jolies comme tout !

CHRÉMYLE

Oui, chaque fois qu'elles tendaient vingt drachmes.

LA VIEILLE FEMME

... Que ma peau sentait bon.

CHRÉMYLE

Si tu lui versais du Thasos, bien sûr, par Zeus !

LA VIEILLE FEMME

... Que j'avais le regard tendre et beau.

CHRÉMYLE

Ce n'était pas un maladroit ; il s'entendait à manger les
provisions d'une vieille en rut.

LA VIEILLE FEMME

Cela, ce n'est pas bien, mon ami, de la part d'un dieu
qui prétend secourir toujours les gens victimes d'injustices.

CHRÉMYLE

Que veux-tu donc qu'il fasse ? Explique, et ce sera fait.

La Vieille Femme

Il serait juste, par Zeus, de forcer mon obligé à m'obliger à son tour ; sinon, il est indigne d'avoir le moindre bien.

Chrémyle

Ne te payait-il pas de retour chaque nuit ?

La Vieille Femme

Mais il affirmait qu'il ne me délaisserait jamais tant que je serais en vie.

Chrémyle

Fort bien ; maintenant, il pense que tu ne vis plus.

La Vieille Femme

C'est que je suis consumée par le chagrin, mon très cher.

Chrémyle

Non, mais pourrie, à ce qu'il me semble !

La Vieille Femme

Dis plutôt qu'on pourrait me faire passer par un anneau.

Chrémyle

Oui, s'il se trouvait être un rond de crible.

La Vieille Femme *(voyant arriver un jeune homme)*

Justement, ce petit jeune homme qui s'avance est celui que j'accuse depuis un moment. On dirait qu'il va à la fête.

Chrémyle

Il semble. Il vient portant des couronnes et une torche.

Le Jeune Homme

Je vous salue...

La Vieille Femme

Que dit-il ?

Le Jeune Homme

Vieille amie, tu as blanchi rapidement, par le ciel !

La Vieille Femme

Malheureuse que je suis ! Quels outrages il me faut subir !

Chrémyle

Il semble qu'il ne t'a pas vue depuis longtemps.

LA VIEILLE FEMME

Depuis longtemps ? malheureux! il était chez moi hier.

CHRÉMYLE

Il est donc tout le contraire des autres : ivre, à ce qu'il paraît, il y voit plus clair.

LA VIEILLE FEMME

Non, mais il manque de retenue, toujours, dans ses façons.

LE JEUNE HOMME

O Posidon marin, ô vieilles divinités, que de rides elle a sur son visage!

LA VIEILLE FEMME

Ha! ha! n'avance pas ta torche sur moi!

CHRÉMYLE

Elle a raison; si seulement une étincelle la touche, elle prendra feu comme une vieille branche d'olivier.

LE JEUNE HOMME

Veux-tu jouer un moment avec moi ?

LA VIEILLE FEMME

Où, malheureux ?

LE JEUNE HOMME

Ici même, avec des noix.

LA VIEILLE FEMME

A quel jeu ?

LE JEUNE HOMME

A... « combien as-tu de dents ? »

CHRÉMYLE

Je devinerai bien aussi, moi. Elle en a trois peut-être, ou quatre.

LE JEUNE HOMME

Paie; elle n'a qu'une molaire en tout.

LA VIEILLE FEMME

O le plus scélérat des hommes! Tu ne me parais pas dans ton bon sens, en faisant de moi un baquet à lessive, en présence de gens comme ceux-ci.

LE JEUNE HOMME

Tu t'en trouverais bien, pourtant, si on te faisait un bon lavage!

CHRÉMYLE

Non certes! car elle fait maintenant article de brocante; si on lave cette céruse, on verra dans toute leur splendeur les lambeaux de son visage.

LA VIEILLE FEMME

Pour un vieillard, tu n'es pas sain d'esprit, me semble-t-il!

LE JEUNE HOMME

Dis plutôt qu'il te tâte et te prend les tétons, croyant que je ne le vois pas.

LA VIEILLE FEMME

Non, par Aphrodite, pas à moi du moins, infâme!

CHRÉMYLE

Non, par Hécate, non certes; ce serait folie de ma part! Mais, petit jeune homme, je ne permets pas que tu haïsses cette fillette!

LE JEUNE HOMME

Mais je l'aime à l'excès.

CHRÉMYLE

Pourtant elle t'accuse.

LE JEUNE HOMME

Et de quoi m'accuse-t-elle?

CHRÉMYLE

Elle prétend que tu es insolent et que tu dis « les Milésiens jadis furent des preux. »

LE JEUNE HOMME

Je ne me battrai pas avec toi pour elle.

CHRÉMYLE

Pourquoi?

LE JEUNE HOMME

Par égard pour ton âge; car je n'aurais jamais souffert qu'un autre agît de même. Et maintenant va-t'en content avec ta « fillette ».

CHRÉMYLE

Je sais, je sais ton idée; tu ne trouves plus à ton goût peut-être d'avoir commerce avec elle ?

LA VIEILLE FEMME

Et qui le permettra ?

LE JEUNE HOMME

Je ne saurais m'entretenir avec une femme épuisée de débauches depuis treize mille ans.

CHRÉMYLE

Cependant, puisque tu as jugé bon de boire le vin, il te faut boire aussi la lie.

LE JEUNE HOMME

Mais la lie est trop vieille et pourrie.

CHRÉMYLE

Eh bien, un filtre à vin purifiera tout cela.

LE JEUNE HOMME

Allons, entre; car je veux déposer pour le dieu ces couronnes que je porte.

LA VIEILLE FEMME

Et moi je veux lui dire un mot.

LE JEUNE HOMME

Mais moi... je n'entrerai pas.

CHRÉMYLE

Courage, n'aie pas peur! Elle ne te fera pas violence.

LE JEUNE HOMME

Tu as parfaitement raison; je l'ai assez longtemps passée à la poix jusqu'à présent.

LA VIEILLE FEMME

Marche, j'entre derrière toi.

CHRÉMYLE

Zeus souverain! Comme elle adhère fortement au jeune homme, tel un lépas, la petite vieille!

HERMÈS, CARION

CARION

Qui frappe à la porte ? Qu'est-ce ? Personne, apparemment. Mais naturellement, quand elle craque sans raison, la petite porte, elle a envie de crier.

HERMÈS

C'est à toi que je m'adresse, Carion; arrête.

CARION

Hé là! dis-moi, c'est toi qui heurtais si fort la petite porte ?

HERMÈS

Non, par Zeus! j'allais le faire. Mais tu m'as devancé en l'ouvrant. Cours vite appeler ton maître, sa femme et ses petits, les serviteurs, le chien, puis toi-même, puis la truie.

CARION

Qu'y a-t-il ? Dis-moi!

HERMÈS

Zeus, pendard, veut vous entasser tous dans le même plat, tous sans exception et nous précipiter dans le barathre.

CARION

De telles nouvelles coûtent la langue à leur porteur. Mais au fait, pourquoi nous menace-t-il ainsi ?

HERMÈS

Parce que vous avez perpétré le pire de tous les actes. Depuis que Ploutos a recouvré la vue comme autrefois, personne n'offre plus, à nous les dieux, ni encens, ni laurier, ni gâteau, ni victime, ni rien d'autre.

CARION

Non, par Zeus, ni n'offrira! Car vous veilliez mal sur nous avant cela!

HERMÈS

Peu m'importent les autres dieux; pour moi je suis perdu, anéanti!

CARION

Tu es un sage.

HERMÈS

Avant, j'avais, chez les cabaretières, toutes les bonnes choses, dès l'aube : gâteau au vin, miel, figues sèches, tout ce qu'il sied à Hermès de manger. A présent, affamé, je reste couché les pieds en l'air.

CARION

N'est-ce pas juste puisque tu leur causais quelquefois dommage, malgré de tels présents ?

HERMÈS

Ah! misère! Ah! mon gâteau plat qu'on me faisait cuire le quatrième jour de chaque mois!

CARION

Tu désires l'absent et tu l'appelles en vain!

HERMÈS

Ah! les cuisseaux dont je me régalais!

CARION

Exerce tes cuisses là-dessus, en plein air.

HERMÈS

Ah! les chaudes entrailles que je dévorais!

CARION

Quelque douleur d'entrailles, à ce qu'il semble, te tourmente.

HERMÈS

Ah! la coupe à portions égales!

CARION *(lâchant un pet)*

Vas-tu bien avaler celle-ci et t'enfuir au plus vite ?

HERMÈS

Serais-tu homme à rendre service à ton propre ami ?

CARION

Oui, si tu as besoin de quelque chose en quoi je puisse t'être utile.

HERMÈS

Je te demanderais de me procurer un pain bien cuit à manger et un gros morceau de viande, de celle que vous offrez en sacrifice à l'intérieur.

CARION

On n'en laisse pas sortir.

HERMÈS

Pourtant quand tu subtilisais quelque petit pot à ton
maître, je m'arrangeais pour que ce fût à son insu, chaque
fois.

CARION

A condition que tu en eusses ta part toi aussi, perceur
de murailles ! Il te revenait toujours un gros gâteau bien
cuit.

HERMÈS

Oui, que tu dévorais tout seul.

CARION

C'est que tu ne prenais pas ta part de coups, quand
j'étais surpris à faire quelque mauvais coup.

HERMÈS

N'exerce pas de représailles, si tu t'emparas de Phylé.
Accueillez-moi plutôt, au nom des dieux, sous votre toit.

CARION

Et tu laisseras les dieux pour rester ici ?

HERMÈS

On est mieux chez vous.

CARION

Crois-tu qu'il est beau d'être transfuge ?

HERMÈS

« La patrie est tout lieu où l'on se trouve bien. »

CARION

En quoi pourrais-tu nous être utile si tu restais ici ?

HERMÈS

Mettez-moi gardien de la porte, pour la faire tourner.

CARION

Faire tourner ? Il n'est nullement besoin de tours !

HERMÈS

Détaillant alors !

CARION

Mais nous sommes riches; qu'avons-nous besoin de nourrir un Hermès revendeur ?

HERMÈS

Mystificateur alors!

CARION

Mystificateur ? Pas du tout. Ce ne sont pas des mystifications qu'il nous faut, mais des manières franches.

HERMÈS

Guide alors!

CARION

Mais le dieu y voit à présent. Nous n'aurons plus besoin du tout d'un guide.

HERMÈS

Je serai président des jeux alors. Que répliqueras-tu encore ? C'est très utile pour Ploutos d'instituer des cours artistiques et gymniques.

CARION

Qu'il est bon d'avoir beaucoup de surnoms! Celui-ci a enfin trouvé son petit gagne-pain. Ce n'est pas pour rien que tous les juges font effort pour être inscrits dans beaucoup de circonscriptions.

HERMÈS

Puis-je entrer dans ces conditions ?

CARION

Oui, et va-t'en au puits laver toi-même ces entrailles pour montrer tes aptitudes à servir.

UN PRÊTRE DE ZEUS, CHRÉMYLE

LE PRÊTRE

Qui pourrait m'indiquer d'une manière précise où est Chrémyle ?

CHRÉMYLE (sortant de chez lui)

Qu'y a-t-il, mon très bon ?

LE PRÊTRE

Quoi d'autre, sinon que ça ne va pas ? Depuis que ce

fameux Ploutos a recouvré la vue, je meurs de faim. Je n'ai pas de quoi manger et cela, bien que je sois prêtre de Zeus Sauveur.

CHRÉMYLE

Et quelle en est la cause, au nom des dieux ?

LE PRÊTRE

Personne ne juge plus bon de sacrifier.

CHRÉMYLE

Pourquoi ?

LE PRÊTRE

Parce que tous sont riches. Auparavant, quand ils ne possédaient rien, c'était tantôt un négociant revenu indemne qui sacrifiait une victime, tantôt un accusé acquitté qui en faisait autant, et tantôt tel autre qui sacrifiait pour prendre d'heureux auspices et qui m'invitait, moi, le prêtre. Maintenant, plus personne ne fait la moindre offrande ni n'entre au temple, excepté ceux qui viennent pour s'y soulager, plus de dix mille.

CHRÉMYLE

Est-ce que tu ne reçois pas ton dû ?

LE PRÊTRE

En conséquence j'ai résolu de l'envoyer promener moi aussi, Zeus Sauveur, et de rester ici même.

CHRÉMYLE

Aie confiance; ça ira bien, avec l'aide du dieu, car Zeus Sauveur se trouve ici, où il est venu de lui-même.

LE PRÊTRE

Tout va à souhait alors, selon tes dires.

CHRÉMYLE

Tout de suite, donc, patiente seulement, nous installons Ploutos à son ancienne place, comme gardien perpétuel du Trésor de la déesse. Allons, qu'on m'apporte ici des torches allumées *(se tournant vers le prêtre)*, que tu devras porter vers le dieu.

LE PRÊTRE

C'est bien ce qu'il faut faire.

CHRÉMYLE

Qu'on appelle Ploutos, qu'on le fasse sortir.

LA VIEILLE FEMME

Et moi que dois-je faire ?

CHRÉMYLE

Prends les marmites avec lesquelles nous allons introniser le dieu, et porte-les sur ta tête dignement. Aussi bien tu es venue avec une robe toute brodée.

LA VIEILLE FEMME

Et l'affaire pour laquelle je suis venue ?

CHRÉMYLE

Tout sera fait : le petit jeune homme sera chez toi vers le soir.

LA VIEILLE FEMME

Ah! si tu me garantis, par Zeus, qu'il viendra chez moi, je porte les marmites.

CHRÉMYLE

Sûrement, elles font tout au rebours des autres marmites dans lesquelles la peau ridée est au-dessus, tandis que dans le cas présent ce sont les marmites qui se superposent à cette vieille peau ridée.

LE CORYPHÉE

Il n'y a plus lieu non plus pour nous de rester davantage; revenons en arrière, car il nous faut nous placer derrière ceux-ci et les suivre en chantant.

NOTES

LES OISEAUX

1. Évelpidès = Fidèle-Ami ; — Pisthétairos = Bon-Espoir.

2. Exékestidès = étranger qui voulait se faire passer pour athénien.

3. Philocratès = fameux oiseleur ou marchand de gibier.

4. Térée. — Roi légendaire de Thrace. époux de Procné, fille de Pandion roi d'Athènes. Il fut changé en huppe après avoir tenté de séduire sa belle-sœur Philomèle. Celle-ci fut enfermée par lui dans un cachot, puis délivrée par Procné qui, pour se venger de son mari, fit périr son fils Itys. Philomèle et Procné s'enfuirent pour échapper à Térée et furent métamorphosées la première en rossignol, la seconde en hirondelle.

5. Tharrélidès. — Inconnu.

6. Sacas = poète tragique, nommé Acestor.

7. Les oiseaux du Phase ou faisans étaient alors très rares à Athènes et par conséquent très à la mode. (Cf. *Les Nuées*, p. 158.)

8. Le mot grec signifie à la fois roitelet et coureur.

9. Allusion à une tragédie de Sophocle ayant pour sujet Térée métamorphosé en huppe.

10. *Anti-juges*. Néologisme traduisant un néologisme du texte grec forgé à dessein par Aristophane pour désigner une fonction inexistante à Athènes « ville de procès et de chicanes ».

11. Cranaos = roi légendaire d'Athènes, successeur de Cécrops. Les fils de Cranaos, ce sont ici les Athéniens.

12. Ce fils de Skellios s'appelait Aristocratès. Il est question de lui dans Thucydide, V, 19, 24.

13. Entendez : Tu serais un faux ami, si tu ne venais pas chez moi à l'occasion d'une réjouissance, et comme tel je ne te recevrais pas non plus le jour où je serais dans le malheur.

14. La Salaminienne et la Paralienne étaient deux trières rapides. Il est fait ici allusion au rappel d'Alcibiade, quelques mois avant la représentation des *Oiseaux*, et après l'affaire des Hermès dans laquelle il était compromis.

15. Mélanthios = poète tragique qui avait la lèpre.

16. Mélos. L'île de Mélos avait été bloquée par les Athéniens et réduite à capituler par suite de la famine en ~ 416.

17. Se rappeler que la huppe, Epops, est du masculin en grec. C'est pourquoi elle dit : « Ma compagne. »

18. Itys. — Voir note 4.

19. Très souvent à Athènes le petit-fils était appelé du nom de son grand-père. La Huppe est donc la grand-mère de l'oiseau en question. Mais le texte grec porte « grand-père », Epops. (= la Huppe) étant du masculin grec. Quant à Philoclès c'était un poète tragique d'une grande laideur, auteur d'une tragédie intitulée *Térée*, qui n'était qu'un plagiat de la pièce de Sophocle du même nom.

20. Le double stade ou le « diaule » = course qui consistait à parcourir deux fois la carrière, aux jeux olympiques.

21. Sporgilos = barbier d'Athènes.

22. Comme il y avait beaucoup de chouettes à Athènes, porter des chouettes à Athènes revenait à dire : « Porter de l'eau à la rivière. »

23. Pisthétairos est convaincu que la chouette reconnaîtra en eux deux Athéniens grâce aux marmites dont ils se protègent, et qu'elle ne les attaquera pas, étant elle-même l'oiseau emblème d'Athènes.

24. Ornées : jeu de mots. Ornées signifie « ville des oiseaux » et est en même temps une ville d'Argolide qui venait d'être détruite l'année précédente par les Argiens et les Athéniens.

25. Les orateurs se couronnaient pour parler en public, et la couronne était un signe d'inviolabilité; il était aussi d'usage de se couronner à table et de se laver les mains pour se purifier avant d'entreprendre une action importante, ou avant de commencer un repas, ce qui amène la question plaisante d'Evelpidès : « Allons-nous dîner ? »

26. Céphalè = bourg de l'Attique; le même mot signifie tête.

27. Halimonte = bourg de l'Attique.

28. Evelpidès interprète le proverbe dans le sens obscène, le mot grec qui signifie orge servant aussi parfois à désigner le membre viril, et le mot « champ, plaine » désignant parfois le sexe de la femme. D'autre part « coucou », cri de l'oiseau de ce nom, s'employait aussi pour appeler (=allons).

29. Des Manès = des sots.

30. L'oiseau de Phalaris = la poule d'eau. Phalaris fait penser à Phallos, et d'autre part le « grain d'orge » désignait parfois le membre viril. Tout le passage contient des jeux de mots obscènes intraduisibles.

31. Krioa = dème de la tribu Antiochis.

32. A l'origine était le vide, etc. — Tout ce passage sur la genèse des oiseaux est une parodie purement fantaisiste de quelques Théogonies (Cf. Hés. *Théogonie*, 116.)

33. Oreste = brigand de ce temps-là, dont il est encore question par la suite.

34. Oiseau. Le mot grec signifiant oiseau signifie aussi présage, augure.

35. Lait d'oiseau = expression proverbiale pour dire : le comble du bonheur.

36. Diitréphès. — Parvenu qui s'était enrichi dans la vente de corbeilles d'osier.

37. Vers des *Myrmidons* d'Eschyle, et qui est devenu proverbe. Un aigle, frappé d'une flèche, et voyant les plumes dont elle était garnie à son extrémité, s'écrie : « Ce ne sont point les plumes d'autrui, ce sont bien les nôtres qui nous atteignent. »

38. Coucou-Ville-les-Nuées; littéralement, Néphélococcygie = la ville des nuées et des coucous.

39. Phlégra = ancien nom de la Chalcidique. C'est là que se livra la bataille des dieux et des géants.

40. Le mur pélargique = mur qui entourait la citadelle d'Athènes; au sens littéral = murs des cigognes.

41. Chéris = joueur de flûte.

42. Allusion à la mentonnière que portaient les joueurs de flûte et qui régularisait leur souffle.

43. Sabazios était le Bacchus des Phrygiens. Le scoliaste fait remarquer qu'Aristophane joue sur le mot phrygile parce que les Phrygiens honoraient Sabazios.

44. Méton, astronome et arpenteur, arrive chaussé du cothurne tragique pour en imposer davantage; d'où la question de Pisthétairos.

45. Les proxènes étaient des étrangers chargés de protéger, de recevoir les Athéniens, dans les villes où ils se trouvaient. Ils jouaient un rôle analogue, dans une certaine mesure, à celui de nos consuls actuels.

46. Pharnace = agent du roi de Perse à Athènes.

47. Olophyxiens, habitants d'Olophyxos, ville de Thrace. Jeu de mots avec « Ototyxiens », nom forgé sur le verbe qui signifie « se lamenter, pleurer », d'où : Ototyxiens = pleureurs.

48. Le mois de Munichion correspondait au mois d'avril.

49. Diagoras de Mélos, poète lyrique; condamné à mort pour athéisme et impiété et pour avoir divulgué les mystères de Déméter, il s'était enfui et sa tête avait été mise à prix. Il périt dans un naufrage.

50. Philocratès. Plaisanterie par laquelle Aristophane raille ses concitoyens toujours disposés à prodiguer les accusations de tyrannie. Il s'agit ici de Philocratès l'oiseleur cité à la page 26, note 3. Strouthien veut dire « du pays des autruches ».

51. Les chouettes du Laurium. — Il y avait une chouette sur les monnaies d'Athènes; ici = pièces d'argent.

52. Jeu de mots intraduisible. Le mot grec signifie à la fois aigle et fronton.

53. On croyait que les grues avalaient des pierres. Cette croyance est réfutée par Aristote (*Hist. des Animaux*, 8, 14, 5.)

54. Citation de l'*Œnomaos* de Sophocle. Tout le morceau est émaillé d'expressions poétiques.

55. Tenues : jeu de mots. Le mot grec signifie à la fois manteaux et préludes. Il faut donc entendre « tenue » au sens d'habit, et à celui qu'il a en musique, bien que ce dernier sens ne corresponde pas exactement à celui du texte. Le jeu de mots est intraduisible autrement.

56. Pellène = ville d'Achaïe, aujourd'hui ruines de Trikala.

57. Ailes de Corcyre : entendez : de beaux fouets, comme ceux qu'on fabrique à Corcyre.

58. Thesmophories = fêtes célébrées par les femmes athéniennes en l'honneur de Déméter et de sa fille Perséphone, les deux déesses thesmophores, au mois de Pyanepsion (novembre) et qui duraient trois jours.

59. Triballes : nom d'un peuple barbare de la Thrace considéré par les Athéniens comme sauvage et grossier.

60. « Trépasser ». Le verbe grec signifie « puisses-tu périr » et contient la racine « trib », d'où : jeu de mots avec Triballes.

61. Arsenaux, c'est-à-dire la marine, dont les Athéniens étaient fiers.

62. Le trésorier = administrateur des fonds destinés à payer les juges et chargé de percevoir les frais de justice.

63. Timon = fameux misanthrope qui vivait au temps d'Aristophane.

64. Les Skiapodes = peuple fameux de la Libye. Au dire de Ctésias ils avaient les pieds palmés et si larges qu'ils pouvaient s'en faire une ombrelle en levant les jambes au-dessus de leur tête (de Skia = ombre, et πούς = pied). Le mot s'applique ici à l'école de Socrate, considérée comme le pays des ombres (cf. l'antre de Trophonios dans *les Nuées*).

65. Pisandre. Démagogue qui prit une part active à l'établissement du gouvernement des Quatre-Cents ; il passait pour lâche, et par « son âme » il faut entendre ici : son courage.

66. Chéréphon la chauve-souris (cf. *Nuées*, note 106), ami d'enfance et disciple de Socrate.

67. Lespodias, général athénien qui avait des ulcères à la jambe qu'il dissimulait avec son manteau. Il fit partie des Quatre-Cents.

68. Héraclès est d'abord tout furieux, mais comme il est très gourmand il va vite devenir pacifique à la vue du bon repas préparé par Pisthétairos.

69. Nabaisatreu. Expression barbare qu'Aristophane met plaisamment dans la bouche du dieu Triballe. Celui-ci ne commencera à parler un langage quelque peu intelligible que sous la menace d'Héraclès.

70. Phanes : port de l'île de Chios ; mais ici le mot est pris dans son sens étymologique et signifie : « Ville où l'on dénonce, ville de déla-

teurs. » C'est, en somme, la tribune d'Athènes, comme l'indique la
« clepsydre ».

71. Les Englottogastres — ceux dont la langue (= la parole) nourrit
le ventre, c'est-à-dire les délateurs.

72. Philippe. = rhéteur comme Gorgias, le sophiste de Sicile, mais
moins connu.

73. La langue était coupée à part dans les sacrifices pour être réser-
vée à Hermès, dieu de l'éloquence.

LYSISTRATA

74. Le cap Côlias — promontoire ou rivage de Côlias, en Attique,
avec un temple à Aphrodite. — Génétilis, littéralement : « Celle qui
préside à la génération », est un des noms d'Aphrodite, appelée aussi
Aphrodite Côlias (cf. *Nuées*, n. 88)

75. Les anguilles du lac Copaïs, en Béotie, étaient très estimées.

76. Entendez : pour faire la traversée de Salamine à Athènes, mais
avec une allusion obscène que renferme de plus le mot grec.

77. Théogènès était un partisan de la guerre.

78. Surprise pour : *la petite voile*. (L'expression grecque signifiant
lever la coupe et *hisser la voile*.)

79. Anagyros était un dème et un marais de l'Attique, ce qui
explique la réflexion de Cléonice, à double entente.

80. Les jeunes filles spartiates étaient très sportives ; elles fréquen-
taient les gymnases et rivalisaient d'ardeur dans les jeux avec les jeunes
gens. (Cf. Euripide, *Andromaque*, 597 sq.)

81. Les femmes avaient l'habitude de s'épiler (cf. *Ass. des femmes*,
n. 184).

82. Corinthe était célèbre par ses courtisanes, d'où le sens obscène
que Lampito attache à l'épithète *large*.

83. Eucratès, général athénien qui s'était rendu suspect, ne doit
pas être confondu avec son homonyme dont il est question dans *les
Cavaliers*, et qui était un marchand d'étoupes. (Pour le premier, voir
Lysias, XVIII, 4.)

84. Barbue = poisson.

85. Allusion à Euripide qui mettait souvent les femmes dans ses
tragédies pour en dire beaucoup de mal. (Cf. *Thesmophories*.)

86. Posidon avait séduit Tyro, qui eut de lui deux enfants qu'elle
exposa sur un bateau. C'était le sujet d'une tragédie de Sophocle :
Tyro, qui ne nous est pas parvenue. L'expression « Posidon et bateau »
s'appliquait aux personnages qui n'étaient toujours occupés que d'une
chose.

87. Phérécrate était un poète comique contemporain d'Aristophane. Le mot de lui cité par Lysistrata *(écorcher une chienne écorchée)* a un sens obscène, *chienne* signifiant aussi en grec *parties sexuelles.*

88. Il faut entendre : tant que les trières sillonneront les mers et qu'on aura de quoi faire la guerre.

89. Cf. Eschyle, *Les Sept contre Thèbes*, V, 42 sq. — On jurait sur un bouclier sur lequel on avait versé le sang des victimes. (Cf. Hérodote, VI, 68.)

90. Surprise, pour tout autre chose qu'on attendrait. Aristophane nous représente souvent les femmes comme aimant le bon vin de Thasos. (Cf. *Ass. des femmes,* page 356.)

91. Il s'agit de la statue d'Athéna Polias.

92. Tritogénie = épithète d'Athéna.

93. Acheloüs est le nom de plusieurs fleuves. Ici le mot désigne plaisamment l'eau que les femmes jettent sur les vieillards.

94. Ce Démostratos était l'adversaire de Nicias, dont Aristophane était l'ami. Le poète fait retomber sur lui la responsabilité du désastre de Sicile. Ce Démostratos en effet avait fait décider l'expédition un jour de mauvais augure consacré par les femmes à pleurer Adonis, sur les toits des maisons. (Thucydide, VI. 1 et 29.)

95. Zacynthos. C'est l'île de Zacynthos (aujourd'hui Zante) située en face de la pointe du Péloponnèse la plus avancée vers le couchant.

96. *Lysimaque* veut dire en grec *qui met fin au combat.*

97. Allusion à l'expédition de Sicile qui avait été désastreuse pour les Athéniens.

98. Allusion à l'usage adopté à l'égard des condamnés à mort auxquels on proposait une épée, une corde et de la ciguë. — *Exposé :* entendez : *comme un mort.*

99. Les canéphores étaient les jeunes filles qui portaient les corbeilles où l'on mettait les objets nécessaires pour le sacrifice. — On appelait « ourses » des jeunes filles consacrées à Artémis, depuis que des jeunes gens avaient tué une « ourse » qui lui était consacrée.

100. (Cf. Hérodote VII, 99). Il s'agit ici de l'exploit d'Artémise, reine de Carie, qui, dans le port de Carie, s'empara des vaisseaux rhodiens, et avec ces mêmes vaisseaux surprit l'île de Rhodes.

101. Sur l'escarbot, cf. *Paix*, note 190, et Esope *L'Aigle et l'Escarbot.*

102. *Le casque sacré* est celui de la déesse Athéna.

103. L'amphidromie (littéralement : la course autour) consistait à porter un enfant, le cinquième jour après sa naissance, de maison en maison pour le montrer, et à lui faire faire le tour du foyer. C'était une sorte de purification qui se terminait par un festin auquel assistaient les membres de la famille, des parents et des voisins. Lysistrata dit plaisamment *l'amphidromie du... casque* parce que la femme qui se prétend enceinte dissimulait un casque sous son manteau.

104. Le mot grec signifiant hirondelle désigne aussi parfois le sexe de la femme, d'où le sens obscène du passage.

105. Mélanion = misogyne. (Cf. Xénophon, *Cynégétique*, I, 2 et 7.)

106. Myronidès avait été ambassadeur, puis stratège.

107. Timon = fameux misanthrope qui vivait au temps d'Aristophane. (Cf. *Oiseaux*, p. 90, note 63.)

108. La clepsydre était une fontaine d'Athènes qui coulait au-dessous de la grotte de Pan.

109. La scytale était un bâton sur lequel les Spartiates enroulaient en spirale les bandes de parchemin servant à écrire les dépêches de l'Etat.

110. Clisthènes était un efféminé et un débauché. Il est souvent cité par Aristophane.

111. Vers de la *Mélanippe* d'Euripide.

112. Vers de l'*Erechtée* d'Euripide.

113. Pylos signifie aus*s*i *porte*.

LES THESMOPHORIES

114. Sorte de proverbe signifiant : « Quand reviendront pour moi les beaux jours. »

115. Il désire boiter des deux jambes pour n'avoir plus à courir.

116. Les Thesmophories duraient trois jours. Le premier était le jour de la montée au temple (le Thesmophorion), situé sur la Pnyx ; le deuxième était consacré au « jeûne » et aux cérémonies secrètes ; le troisième terminait la solennité par des festins.

117. Cyrène : courtisane de l'époque, dont l'efféminé Agathon a la démarche et l'attitude.

118. Le texte grec porte : des sentiers de fourmis. Il faut entendre par là : « des chants incompréhensibles et sans suite ».

119. Génétilides = déesses qui présidaient à la génération.

120. *Lycurgue*, pièce perdue d'Eschyle.

121. Ybicos, Anacréon de Teos et Alcée – poètes lyriques.

122. Phrynicos. Il s'agit de Phrynicos d'Athènes, poète tragique prédécesseur d'Eschyle et qui remporta sa première victoire en ~ 512. Sa *Prise de Milet*, dans laquelle il rappelait une victoire des Perses sur les Grecs, lui valut une amende. Ses œuvres étaient essentiellement lyriques.

123. Poilu, imberbe. Le même mot, en grec, signifie imberbe et armé à la légère ; cette seconde idée peut être rendue par le mot « poilu » pris au sens de soldat.

124. Clisthènes == Débauché souvent cité par Aristophane. (Cf. *Grenouilles*.)

125. Le Dieu à la lyre d'or == Apollon, qui avait un temple à Délos.

126. Vierge toute-puissante = Athéna.

127. Artémis était honorée sous plusieurs noms.

128. Vers de la *Sthénébée* d'Euripide. L'hôte de Corinthe   Bellérophon. L' « hôte de Corinthe » qui occupait la pensée de la jeune fille la rendait distraite au point qu'elle laissait tomber les objets qu'elle avait à la main.

129. « La femme est un tyran pour un vieux qui l'épouse » == vers du *Phénix* d'Euripide (fr. 801).

130. Les cachets vermoulus étaient plus difficiles à imiter.

131. Couronnes que les hommes portaient dans les festins.

132. Pour empêcher le gond de grincer.

133. Laurier près duquel se trouvait l'autel d'Apollon.

134. Orateur : substitution plaisante du mot « orateur » au mot « scorpion » qui est dans le proverbe.

135. Les femmes : surprise, pour tout autre mot qu'on attendrait. Procédé fréquent chez Aristophane.

136. L'Aglauros, fille de Cécrops et prêtresse d'Athéna. Les femmes d'Athènes, dit le scoliaste, juraient par l'Aglauros et Pandrosos sa sœur. (Cf. Ovide, *Métam.*, II, 777.)

137. Les Apaturies = fête athénienne qui avait lieu au mois de Pyanepsion et durait trois jours. Le troisième jour, au cours d'un festin public, on distribuait des viandes, des saucisses, etc., dont les maris rapportaient une partie à leurs femmes.

138. Les Corinthiens pour ne pas contourner tout le Péloponnèse faisaient passer leurs vaisseaux à travers l'isthme, d'une mer à l'autre. (Cf. Hérod., III, 24 ; Thucyd. VIII, 7.)

139. Nausimachè   nom propre de femme qui signifie : « qui combat avec des vaisseaux ». Charminos était un stratège athénien qui s'était fait battre dans un combat naval. — Cléophon   chef du parti démocratique. — Salabaccho était une courtisane. — Aristomachè : nom de femme signifiant « très beau combat ». — Stratonikè : == « victoire de l'armée » — Euboulè == bon conseil.

140. Anytos. C'était l'accusateur de Socrate. Aristophane semble donner ici ce personnage comme l'homme de mauvaise foi par excellence.

141. Rats... d'autels. — βωμολόχος en grec signifie : « qui se tient aux aguets près de l'autel, soit pour dérober les offrandes, soit pour mendier. (Cf. *Nuées*, note 118.)

142. Leur ombrelle == leur bouclier.

143. Hyperbolos. — Démagogue qui succéda à Cléon dans la faveur populaire. (Cf. *Nuées*, n. 112.)

144. *Hélène*, tragédie d'Euripide représentée en ∼ 412.

145. Vers du début de l'*Hélène*. Toute cette scène est une parodie de l'*Hélène* d'Euripide.

146. Pauson. — Pauvre d'Athènes qui ne mangeait jamais à sa faim.

147. Le parent parle tantôt comme homme, tantôt comme Andromède qu'il contrefait. Le trouble de son discours rend sa position plus comique.

148. Je vole. Persée était monté sur Pégase, cheval ailé.

149. Danse persique = danse voluptueuse.

150. Cômos = promenade burlesque avec chants et danses.

151. Artémisia : reine de Carie célèbre par son intelligence. Mais l'archer déforme son nom, n'ayant pas compris la plaisanterie. D'ailleurs, dans tout ce passage le langage de l'archer scythe est tout conventionnel.

LES GRENOUILLES

152. Allusion à la bataille des Arginuses à laquelle avaient participé cette année-là des esclaves qui s'y étaient distingués et qui avaient été affranchis. Si Xanthias avait contribué à cette victoire il n'eût pas été aux ordres de Dionysos.

153. *J'étais à bord sous-verge de Clisthènes.* — Clisthènes, l'homme efféminé qui revient souvent dans les comédies d'Aristophane (cf. *Lysistrata*, note 110; — *Thesmophories*, note 124) avait été triérarque à la bataille des Arginuses. Dionysos veut donc dire qu'il avait fait son service dans la marine à bord du vaisseau de Clisthènes et ses paroles contiennent une équivoque obscène.

154. L'*Andromède* est une tragédie d'Euripide jouée en 412 av. J.-C.

155. Voir notice. — Euripide le jeune vivait encore.

156. Sur Agathon, voir notice.

157. Thésée était descendu aux Enfers ravir Perséphone.

158. Cinésias était un poète dithyrambique souvent raillé par Aristophane aussi bien pour son caractère que pour sa poésie et sa musique. Morsimos était un mauvais poète tragique.

159. Le pays où l'on tond les ânes est un pays imaginaire.

160. (Voir note 152.)

161. Empuse était un monstre effrayant qui prenait toutes les formes et qu'Hécate faisait apparaître aux hommes.

162. Vers 272 de l'*Oreste* d'Euripide. Le texte grec porte γαλῆν, *belette*, au lieu de γάλην', *beau temps*, qu'on attendait. C'était par suite d'une faute de prononciation que l'acteur avait substitué *belette* à *beau temps*. Le texte grec peut être rendu par la substitution, en

français, du mot *serin* au mot du texte : *belette, serin* faisant penser à *serein.*

163. Iacchos était le *genie* qui présidait au cortège de Dionysos, qui avait lieu tous les ans à Athènes, au mois de septembre. Hommes et femmes se rendaient en procession solennelle à Eleusis, en partant de l'agora où se formait le cortège.

164. Archédémos dit le *Chassieux* était à Athènes depuis sept ans et n'avait pas encore été inscrit, comme citoyen d'Athènes, dans aucune phratrie. Il était à ce moment-là à la tête du parti populaire.

165. *Anaphlyste,* dème de l'Attique. (Voir note 227, *Assemblée des femmes.*)

166. Sur le « *Corinthos fils de Zeus* » voir *Assemblée des femmes,* page 342 note 221.

167. Le « *Coquin de Mélité* », c'est-à-dire Callias, qui avait combattu aux Arginuses revêtu du costume d'Héraclès. *Mélité* était un bourg de l'Attique et Callias en était originaire.

168. Cléon et Hyperbolos sont démagogues aux Enfers comme ils l'étaient sur terre.

169. Les Diomées étaient célébrées dans le dème de Dioméies tous les cinq ans. C'était une fête en l'honneur d'Héraclès.

170. Parodie d'un vers d'Euripide (fr. 878). Aristophane a substitué *champêtre* à *marine* qui se trouve dans le vers parodié.

171. Parodie du vers 375 de l'*Hippolyte* d'Euripide.

172. L'*hippalectryon* (littéralement : le *cheval-coq*) était un emblème de vaisseau dans *les Myrmidons* d'Eschyle.

173. Céphisophon était l'ami et peut-être aussi le collaborateur d'Euripide.

174. Jeu de mots en grec. *Chi... en* = habitant de *Chio* et *Céien* = habitant de Céos; mais le premier signifiait le plus mauvais coup de dés, le second : le meilleur coup. D'autre part Théramène était de Céos.

175. Début des *Myrmidons* d'Eschyle. (Vers 1.)

176. « A sept peaux de bœuf » = épithète du bouclier d'Ajax.

177. Début de l'*Antigone* d'Euripide.

178. Vers du prologue de la *Sténébée* d'Euripide.

179. Premier vers de *Médée.*

180. Fragment d'*Antigone.*

181. Alcibiade, qui avait été exilé l'année précédente pour la deuxième fois, avait à Athènes des partisans qui travaillaient à son retour. Euripide et Eschyle semblent lui être tous deux hostiles.

182. Cinésias (voir note 158 de la page 240) était très maigre. Cléocrite était grand et gros.

183. Cléophon s'opposait à la paix. Il mourut de mort violente quelque temps après la représentation des *Grenouilles.* Myrmex et Nicomachos passaient pour concussionnaires. — Adimante était un

ami d'Alcibiade. Il fut battu par Lysandre à Notion puis à Aegos-Potamos.

L'ASSEMBLÉE DES FEMMES

184. Les femmes athéniennes avaient l'habitude de s'épiler à la flamme d'une lampe.

185. Phyromachos est un sobriquet signifiant : brouille-combat, et désignant un nommé Cléomachos qui brouillait les lettres dans la prononciation de certains mots.

186. Les Salaminiens étaient de bons marins. Le mari en question avait toutes les qualités d'un rameur salaminien.

187. Epicratès était un démagogue qui portait une très longue barbe.

188. Lamias était un portefaix.

189. Celui qui voit tout. — Il s'agit du bouvier Argos aux cent yeux, gardien de la vache Io.

190. Le bourreau : surprise pour un autre mot qu'on attendrait.

191. Phormisios = démagogue velu et hirsute. Ici, montrer son Phormisios veut donc dire montrer ses parties velues.

192. Agyrrhios : général athénien, efféminé. — Pronomos était un joueur de flûte.

193. Ariphradès était un vil débauché. C'est par moquerie qu'on le nomme ici parmi les femmes.

194. Les deux déesses = Déméter et sa fille Perséphone. Les femmes seules pouvaient jurer par les deux déesses. Praxagora se trahit en jurant ainsi.

195. Epigonos = débauché et efféminé comme Ariphradès, nommé plus haut.

196. Il s'agit de l'alliance entre Athènes, Corinthe, la Béotie, l'Argolide, contre Sparte.

197. L'Argien est un imbécile. Il faut entendre : le délégué du peuple argien, qui avait repoussé les offres de paix des Lacédémoniens, tandis que Hiéronymos, général athénien, avait soutenu la cause de la paix.

198. *Esimos* était cul-de-jatte d'après les scolies, d'où la comparaison de Praxagora.

199. *Céphalos* exerçait le métier de potier; il joua un certain rôle comme démagogue.

200. *Néoclidès*, dit le *Chassieux*, était un politicien escroc et un sycophante. Son nom était devenu synonyme de voleur. (Cf. *Ploutos*, n. 250.)

201. Le mot grec signifie *heurter par-dessous*, au sens obscène. (*Subagitare* en latin.) Le jeu de mots peut être rendu par « culbuter » en forçant un peu le sens.

202. Le *marron* est la couleur de la jaquette de femme qu'a revêtue Blépyros.

203. *Cinésias* était un poète dithyrambique.

204. Il a chaussé les *cothurnes* de sa femme. Les cothurnes, en effet, étaient non pas des brodequins de chasse, comme il est dit dans le dictionnaire grec de Bailly, mais des chaussures orientales, hautes et fermées, que portaient les femmes, par opposition aux sandales.

205. Le scoliaste rapporte à ce sujet que Thrasyboulos, chargé de s'opposer aux offres de paix des Lacédémoniens, s'était laissé corrompre par ceux-ci et s'excusa de ne pas prendre la parole, alléguant qu'il avait mangé des poires sauvages qui l'avaient rendu malade au point de ne pouvoir parler.

206. Le mot grec est forgé avec ἀχράς qui signifie *poire sauvage* et Ἀχερδοῦς, dème attique, d'où, par déformation de ce dernier mot, le dème fictif Ἀχραδοῦς, et Ἀχραδούσιος, habitant de ce dème : *Poirotin*.

207. Amynon était un orateur qui se prostituait.

208. *Antisthènes* est synonyme ici de constipé.

209. Les cordonniers avaient le *teint pâle* parce qu'ils travaillaient toujours à la maison.

210. Ces deux vers sont une parodie d'un passage des *Myrmidons* d'Eschyle, dont il ne reste que des fragments.

211. Praxagora, avec les *chaussures* et le bâton de son mari pouvait tenir en respect les détrousseurs et sauver *ainsi le manteau*.

212. Blépyros était sycophante; voilà pourquoi supprimer les sycophantes c'était lui *couper les vivres*.

213. Proverbe contenant une vague allusion à la mort et qu'on employait pour couper la parole à un interrupteur. Blépyros feint de prendre le mot au sens propre, d'où sa question.

214. Harmodios, libérateur d'Athènes, avait sa statue sur l'agora. Praxagora procédera à un tirage au sort au moyen des dix premières lettres de l'alphabet, pour le dîner, et non plus pour l'établissement de la liste des jurés, puisqu'il n'y aura plus de tribunaux.

215. Lysicratès était un personnage très laid; il n'est cité que par Aristophane et par le scoliaste.

216. L'apparition soudaine d'une belette au travers de la route était un mauvais présage. Aujourd'hui encore, dans certains pays, les paysans croient qu'elle annonce la pluie. (Cf. Théoph., *Car.*, XVI, 1.)

217. Cf. note 208.

218. *Callimachos* était un pauvre diable.

219. Callias, fils d'Hipponicos « autrefois le plus riche des Athéniens, mais que les sycophantes et les femmes ont tellement déplumé que ce pauvre diable de Callimachos se trouve être plus riche que lui ». (*Willems.*)

220. Il ne s'agit pas du poète tragique mais de l'auteur d'un décret instituant un prélèvement du quarantième sur le capital.

221. *Le corinthos fils de Zeus.* Les Corinthiens ayant pour ancêtre Corinthos, qu'ils prétendaient être fils de Zeus, répétaient sans cesse *Corinthos fils de Zeus,* c'est-à-dire toujours la même chose. L'impôt établi par Euripide avait donné moins qu'on n'attendait.

222. « Géron » en grec signifie vieillard.

223. Il s'agit des provisions apportées par ceux qui viennent déposer leurs biens.

224. Orthagoras est un nom plaisamment forgé par Aristophane sur le modèle de Protagoras, etc. Il y a dans ce nom l'adjectif « orthos » qui signifie droit, raide (d'où : *arrecta mentula*).

225. *Faire labda* signifie lécher.

226. Gérès signifie le vieillard.

227. Le texte grec a *Anaphlyste,* dème de l'Attique. Mais il y a jeu de mots avec le verbe grec ἀναφλᾶν qui signifie exciter par attouchements. L'idée obscène contenue dans le mot grec peut être suggérée en français par l'addition d'un *l* à *ana.*

228. Le texte grec porte *Sebinos,* formé d'après le mot grec qui signifie *baiser.*

229. *Procuste* : fameux brigand de l'Attique qui dépouillait les voyageurs, les étendait de force sur un lit de fer, leur coupait les pieds s'ils dépassaient le lit ou les étirait au moyen de cordes jusqu'à ce qu'ils eussent atteint la longueur. Le nom fait en même temps jeu de mots avec le verbe grec qui signifie secouer, au sens obscène.

230. Le brigand Diomède faisait coucher de force les étrangers avec ses filles, sous peine d'être dévorés par ses chevaux. Hercule le fit dévorer par ses propres chevaux.

231. Tout ce cérémonial avait lieu pour l'exposition des morts.

232. Cannonos avait fait décréter que chaque fois qu'il y aurait plusieurs personnes coupables du même crime, chacune serait jugée à part. Le jeune homme, ici, se conformera au décret de Cannonos en ce sens qu'il se partagera en deux non pas pour *juger* selon les termes du décret, mais pour baiser.

233. Surprise, pour tout autre chose qu'on attendrait. C'est un procédé fréquent chez Aristophane.

PLOUTOS

234. En revenant de Delphes, après avoir consulté l'oracle d'Apollon, on conservait sur la tête sa couronne de laurier jusque chez soi. Cette couronne rendait inviolables ceux qui la portaient.

235. Patroclès était un poète tragique d'une avarice devenue proverbiale.

236. C'est de là qu'est venu le proverbe : *tout le monde ne peut pas aller à Corinthe*, ville où les courtisanes se faisaient payer cher.

237. Pamphilos était stratège à Athènes cette année-là. Il détournait à son profit les fonds de l'Etat. Les *coups* après *empochera* est une surprise. Le mot grec, qui signifie pleurer, fait penser au verbe « voler », dérober.

238. Agyrrhios, riche démagogue et général athénien (cf. *Ass. des fem.*, n. 192).

239. Timothée était un général athénien très riche. Il avait fait construire une grande tour dédiée à la Fortune.

240. Lyncée = un des Argonautes, renommé pour sa vue perçante.

241. Ce passage nous montre bien toute la sympathie qu'Aristophane avait pour les gens de la campagne et pour tous les bons travailleurs. Il excelle d'ailleurs à les faire parler, et à peindre leur existence. — Qu'on se reporte au début des *Nuées* où le poète nous montre Strepsiade évoquant cette vie laborieuse et simple qu'il menait aux champs avant son mariage avec une citadine et qu'il regrette. (Cf. *Nuées*, page 156, et introduction, p. 13.)

242. Midas, roi de Phrygie extrêmement riche. On raconte qu'Apollon, irrité de ce que Midas avait préféré à sa lyre la flûte de Pan, lui fit pousser sur la tête deux oreilles d'âne. Seul le barbier de Midas connaissait cette difformité, mais ne pouvant garder son secret il l'enfouit dans la terre. Seulement, à cet endroit poussèrent des roseaux qui, agités par le vent, répétaient : *Midas, le roi Midas a des oreilles d'âne*.

243. Circé, voulant séduire Ulysse, changea les compagnons de celui-ci en pourceaux. (Cf. *Odyss.*, 133-399.) Comme il ne manquait pas de Circés à Corinthe, Philonidès pouvait se livrer avec elles à des excès.

244. Pamphilos avait exposé au Portique un tableau qui représentait les descendants d'Héraclès implorant le secours des Athéniens contre les persécutions d'Eurysthée.

245. Entendez : il ne nous reste plus une cuirasse ni un bouclier, car elle nous oblige, par besoin, à mettre tout en gage.

246. La Thessalie était le marché d'esclaves le plus important de la Grèce.

247. Noter la répétition comique de l'expression *c'est évident* qui revient plusieurs fois dans la bouche de Chrémyle, d'une manière plaisante.

248. Les riches offraient à Hécate tous les mois, les jours de nouvelle lune, un repas qu'ils déposaient sur ses autels, dans les rues, et que les pauvres dérobaient.

249. *Cité d'Argos* = vers du *Télèphe* d'Euripide.

250. Néoclidès, dit le *Chassieux*, était un politicien escroc et un sycophante. Son nom était devenu synonyme de voleur. Ici il est donné pour aveugle (voir au contraire *Ass. des fem.*, n. 200).

251. Iaso était la fille d'Asclépios (Iaso signifie en grec *guérisseuse*). — Panacéa = « *celle qui guérit tout* ». (Cf. panacée en français.) C'était aussi une fille d'Asclépios.

252. Le coffret contenait les drogues.

253. Ténos = une des Cyclades. — Sphettos = dème de l'Attique.

254. Asclépios est souvent représenté ayant à côté de lui un serpent qui lui était consacré. Des serpents inoffensifs étaient nourris à l'intérieur même du temple et la nuit ils venaient peut-être frôler les malades, comme en témoignent des tablettes votives d'Epidaure qui attribuent aux serpents du sanctuaire des guérisons miraculeuses, et comme le dit Carion.

255. En signe de bienvenue on versait, sur la tête d'un esclave qui entrait pour la première fois chez son maître, des noix, des figues, etc. *Pour les yeux* est ici une surprise.

256. Eudémos était un marchand de drogues et d'amulettes, (Cf. Théophraste, *Histoire des plantes*, IX, 17, 2.) Mais ses amulettes ne pouvaient rien contre les sycophantes.

257. Battos était le fondateur de Cyrène en Afrique. Les Cyrénéens lui offraient du silphium comme la chose la plus précieuse; on frappa même des pièces de monnaie avec l'effigie de Battos d'un côté et du silphium de l'autre. De là le proverbe : le silphium de Battos.

TABLE DES MATIÈRES

GF Flammarion

02/04/94046-IV-2002 – Impr. MAURY Eurolivres, 45300 Manchecourt.
N° d'édition FG011614. – 4ᵉ trimestre 1996. – Printed in France.